Entdecken Sie mehr auf
www.gtvh.de

Isolde Karle

Liebe
in der Moderne

Körperlichkeit, Sexualität und Ehe

Bibliografische Information der Deutschen Nationalbibliothek
Die Deutsche Nationalbibliothek verzeichnet diese Publikation
in der Deutschen Nationalbibliografie; detaillierte bibliografische Daten
sind im Internet über https://portal.dnb.de abrufbar.

ClimatePartner.com/14044-1912-1001

2. Auflage, 2020
Copyright © 2014 by Gütersloher Verlagshaus, Gütersloh,
in der Penguin Random House Verlagsgruppe GmbH, München

Umschlagmotiv: Auguste Rodin, »Le baiser« (Der Kuss), Pentelischer Marmor,
182,2 x 121,9 cm, © der Vorlage: akg-images, Berlin
Satz: Satz!zeichen, Landesbergen
Druck und Einband: Books on Demand GmbH, Norderstedt
Printed in Germany
ISBN 978-3-579-08181-6

www.gtvh.de

Inhalt

Vorwort

Die Liebe versteht sich nicht mehr von selbst. Es gibt in der Gegenwart konkurrierende Vorstellungen davon, was die Liebe ausmacht, wie sie zu erleben ist, welche Rolle die Sexualität für sie spielt und ob und inwiefern Liebe auf Ehe verweist. In Zeiten, in denen Liebesbeziehungen und Ehen brüchiger geworden sind, scheint die Sehnsucht nach Vertrauen, nach Geborgenheit und Verlässlichkeit gleichwohl ungebrochen zu sein, wie empirische Untersuchungen zeigen. Das vorliegende Buch geht dieser Sehnsucht nach und schließt deshalb nicht zufällig mit einem Kapitel über die Ehe ab. Die Ehe erweist sich bei näherem Hinsehen als deutlich anpassungsfähiger und weit weniger überholt als viele ihrer Kritiker meinen. Sie verbindet die Liebe mit dem Eros der Bindung »in guten wie in schlechten Tagen« und lädt zu einem besonders riskanten und zugleich besonders beglückenden Weg lebenslanger Liebe und Treue ein. Die Kirche hat deshalb allen Grund, zur Ehe zu ermutigen. Sie sollte sich zugleich dafür einsetzen, dass die Ehe und kirchliche Trauung allen zu gewähren ist, die sie begehren, auch den gleichgeschlechtlichen Paaren.

Von der Ehe unabhängig wird dem Thema Sexualität viel Platz eingeräumt. Im Hinblick auf die sexuellen Lebensformen ist die Verunsicherung in den Kirchen und in der Theologie besonders groß. Das gesellschaftliche Klima bezüglich Sexualität hat sich in den letzten Jahrzehnten tiefgreifend gewandelt. Das fordert dazu heraus, die gesellschaftliche Situation soziologisch differenziert wahrzunehmen und zu analysieren und zugleich zu theologisch brauchbaren ethischen Orientierungen zu kommen. Die Kirchen werden dabei zu einem entspannteren Umgang mit Sexualität ermutigt. Gleichzeitig wird ein »sexueller Kapitalismus« (Eva Illouz), der die Liebe mit Kosten-Nutzen-Kalkülen verbindet und die Beziehungsfähigkeit untergräbt, kritisch hinterfragt.

Über Sexualität kann theologisch nicht angemessen nachgedacht werden, ohne das Verständnis von Körperlichkeit zu klären. Deshalb befasst sich das erste Kapitel mit der Körperlichkeit des Menschen. Sie hat in der Theologie der Moderne erstaunlich wenig Berücksichtigung gefunden. Das Kapitel geht mit soziologischen, philosophischen und theologischen Überlegungen der Frage nach, was unter Körperlichkeit zu verstehen ist. Dabei zeigt sich, dass die moderne Gesellschaft paradoxerweise durch eine gleichzeitige Körperverdrängung und Körperaufwertung gekennzeichnet ist. Den Herausforderungen, die sich damit für die religiöse und kirchliche Praxis stellen, geht das Kapitel unter Bezugnahme auf biblische wie dogmatische Traditionen ausführlich nach.

Alle drei Kapitel bauen aufeinander auf und können zugleich je für sich gelesen werden. Kennzeichnend ist für das gesamte Buch, dass soziologische, kulturtheoretische, philosophische und theologische Denktraditionen zusammengeführt, in ein interdisziplinäres Gespräch miteinander gebracht und sozialethisch und praktisch-theologisch ausgelotet werden.

Ein Buch über die Liebe lässt sich bei allem Bemühen um wissenschaftliche Verobjektivierung nicht unabhängig vom eigenen subjektiven Erfahrungshorizont schreiben. Ich widme das Buch deshalb gleich drei Personen, die mich das Lieben in besonderer Weise gelehrt und zugleich zu meiner Wertschätzung der Ehe beigetragen haben. Das sind erstens meine verstorbenen Eltern Rudolf und Martha Karle. Sie haben eine besonders glückliche Ehe geführt und eindrücklich vorgelebt, was Hingabe und liebende Verschwendung bedeuten können. Zweitens widme ich dieses Buch voller Dankbarkeit Christoph Dinkel, mit dem ich seit über 20 Jahren verheiratet und im ständigen Gespräch bin. Für mich war und ist diese Beziehung der größte Glücksfall meines Lebens. Ohne sie wäre dieses Buch nicht entstanden.

Zu diesem Buch haben neben den bereits genannten viele weitere Menschen beigetragen. Nur wenige kann ich explizit erwähnen. Herzlich danke ich meinem Lehrstuhlteam, das mit großem Engagement, erstaunlicher Umsicht und Akribie die Manuskripte redigierte, kommentierte und Korrekturen anregte. Namentlich sind das Kristina Cyroll, Katja Dubiski, Elis Eichener, Niklas Peuckmann und Antonia Rumpf. Tatjana Geddert-Steinacher danke ich für hilfreiche Beratung in juristischen und verfassungsrechtlichen Fragen. Ein besonderer Dank geht an Bernd Oberdorfer, der das Buch in atemberaubender Geschwindigkeit las und mir auf der Zielgeraden noch wertvolle Hinweise gab.

Diedrich Steen vom Gütersloher Verlagshaus danke ich für die äußerst vertrauensvolle und angenehme Zusammenarbeit. Der Ruhr-Universität Bochum danke ich, dass sie es mir durch ein Forschungssemester ermöglichte, dieses Buch zu schreiben.

Stuttgart, im Mai 2014   *Isolde Karle*

I. Körperlichkeit

Der Körper hat Konjunktur. Schon seit Jahrzehnten befassen sich Genderforschung und Sozialwissenschaften intensiv mit der Frage, inwiefern das Verständnis und das Erleben von Körperlichkeit gesellschaftlichen Einflüssen unterliegen. Auch die Theologie entdeckt das Thema wieder für sich. Die exegetischen Disziplinen betonen gegenüber einer platonischen Interpretation schon seit längerem, dass die biblischen Überlieferungen keinen Leib-Seele-Dualismus kennen, dass dem Leib vielmehr eine eigene Würde zukommt. Leiblichkeit und Menschsein gehören für die biblischen Überlieferungen untrennbar zusammen. Die Systematische Theologie hat die Leiblichkeit im Anschluss an die Philosophie anthropologisch reflektiert. Aus jüngerer Zeit sind die Arbeiten von Eilert Herms hervorzuheben, der sich insbesondere mit den Phänomenen des Sports und der Sexualität befasst hat.[1] Ansonsten überrascht es, dass die neueren sozialwissenschaftlichen Diskurse zum Thema Körperlichkeit in der Systematischen und Praktischen Theologie bislang weitgehend unrezipiert geblieben sind.[2]

Inwiefern ist Körperlichkeit ein Thema für die Theologie? Was bedeutet es, dass der Mensch ein körperliches Wesen ist? Für die Theologie ist es unter den Bedingungen der späten Moderne notwendig, diese Frage nicht nur im Kontakt mit der Philosophie, sondern auch mit der Soziologie zu reflektieren. Denn der Körper versteht sich in der funktionsdifferenzierten Gesellschaft nicht mehr von selbst. Er zerfällt entsprechend der unterschiedlichen Kommunikations- und Funktionsbereiche in viele plurale Körper: Er wird als sexueller Körper in der Liebe, als trainierter Körper im Sport, als kranker Körper im Medizinsystem,

---

1. Vgl. Eilert Herms, Der Körper als Symbol, in: ders., Sport. Partner der Kirche und Thema der Theologie, Hannover 1993, 13–24 und ders., Liebe, Sexualität, Ehe. Unerledigte Themen der Theologie und der christlichen Kultur, in: ZThK 96 (1999), 94–135.
2. Selektiv geschieht dies in der bioethischen Diskussion, siehe: Ulrich H. J. Körtner, Leib und Leben. Bioethische Erkundungen zur Leiblichkeit des Menschen, Göttingen 2010 und: Peter Dabrock/Lars Klinnert/Stefanie Schardien, Menschenwürde und Lebensschutz. Herausforderungen theologischer Bioethik, Gütersloh 2004, 128ff., 166ff.

als ästhetischer Körper in den Medien, als toter Körper im Bestattungs-
wesen und als modisch in Szene zu setzender Körper in der Bekleidungs-
industrie wahrgenommen. Körperlichkeit ist trotz der Materialität des
Körpers nicht einfach objektiv vorgegeben. Im Folgenden soll deshalb
zunächst die sozio-kulturelle Imprägnierung des Körpers in der Gegen-
wartsgesellschaft fokussiert werden, bevor in Auseinandersetzung mit
den biblischen Überlieferungen und der theologisch-philosophischen
Tradition ein Körper- bzw. Leibverständnis entfaltet und präzisiert wird,
auf dessen Grundlage sich eine ethische und praktisch-theologische Orientierung gewinnen lässt.

1. Kulturelle Körpernormen

a) Geschlechtsdifferenzierte Körper zwischen Natur und Kultur

In den Sozialwissenschaften ist es insbesondere die Genderforschung,
die die enge Kopplung von Körper und Kultur in den letzten Jahrzehnten
intensiv erforscht hat. Sie hat sich nicht nur mit den unterschiedlichen
kulturellen und historischen Konzeptionen von weiblichen und männlichen Körpern befasst, sondern auch die Auswirkungen von Konvention
und Habitus auf den menschlichen Körper untersucht. So schreibt sich
die Kultur tiefgreifend in unsere Körper ein, in der Regel ohne dass wir
das bewusst wahrnehmen oder reflektieren. Dabei ist an das ganze En-
semble habitualisierter Körperbewegungen und -haltungen zu denken,
das Frauen und Männer auf je unterschiedliche Weise lernen und das
zugleich so stabil zu unseren jeweiligen Ausdrucksmöglichkeiten gehört,
dass wir ihre Künstlichkeit nicht mehr wahrnehmen, z. B. die Art und
Weise, wie Frauen Blicke werfen, wie Männer und Frauen jeweils gehen,
essen, den Kopf bewegen, den Körper halten etc.[3]

Der Körper ist entgegen naiven Natürlichkeitsannahmen »eine gesellschaftlich mitbeeinflußte Größe [...]. Wie Menschen mit ihren Körpern umgehen, wie sie gehen, laufen, schlafen und essen, wie sie sich im
Raum bewegen, wie Körper aktiviert oder ruhiggestellt werden, erfolgt

---

3. Vgl. zur Habitustheorie: Pierre Bourdieu, Die männliche Herrschaft, Frankfurt a. M. 2005.

immer schon unter dem Einfluß gesellschaftlicher Rahmenbedingungen.«[4] Auch relativ »harte« Fakten wie die Hormonausschüttung variieren je nach sozialer Situation und Konvention. Selbst Stimmhöhe und Intonation werden kulturell beeinflusst und gehen nicht monokausal auf anatomische Unterschiede zurück. »Je nach Kultur werden bestimmte Stimmregister für Männer und Frauen als ›normal‹ eingespielt.«[5] So sprechen Frauen in China sehr viel höher als das bei Frauen in der westlichen Kultur, z. B. in den USA (Tracy Chapman), üblich ist. Die Form der Tonhöhenbewegung ist schließlich gänzlich kulturell bedingt: Dass Frauen in der westlichen Kultur viel stärkere Tonhöhenbewegungen produzieren, die Töne länger ausgleiten lassen und stärker behauchen, hat mit Anatomie nichts zu tun. Auch die Körperkraft ist nicht einfach eine unverrückbare Größe, sondern, wie jedes Fitnessstudio beweist, erstaunlich wandelbar und hängt in hohem Maße von kulturellen Gewohnheiten, von Ernährung und Bewegung ab.

Die Kultur beeinflusst den menschlichen Körper sehr weitreichend und prägt die Art und Weise, wie wir Körper wahrnehmen und beschreiben. Unsere Konzepte und Bilder von Körperlichkeit sind dem geschichtlichen Wandel unterworfen, selbst dort, wo man meint, naturwissenschaftlich-objektiv auf den Körper zugreifen oder auch die Verschiedenheit von zwei geschlechtsdifferenzierten Körpern beobachten zu können.[6] So bestimmen unsere vorgängigen Vorstellungen über Unterschiede und Gleichheit wesentlich mit, was wir an einem Körper sehen und gewichten und was nicht. Selbst anatomische Illustrationen von »dem Mann« und »der Frau« in Biologiebüchern sind alles andere als »objektiv«. Sie stellen vielmehr Abstraktionen und (klischeehafte) Repräsentationen des menschlichen Körpers dar, die an vorgängige Annahmen und Verstehensweisen des menschlichen Körpers gebunden sind. So legen sie ein besonderes Augenmerk auf bestimmte Kennzeichen,

4. Karl-Heinrich Bette, Körperspuren. Zur Semantik und Paradoxie moderner Körperlichkeit, Berlin/New York 1989, 33. Natürlichkeitsannahmen haben deshalb für Bette »einen fiktionalen, archaisierenden Charakter.« Ebd.
5. Helga Kotthoff, Geschlecht als Interaktionsritual?, in: Erving Goffman, Interaktion und Geschlecht, hrsg. von Hubert Knoblauch, Frankfurt a. M. 1994, 159–194, 181.
6. Vgl. ausführlich: Isolde Karle, »Da ist nicht mehr Mann noch Frau …«. Theologie jenseits der Geschlechterdifferenz, Gütersloh 2006.

während andere komplett ignoriert werden. Der anatomische Körperbau an sich ist stumm. Erst durch bestimmte Interpretationen und Hervorhebungen beginnt er zu sprechen. Dass diese Interpretationen nicht nur Realität abbilden, sondern auch neu erschaffen, wird bei der Wahrnehmung der Geschlechterdifferenz besonders deutlich. So bringen die physiologischen Fakten nicht, wie alltagsweltlich angenommen, eine völlig unzweideutige Erkenntnis von männlichen und weiblichen Körpern, sondern eine verblüffende »Vielfalt der sexuellen Anatomie«[7] hervor, die sich dem zweigeschlechtlichen Raster nicht fügt. Die Zuteilung eines Menschen in die Kategorie Mann oder Frau ist demnach nicht einfach auf natürliche Grundlagen zurückzuführen, sondern basiert in nicht geringem Maß auf kulturellen Annahmen – auch in der Biologie, die die Gene überschätzt und zugleich Prozesse, Interaktionen, Kommunikationen sowohl in der Zelle und im Organismus als auch mit der gesellschaftlichen Umwelt unterschätzt.[8]

Die Wissenschaft beginnt erst seit einigen Jahrzehnten das Phänomen der *Intersexualität* differenziert wahrzunehmen. Unter dem Begriff Intersexualität versammeln sich vielfältige Kombinationen von Genen, Genitalien und Hormonen, die keine eindeutige Zuweisung zum weiblichen oder männlichen Geschlecht erlauben. Es gibt z. B. Menschen mit einem männlichen XY-Chromosomensatz, aber einem weiblichen Erscheinungsbild, die sogenannten XY-Frauen, aber auch komplette Hermaphroditen mit beiden Geschlechtsorganen und viele andere Varianten mehr. Die Natur kennt mehr als zwei eindeutige Geschlechtskörper. Sie bewegt sich mit fließenden Grenzen und Übergängen zwischen beiden Polen hin und her. Unsere Kultur erlaubt allerdings kein drittes Geschlecht, sondern erzwingt eine Zuweisung zur Dichotomie von »männlich« oder »weiblich«. Das führt zu medizinisch fragwürdigen und nicht selten dauerhaft schädigenden Behandlungen Intersexueller und zu ihrer Diskriminierung als »kranke« und »gestörte« Menschen.[9] Der Deutsche

---

7. Judith Lorber, Gender-Paradoxien, Opladen 1999, 143.
8. Vgl. Heinz-Jürgen Voß, Making Sex Revisited. Dekonstruktion des Geschlechts aus biologisch-medizinischer Perspektive, Bielefeld 2010, insbes. 237ff.
9. Vgl. dazu ausführlich: Heinz-Jürgen Voß, Intersexualität – Intersex. Eine Intervention, Münster 2012. Voß zeigt, wie sehr die Medizin durch den gesellschaftlichen Zwang zu geschlechtlicher Eindeutigkeit und Widerspruchsfreiheit bis in die Gegenwart hinein ge-

Ethikrat hat sich deshalb ausführlich mit der Situation intersexueller Menschen befasst. Er kommt zu dem Schluss, »dass ein nicht zu rechtfertigender Eingriff in das Persönlichkeitsrecht und das Recht auf Gleichbehandlung vorliegt, wenn Menschen, die sich aufgrund ihrer körperlichen Konstitution weder dem Geschlecht weiblich noch männlich zuordnen können, rechtlich gezwungen werden, sich im Personenstandsregister einer dieser Kategorien zuzuordnen.«[10] Der Deutsche Ethikrat schlägt deshalb vor, juristisch ein drittes Geschlecht (»anderes«) einzuführen.[11]

Eine andere Abweichung von der Norm sind Transsexuelle. Sie fühlen sich im falschen Geschlechtskörper, sind beispielsweise körperlich Mann, identifizieren sich aber als Frau. Bei ihnen ist der Druck zur Kongruenz von *sex* (körperliches Geschlecht) und *gender* (soziales Geschlecht) so groß, dass nicht selten medizinisch-operativ »nachgeholfen« wird, obwohl niemand seinen Chromosomensatz ändern kann, also aus einem weiblichen XX-Chromosomensatz einen männlichen XY-Chromosomensatz oder umgekehrt machen kann. Lediglich »äußerlich« ist es möglich, sich dem Wunschgeschlecht weitgehend anzupassen. Die »richtige« Körperausstattung wird offenbar immer noch als grundlegend für eine bestimmte Lebens- und Empfindungsweise wahrgenommen. Steckt die individuelle Seele im »falschen« Körper, muss der Körper entsprechend korrigiert werden, um die individuell als stimmig empfundenen Verhaltens- und Gefühlsmuster ausleben zu können oder auch: dem Geschlechterklischee zu entsprechen.

Diese knappen Hinweise auf Erkenntnisse aus der Genderforschung zeigen, dass es zwar einen natürlichen, außerkulturellen Körper gibt. Doch sobald wir diesen Körper anfangen zu beschreiben, tun wir dies immer schon im Horizont eines kulturell tief verankerten Wissens und bestimm-

---

prägt ist. »Das medizinische Einschneiden in den Körper sowie sein physisches und physiologisches Verändern erweisen sich [...] als direkte Fortsetzung zweigeschlechtlicher gesellschaftlicher Norm.« A. a. O., 8. und ausführlich: 12ff. und 50ff.

10. Deutscher Ethikrat, Stellungnahme zu Intersexualität, Berlin 2012, 177.

11. Allerdings folgt der Ethikrat nicht der zentralen Forderung von Intersex-Verbänden »nach dem Ende der chirurgischen und hormonellen Eingriffe im frühen Kindesalter«, obwohl er das Leid und die Traumatisierung der Behandelten anerkennt. Vgl. Voß, Intersexualität, 6. Intersex-Verbände fordern, dass Intersexualität als Varianz und Besonderheit des Geschlechts anerkannt wird und die Stigmatisierung als Krankheit aufgegeben wird.

ter Annahmen über dessen Natürlichkeit oder Nichtnatürlichkeit. Wir produzieren das Gesehene immer mit – es gibt kein objektives Außen, von dem aus wir Körperlichkeit betrachten könnten. Dass diese Verschränkung von Körper und Kultur repressive Auswirkungen haben kann, wird an dem Leid von Intersexuellen, die chirurgisch »vereindeutigt« wurden und teilweise noch werden, aber auch an Homosexuellen, die ebenfalls der Norm widersprechen, deutlich. Es geht insofern nie nur um körperliche Normabweichungen, sondern immer auch um das kulturelle Wissen darüber, was aus einem »richtigen« männlichen oder weiblichen Körper an Verhalten, an sexueller Orientierung, an Identität »natürlich« folgt bzw. folgen sollte.

b) Kulturelles Wissen und eigenleibliche Erfahrung

Obwohl diese Erkenntnisse auf die Kontingenz der Geschlechtsidentität hinweisen, ist es schwer, sich im Hinblick auf die eigene Körpererfahrung vom kulturellen Körperwissen zu distanzieren. Der Körper ist so durch und durch identitätsbestimmend, dass die Geschlechterklassifikation nicht als kulturell imprägniert, sondern als natürlich empfunden wird. Gesa Lindemann spricht deshalb auch von der *eigenleiblichen Erfahrung*, die sie vom Körperwissen unterscheidet.[12] Ist es Menschen nicht möglich, die eigenleibliche Erfahrung mit dem kulturellen Körperwissen zu verschränken, wie das bei Transsexuellen der Fall ist, haben sie ein Identitätsproblem: Sie sind in ihrer eigenleiblichen Erfahrung nicht das Geschlecht, das sie als Körper haben. Gesa Lindemann betont diese subjektive Komponente der eigenleiblichen Erfahrung, um zu unterstreichen, dass die Geschlechtsidentität nicht einfach beliebig wählbar ist. Ich *bin* auch Leib und *habe* nicht nur einen Körper. Paradoxerweise kommt Lindemann gerade durch ihre Studie über Transsexuelle zu diesem Schluss. Das Wissen um die geschlechtliche Bedeutung signifikanter Körperzeichen (wie Penis, Busen, Vagina) »ist zwar kulturell konstruiert, doch ändert das nichts daran, dass sie von Frauen und Männern als natürliche Geschlechtsmerkmale spürbar am

---

12. Vgl. Gesa Lindemann, Die leiblich-affektive Konstruktion des Geschlechts. Für eine Mikrosoziologie des Geschlechts unter der Haut, in: ZfS 21/5 (1992), 330–346.

eigenen Leib erlebt und sichtbar am Körper anderer wahrgenommen werden.«[13]

Nun könnte man an dieser Stelle einwenden, dass Intersexuelle und Transsexuelle nur eine kleine Minderheit darstellen und dass die Verschränkung von eigenleiblicher Erfahrung und kulturellem Körperwissen für die große Mehrheit kein Problem ist. Aber so einfach ist es nicht. Sehr viele Frauen und Mädchen haben z. B. ein kulturelles Wissen von weiblicher Schönheit verinnerlicht, das sie in ihrer körperlichen Selbstwahrnehmung – ihrer eigenleiblichen Erfahrung – massiv prägt. Für Frauen waren Schönheit und Attraktivität wohl noch nie so bedeutsam wie in der gegenwärtigen Kultur. Das führt zu einer signifikanten Selbstabwertung realer bzw. durchschnittlicher weiblicher Körper. Dies ist ganz besonders bei Mädchen und jungen Frauen zu beobachten, die sich und ihren Körper mit medialen Vorbildern, insbesondere Models, vergleichen und dabei immer weitere Defizite feststellen sowie neuen Beautytrends nacheifern, wie z. B. dem *thigh gap*, der Lücke zwischen den Oberschenkeln bei geschlossenen Beinen, die man nur durch Untergewicht bzw. große Magerkeit erreichen kann. Marilyn Monroe und Scarlett Johansson hatten bzw. haben sie nicht.

Während das Körperidealbild eines heranwachsenden Mädchens das einer untergewichtigen Frau ist, bevorzugen Jungen normalgewichtige Frauen und Mädchen.[14] Mädchen legen größten Wert auf ihr *body image* und sind dementsprechend unsicher, ob sie dem Schönheitsideal entsprechen oder nicht, ob sie als »hübsch« gelten können oder nicht. Im Internet treibt die Resonanzorientierung dabei bisweilen bizarre Blüten. So sind auf Youtube über eine halbe Million Videos zu der Frage »*Am I pretty or ugly?*« von jungen Mädchen zu sehen. Die Mädchen sind zwischen neun und 14 Jahre alt und lassen in diesen Videos vermeintlich »objektive« wildfremde Menschen ihr Aussehen bewerten. Obwohl die Antworten nicht selten hämisch, beleidigend und zynisch sind, verstetigt sich dieser Trend. Männliche Jugendliche stabilisieren ihre Identität vor allem über sportliche Aktivitäten. Doch zeichnen sich auch bei ihnen

---

13. Robert Gugutzer, Soziologie des Körpers, Bielefeld ³2010, 109, mit Bezug auf Lindemann.
14. Vgl. Elisabeth Naurath, »Ein Indianer kennt keinen Schmerz …?«. Geschlechtsspezifische Krankenhausseelsorge, in: WzM 55 (2003), 374–390, 378.

»Angleichungsprozesse« ab: Männliche Heranwachsende legen heute sehr viel mehr Wert auf ihr Aussehen, auf Schlanksein und auf Körperpflege als noch vor wenigen Jahrzehnten.

Insgesamt hat die Formung und Manipulation des eigenen Körpers erhebliche Ausmaße angenommen. Fitnesscenter gleichen spätreligiösen Tempeln, nicht zuletzt auch im Hinblick auf die Selbstverständlichkeit, mit der hier der Körper kasteit und asketisch behandelt wird, um als attraktiver und gesunder Körper zu gelten. Zugleich werden Körperkorrekturen über schönheitschirurgische Eingriffe vor allem bei Frauen immer selbstverständlicher.[15] Die Eingriffe sollen alt gewordene Körper verjüngen und die sexuelle Attraktivität von Frauen durch Korrekturen vor allem im Brust- und Bauchbereich steigern. Eine gängige, weniger dramatische Körperoptimierung ist auch im Hinblick auf kieferorthopädische Behandlungen zu beobachten, die mittlerweile zum selbstverständlichen Inventar adoleszenter Erfahrung gehören. Anders als noch vor wenigen Jahrzehnten, als man Fehlstellungen bei Zähnen fraglos hinnahm, werden heute schon kleinere Abweichungen von der Norm korrigiert.

Zugleich tauchen immer neue Körpernormen auf, die sich innerhalb kurzer Zeit wie von selbst durchzusetzen scheinen. So ist die Intimbehaarung von Frauen und Männern mittlerweile zum erklärungsbedürftigen Makel geworden. Jüngere Frauen entfernen mit ihren Haaren symbolisch ihre sekundären Geschlechtsmerkmale und verwandeln sich rein optisch in präpubertäre Körper, die Reinheit und Ungefährlichkeit signalisieren, um dadurch attraktiver zu wirken.[16] Junge Männer enthaaren sich, weil sie das für sexuell aufregender halten. Das Wort Schamhaar hat einen fundamentalen Bedeutungswandel innerhalb kürzester Zeit durchlaufen: Aus dem Haar, das die Scham bedeckt, ist ein Haar geworden, für das man sich schämt.[17] Paula Villa interpretiert den Trend zur

---

15. In Deutschland unterziehen sich jährlich zwischen 400.000 und 700.000 Menschen einer plastischen Operation, vgl. Paula-Irene Villa, Einleitung – Wider die Rede vom Äußerlichen, in: dies. (Hrsg.), Schön normal. Manipulationen am Körper als Technologien des Selbst, Bielefeld 2008, 7–18, 9.

16. Vgl. Paul-Philipp Hanske, Schamlos, in: Süddeutsche Zeitung Magazin, 22.11.2013, 16–21, 20.

17. Vgl. ebd.

Enthaarung als Leibvergessenheit: »Der Körper muss heute von allen biografischen Spuren gereinigt sein. Alles, was andeuten könnte, man hätte den Körper nicht im Griff, löst Ekel aus.«[18] Auch im Hinblick auf den Körper ist man ständig herausgefordert, an sich zu arbeiten, sich zu optimieren und ihn sauber und leistungsbereit zu halten. »Menschen machen Diät, stylen sich, werden operiert – alles, um sich zu verwandeln in die, die sie sein wollen sollen.«[19] Die Manipulationen am Körper werden als *Arbeit am eigenen Selbst* verstanden und nicht bloß als Äußerlichkeiten wahrgenommen und interpretiert.

Nun ist es ganz sicher nicht nur negativ zu bewerten, dass der Körper heute sehr viel bewusster gestaltet werden kann als ehedem. Manche körperliche Veränderungen bringen erhebliche Freiheitsgewinne mit sich. Bei vielen medizinischen Korrekturen ist das offenkundig. Zugleich machen die genannten Beispiele deutlich, dass gerade in der modernen Gesellschaft, die stärker als alle Gesellschaften vor ihr von Körperlichkeit abstrahiert, der Körper auf ganz neue Weise in den Fokus der Aufmerksamkeit rückt. Der Körper wird zum zentralen Bezugspunkt bei der Frage nach Sinn und Identität. Entscheidend ist das Ziel eines attraktiven Körpers, dem alles andere untergeordnet wird. Der Körper sichert Einfluss, Ansehen und Sexappeal. Pierre Bourdieu spricht deshalb auch vom *Körperkapital*.[20] »Wer in sein Körperkapital Arbeit, Zeit und/oder Geld investiert, hat gute Chancen, – auf dem Arbeitsmarkt nicht weniger als auf dem ›Markt der Liebe‹ – hohe soziale und/oder persönliche Rendite, zum Beispiel in Form von sozialer Anerkennung und Selbstwertgefühl, zu erzielen.«[21] Vor allem medial vermittelte Vorstellungen von Schönheit und Fitness sind zentrale Zielorientierungen geworden und verlangen Menschen erhebliche Anstrengungen und Selbstunterwerfungen ab.[22] Doch wie ist diese widersprüchliche Gleichzeitigkeit von Körperabwer-

18. Paula-Irene Villa zit. n. Hanske, a. a. O., 20f.
19. Villa, Einleitung – Wider die Rede vom Äußerlichen, 7.
20. Vgl. Pierre Bourdieu, Die feinen Unterschiede. Kritik der gesellschaftlichen Urteilskraft, Frankfurt a. M. 1987.
21. Gugutzer, Soziologie des Körpers, 68.
22. Vgl. Dietrich Kurz, Körper und Sinn, in: Ommo Grupe/Wolfgang Huber (Hrsg.), Zwischen Kirchturm und Arena. Evangelische Kirche und Sport, Stuttgart 2000, 151–167, 163 und: Villa, Einleitung – Wider die Rede vom Äußerlichen, 8.

tung und -aufwertung, von Körperabstraktion und Körperkult zu erklären? Und wo liegen die Grenzen der Steuer- und Formbarkeit des Körpers?

2. Die Gleichzeitigkeit von Körperverdrängung und Körperaufwertung

a) Der Körper auf Distanz

Schon Norbert Elias konstatierte in seiner Analyse über den Prozess der Zivilisation, dass Körperlichkeit in den letzten Jahrhunderten zunehmend aus der Gesellschaft heraus und in die Privatsphäre hinein gedrängt wurde. Der Körper hat seinen Ort gewissermaßen »hinter die Kulissen des gesellschaftlichen Lebens«[1] verlagert. Die arbeitsteilige Gesellschaft macht Menschen stärker voneinander abhängig und verlangt vom Einzelnen deshalb mehr Rücksichtnahme auf die Handlungen anderer. Der Einzelne muss lernen, sich gleichmäßig, kontrolliert, vorausschauend und diszipliniert zu verhalten. Dieser »Zivilisationsprozess« ist nicht nur ein gesellschaftlicher Prozess, sondern muss von jedem Menschen als Sozialisationsprozess durchlaufen werden.

Der Prozess der Zivilisation fängt für Elias schon gegen Ende des Mittelalters an. Das körperliche Verhalten und Benehmen wurde in der Renaissance zunehmend beobachtet und reguliert. Es galt, die körperlichen Bedürfnisse und Affekte zu beherrschen. Im Laufe der Zeit wurden dabei aus Fremdzwängen immer mehr Selbstzwänge. Wuschen sich die Menschen zunächst nur aus Rücksicht auf andere, sind die Hygieneriten mittlerweile eine selbstverständliche Gewohnheit oder auch ein Selbstzwang – völlig unabhängig von der Anwesenheit anderer.[2] Damit einher geht eine Rationalisierung des Körpers: Individuen handeln weniger spontan, sie schätzen die Angemessenheit ihres Verhaltens vorher

---

1. Norbert Elias, Über den Prozeß der Zivilisation. Soziogenetische und psychogenetische Untersuchungen. Erster Band. Wandlungen des Verhaltens in den weltlichen Oberschichten des Abendlandes, Amsterdam 1997, 254.
2. Vgl. a. a. O., 329.

ab, z. B., wenn es darum geht, den Hunger zu stillen: jetzt oder später, mit kalorienarmem oder üppigem Essen? »Ein zivilisierter Körper ist in diesem Sinne ein durch bewusste Denkakte modifizierter Umgang mit unmittelbaren körperlichen Bedürfnissen. Auch dies ist eine ambivalente Angelegenheit: Einerseits wird das Leben durch diese Rationalisierung womöglich gesünder [...], andererseits wird es dadurch [...] aber auch ereignis- und erlebnisärmer.«[3]

Im Zuge des Zivilisationsprozesses haben sich die Scham- und Peinlichkeitsgrenzen verschoben. In der modernen Gesellschaft schämen sich Menschen sehr viel schneller für eine körperliche Äußerung oder Geste als im Mittelalter. Die Trennung von Privatheit und Öffentlichkeit, die sich vor allem im 18. und 19. Jahrhundert durchsetzte, verstärkte die Tendenz zu körperdistanzierten und -disziplinierten Umgangsformen. Dies zeigt sich schon am neuen Wohnstil, der erst jetzt die Ausbildung einer Intimsphäre erlaubt. Wohnten und schliefen die Menschen vorher nicht selten in einem Raum (auch Sexualität musste dort stattfinden), entstanden jetzt Häuser mit unabhängigen einzelnen Zimmern und der Einrichtung von Fluren, die bis dahin unbekannt waren.[4]

Nach Elias kommt es in der Gegenwart zu einer gewissen Nivellierung des Körpers, insofern die Differenzen im Körperverhalten nicht mehr unmittelbar an Herkunft und Schicht gekoppelt sind. Die sozialen Unterschiede werden unwichtiger, die Möglichkeit, die »Individualität auf andere Weise körperlich-symbolisch darzustellen«[5], gewinnt an Bedeutung. Gegenbewegungen zum Zivilisationsprozess (öffentliche Nacktheit, hohe Präsenz von Sexualitätsdiskursen etc.) sieht Elias nicht als Widerspruch zu seiner These, sondern diese sind nur möglich, weil der zivilisierte Standard so sehr verinnerlicht ist, dass er dadurch nicht gefährdet wird.

Soziologen der Gegenwart wie Karl-Heinrich Bette und Sven Lewandowski schließen an Elias an, setzen aber etwas andere Akzente. Auch sie beobachten eine *Entkörperlichung*, gewichten die Gegenbewe-

---

3. Gugutzer, Soziologie des Körpers, 56.
4. Vgl. Rosemarie Nave-Herz, Ehe- und Familiensoziologie. Eine Einführung in Geschichte, theoretische Ansätze und empirische Befunde, 3. überarb. Aufl. Weinheim/Basel 2013, 55.
5. Gugutzer, Soziologie des Körpers, 58.

gung der Körperaufwertung aber stärker als Elias und erklären sie vor allem auch anders. Sie gehen von einer gleichzeitig ablaufenden paradoxen »*Steigerung von Körperverdrängung und Körperaufwertung im Rahmen der modernen Gesellschaft*« aus.[6] Sowohl Körperverdrängung als auch Körperaufwertung resultieren aus systemtheoretischer Perspektive aus der Exklusion des Körpers aus der funktional differenzierten Gesellschaft. So müssen die meisten modernen Funktionssysteme Körperlichkeit nicht weiter berücksichtigen. Sie verwenden Körperlichkeit zwar ab und zu, aber sie sind nicht mehr zwingend und unmittelbar auf sie angewiesen.

So treten immer mehr Menschen über immer größere Distanzen hinweg miteinander in Verbindung und kommunizieren miteinander, ohne physisch kopräsent zu sein. Im Zeitalter von Internet, Facebook und Twitter ist dies kein Problem. Das Internet nutzt die Abwesenheit des Körpers sogar gezielt für seine unverbindlichen virtuellen Kommunikationsformen. Selbst die Partnerbörsen kommen im Hinblick auf das Arrangement von Paarbeziehungen lange Zeit ohne physische Kopräsenz aus. Nicht zuletzt ist der Zusammenhang von Körperkraft und Arbeit mit zunehmender Technisierung und Computerisierung der Arbeitswelt deutlich in den Hintergrund getreten. Die Gentechnologie macht es sogar möglich, dass die gemeinsame Anwesenheit von einem Mann und einer Frau bei einem Zeugungsakt entbehrlich wird. In der Wirtschaft, in der noch vor wenigen Generationen Aushandlungsrituale und damit persönliches Auftreten entscheidend waren für den Preis, der am Ende zu zahlen bzw. zu erzielen war, ist körperliche Anwesenheit in vielen Fällen überflüssig geworden: Nur noch die Belastbarkeit der Kreditkarte interessiert. Dass auch die Universität einen Ort darstellt, der von Körperlichkeit weitgehend abstrahiert, liegt auf der Hand: Lehrveranstaltungs- oder Sitzungszeiten sehen oft genug keine Pausen für Essen und Trinken oder andere körperliche Bedürfnisse vor. »Der Körper wird [...] immer vehementer auf Distanz gesetzt.«[7] Es ist kein Wunder, dass

---

6. Bette, Körperspuren, 16. Hervorhebung I. K. Zu Lewandowski vgl. Sven Lewandowski, Sexualität in den Zeiten funktionaler Differenzierung. Eine systemtheoretische Analyse, Bielefeld 2004.
7. Bette, Körperspuren, 22.

unter diesen Bedingungen »die Körpersprache reduziert wird und die (körperliche) Ausdrucksfähigkeit abnimmt«[8].

b) Paradoxe Körperaufwertung

Die Gesellschaft kann von Körperlichkeit nicht absehen. Die Wissenschaft ist nicht ohne einen sinnlich wahrnehmenden Körper denkbar, die Intimkommunikation nicht ohne Sexualität, Wirtschaft nicht ohne (körperliche und psychische) Bedürfnisse. Der Körper tritt zwar hinter die gesellschaftliche Kommunikation und Eigendynamik zurück, aber er bleibt eine unerlässliche Basis für jeden Sozialbereich. Vor allem in Interaktionssystemen – in der Schule, in der Familie, aber auch bei identitätsnahen Kommunikationen im Gesundheits- oder Religionssystem – ist körperliche Anwesenheit essenziell. Nur in der Kommunikation von körperlich Anwesenden wird das Vertrauen aufgebaut, dessen es bedarf, um existenziell relevante Probleme bearbeiten zu können.[9] Und selbst bei jeder flüchtigen Begegnung zweier Menschen spielt der Körper eine zentrale Rolle. Das Wahrnehmen des anderen Körpers und das Wahrnehmen des Wahrgenommenwerdens (des eigenen Körpers/des eigenen Erscheinungsbildes) durch den anderen beeinflussen jede Interaktion.[10] Der Körper kommuniziert immer mit.

Nicht zuletzt *rächt sich der Körper für seine Nichtberücksichtigung.* Durch die Körperdistanzierung kommt es zu Stresserfahrungen und zu psychischen und somatischen Krankheiten und Mangelerscheinungen. Der Körper wird eben nicht nur kontrolliert, sondern übt selbst eine Art Kontrolle aus. »Der Körper kann sich besonders drastisch als Schmerzkörper, als kranker und gefährdeter Körper in Erinnerung rufen und in Bereiche eindringen, die ihn bereits als einen zu vernachlässigenden

---

8. A. a. O., 21.
9. Deshalb sehen die klassischen Professionen – die Pfarrerin, der Arzt, die Lehrerin, der Richter – nach wie vor die Kommunikation unter Anwesenden als Zentralkommunikation vor. Vgl. ausführlich: Isolde Karle, Der Pfarrberuf als Profession. Eine Berufstheorie im Kontext der modernen Gesellschaft, Freiburg im Breisgau ³2011, 59ff.
10. Vgl. ausführlich: Erving Goffman, Interaktionsrituale. Über Verhalten in direkter Kommunikation, Frankfurt a. M. ⁴1996.

Umweltfaktor abgebucht hatten«.[11] Die somatischen und psychischen Folgekosten der Modernisierung führen in der Konsequenz zu einer Etablierung von Sozialbereichen, »die ein body-processing unter Sonderaspekten betreiben«.[12] Gesundheit, Sport, der Boom der ganzen Wellness- und Fitnesskultur, aber auch die Verselbstständigung von Sexualität sind hier zu nennen. Die genannten Sozialbereiche reagieren durch eine Fokussierung auf Körperlichkeit auf die Körperdistanz, die die übrige Gesellschaft bestimmt. Körperaufwertung und -abwertung gehen insofern Hand in Hand.

Prinzipiell setzt eine körperbewusste Lebensführung voraus, dass keine existenziellen Notwendigkeiten mehr im Vordergrund stehen. Erst wenn die materielle Bedürfnissicherung nicht mehr den Alltag bestimmt, »können vermehrt Ansprüche an den eigenen Körper gestellt [...] werden. Erst auf der Grundlage einer relativen sozialen Sicherheit wird die aktive Teilnahme an körperbezogenen Sozialsystemen wahrscheinlich.«[13] Doch führt die komplementäre Beschäftigung mit dem Körper nicht zwangsläufig zu einer maßvollen Aufmerksamkeit für körperliche Bedürfnisse. Sie kann selbst wiederum paradoxe Effekte hervorrufen, wenn der Körper als Objekt der Kontrolle und Unterwerfung im Vordergrund steht. So ist es zwar eine gängige Vorstellung, dass Menschen ihren Körper jederzeit durch Diäten willentlich formen können. Dies ist aber nicht der Fall. Unterschiedliche Körper reagieren unterschiedlich auf Essen und verarbeiten Essen unterschiedlich. Ob jemand dick oder dünn ist, hat daher verhältnismäßig wenig mit einer kognitiv steuerbaren Esskultur zu tun, sondern ist in jedem Fall auch genetisch bedingt bzw. von nicht willentlich zu beeinflussenden Umweltfaktoren abhängig. Deshalb haben standardisierte Diäten nicht selten auch paradoxe und gesundheitsschädliche Wirkungen. Der Körper verbraucht mehr Energie, als ihm zugeführt wird, er passt sich während einer Diät der Mangelernährung aus Überlebensgründen an und gewöhnt sich an einen geringeren Grundumsatz. Der Hormonhaushalt verändert sich,

11. Bette, Körperspuren, 26.
12. A. a. O., 27.
13. A. a. O., 40.

was den Appetit steigert und das Hungergefühl verstärkt.[14] Auf diese Weise kommt es nach Beendigung einer Diät häufig wieder zu einer Gewichtszunahme, zum sogenannten »Jo-Jo-Effekt«. Dabei ist das Endgewicht in der Regel höher als das Ausgangsgewicht.

Nicht zuletzt fokussiert das Schlankheitsideal die Aufmerksamkeit vieler Menschen derart stark auf das Essen, eine an sich genussvolle Tätigkeit, die normalerweise mit psychischem Wohlbefinden einhergeht, dass sich die Betroffenen unentwegt mit dem Thema Essen beschäftigen und ihr natürlicher Sättigungsmechanismus nicht mehr funktioniert. Vor allem junge Frauen leiden nicht selten unter Essstörungen, die bei Magersucht sogar lebensbedrohlich sein können. »Der Appetit ist die moderne Erbsünde«, so bringt Lebensmittelexperte Udo Pollmer die destabilisierende diätfixierte Ernährungspraxis auf den Punkt.[15] Dicksein gilt als inakzeptabler Makel. Deshalb wird Menschen, die als übergewichtig gelten, in unserer Kultur auch mangelnde Selbstbeherrschung oder Willensschwäche vorgeworfen.[16]

Die Diätfixierung ist wie der Schönheitskult Teil der Körperaufwertung und führt zugleich zu einer erstaunlichen Körpervergessenheit. John von Düffel stellt in seiner Romansatire »Ego«[17] einen Protagonisten vor, der ein derart fitness- und diätfixiertes Selbstmanagement betreibt und sich einem strengen Regime körperlicher Übungen unterwirft, dass er sich selbst dabei verliert. Die Angst zu versagen treibt ihn in eine so ausgeprägte Fokussierung auf Gesundheit und Fitness, dass er seine beruflichen Termine nicht mehr einhalten kann, keine Zeit mehr für seine Freundin findet und damit genau das hervorruft, was er zu vermeiden suchte. »Wer seinen Körper nur noch als zu bearbeitenden Rohstoff beherrscht, kann diesen nicht mehr bewohnen, geschweige denn im eigenen Körper geborgen sein.«[18] Der Körper ist zum verwaltbaren Gegenstand geworden.

14. Vgl. Priya Sumithran u. a., Long-Term Persistence of Hormonal Adaptations to Weight Loss, http://www.nejm.org/doi/full/10.1056/NEJMoa1105816. Zuletzt abgerufen am: 07.05.2014.
15. Ein Interview von Hans Katereit mit Udo Pollmer, »Der Appetit ist die moderne Erbsünde«, in: Zeit Online, 11.07.2013, http://www.zeit.de/lebensart/essen-trinken/2013-06/ernaehrung-diaeten. Zuletzt abgerufen am: 07.05.2014.
16. Vgl. Villa, Einleitung – Wider die Rede vom Äußerlichen, 12.
17. Vgl. John von Düffel, Ego, München 2003.
18. Villa, Einleitung – Wider die Rede vom Äußerlichen, 14.

c) Körperlichkeit als sinnerschließende Erfahrung

Der Körperboom ist aber nicht nur als Komplementärreaktion auf die
Entkörperlichung der modernen Gesellschaft zu verstehen. Es kommt
insgesamt zu einer *Fragmentierung und Pluralisierung der individuellen
Lebensführung*, die »ganzheitliche Bezüge« immer unwahrscheinlicher
machen. Das Individuum erlebt sich zerteilt in höchst unterschiedliche
und nicht selten sich widersprechende Erwartungs- und Anspruchszu-
sammenhänge. Die Identität des Einzelnen gerät unter Druck: »Wer bin
ich – und wenn ja, wie viele?« fragt Richard David Precht.[19] Das Individuum wird von Imperativen aus ganz unterschiedlichen Funktions-
zusammenhängen beansprucht, die nur zeitlich nacheinander abgearbeitet werden können. Es soll gleichzeitig beruflich ambitioniert,
körperlich gepflegt, sportlich und kulturell aktiv sein, den Freundeskreis
pflegen und Zeit für die Kinder und die Partnerin bzw. den Partner
aufbringen. Es kommt dabei nicht nur zu Stresserfahrungen, sondern
auch zu einer *Erwartungsüberlastung der Zukunft*[20]: Das Gegenwärtige
und Wirkliche erscheint permanent als Defizit, die Zukunft wird zum
imaginären Ort, an dem alle Ansprüche abgearbeitet werden können
bzw. müssen. Die Folge ist eine erhebliche Beschleunigung[21] des Alltags
und eine Schrumpfung der Gegenwart. »Der Genuß der Jetzt-Zeit wird
zu einem knappen Gut, weil die Futurisierungserfordernisse durch die
Köpfe der Menschen gehen und einen Anpassungsdruck hervorrufen«.[22]

Der Körper scheint nun insofern einen Ausweg aus diesem Dilemma
anzubieten, als er Menschen an die *Jetztzeit* bindet und damit eine Rück-
besinnung auf die Gegenwart nahelegt, denn der Körper stellt eine *permanente Gegenwart* dar. »Indem Menschen bewußt auf ihre Körper
einwirken, binden sie sich in eine permanent mitlaufende Erlebnisge-
genwart ein, selbst wenn sie eine zukünftige Körpergegenwart im Sinne

---

19. Vgl. Richard D. Precht, Wer bin ich – und wenn ja, wie viele? Eine philosophische Reise,
    München 2007.
20. Vgl. Bette, Körperspuren, 30.
21. Vgl. dazu ausführlich: Hartmut Rosa, Beschleunigung. Die Veränderung der Zeitstruk-
    turen in der Moderne, Frankfurt a. M. 2005.
22. Bette, Körperspuren, 30.

haben«[23] – wie bei Diäten oder körperlicher Fitness. Der Körper stellt gewissermaßen einen Fluchtpunkt dar, »der Konkretheit, Gegenwärtigkeit und Authentizität«[24] verspricht. Deshalb sind Tattoos und Piercings so attraktiv geworden. Längst gelten Tätowierungen nicht mehr nur als Unterschichtenphänomen. Tätowierungen sind in der Gegenwart vielmehr eine freiwillige Stigmatisierung, die den Willen demonstriert, alle Moden zu überwinden und sich selbst bzw. die eigene Haut zu fixieren. Tätowierungen sind eine Methode, um den eigenen Körper wieder zu spüren und zu besitzen. Der Schmerz der Tätowierung macht dabei das Gewicht des eigenen Vorhandenseins spürbar. Der fest bedruckte Körper steht für die Suche nach einer Festlegung angesichts einer Welt des Austauschbaren. Er soll vor der dumpf empfundenen Tatsache der Ersetzbarkeit und Vergänglichkeit schützen. Das Tattoo ist zugleich eine Aufforderung an andere: Es will entziffert und gelesen werden. »Man kann sich als Rebell ausstellen, ist gleichzeitig aber aufgehoben in der schützenden Wolke aller Zeichenträger.«[25]

Anders als die Funktionssysteme der Gesellschaft wird der Körper als generell verfügbare und zugleich beeinflussbare Größe erlebt. Am Körper kann noch etwas »bewirkt, beobachtet und auch gefühlt werden [...]. Er ist zu einem wichtigen Symbol für eine noch kontrollierbare Wirklichkeit geworden. An ihm können Zeichen gesetzt und Spuren hinterlassen werden.«[26] Der Körper ist deshalb für die populäre Ratgeberliteratur sehr attraktiv. Er gilt als beeinfluss- und gestaltbar, egal ob es nun um Ernährung, Sport, Fitness, Gesundheit, die Steigerung des körpereigenen Immunsystems, um Schwangerschaften, die Wechseljahre, die Pubertät, die Pflege der Haut, um Vitalität, Sexualität, Entspannungstechniken, Kosmetik, esoterische Heilungstechniken, Yoga, Pilates oder Steigerungen der Genuss- und Leistungsfähigkeit über Drogen, Doping oder Potenzmittel geht. Schon die lange Liste und die Vielfalt körperlicher Manipulationsmöglichkeiten zeigen den Beratungs- und Orientierungsbedarf

23. A.a.O., 31.
24. Ebd.
25. Julia Schoch, Hebe mich heraus! Über den Sinn von Tätowierungen, in: Johann S. Ach/ Arnd Pollmann (Hrsg.), no body is perfect. Baumaßnahmen am menschlichen Körper. Bioethische und ästhetische Aufrisse, Bielefeld 2006, 225–229, 228.
26. Bette, Körperspuren, 31.

an. Die Ratgeber versuchen den Körper für Individuen kalkulier- und handhabbar zu machen. Sie nehmen eine *Volitionswelt* an, so formuliert es Peter Fuchs,[27] eine Welt, in der Willenskraft und Selbststeuerung essenziell sind und Absichten gezielt in Ergebnisse umgesetzt werden können. Doch hat die bewusste Steuerung des Körpers über Willensakte Grenzen. Überdies kann sie hoch paradoxe Effekte hervorrufen. Bei der Einnahme von Aufputschmitteln, Drogen, Doping oder Potenzmitteln ist das hinlänglich bekannt. Die Auflistung zeigt zugleich, warum vor allem der kranke und zerbrechliche (alte) Körper als außerordentlich bedrängend erlebt wird: Er markiert die Grenzen der Kontrollfähigkeit über das eigene Leben und schließt mindestens partiell sowohl von Leistung als auch von Genuss, den beiden wichtigsten Parametern spätmodernen Lebens, aus.

»In einer immer mehr entsinnlichten Gesellschaft wird der Körper durch die ihm zugeschriebene Natürlichkeitsqualität zu einer wichtigen Sinninstanz.«[28] So ist es gerade in der sportlichen Bewegung einfach, sich selbst und den eigenen Körper zu spüren: Der Herzschlag beschleunigt sich, man beginnt zu schwitzen und sich im besten Fall selbstvergessen der Bewegung zu überlassen. Körperlichkeit wird zur *sinnerschließenden Erfahrung*. Man versucht in seinen Körper hineinzuhören, um zu »echten« Erfahrungen seiner selbst zu gelangen. Der Körper scheint ein Garant für Wahrheit und Authentizität zu sein. Doch er kann auch lügen, wie Fehleinschätzungen des Körpers zeigen.[29] »Natürlichkeits-, Gesundheits- und Spaßvorstellungen können zu gefährlichen Phantasmen werden, die negative physische Effekte hervorrufen.«[30]

---

27. Vgl. Peter Fuchs, Die magische Welt der Beratung, in: Rainer Schützeichel/Thomas Brüsemeister (Hrsg.), Die beratene Gesellschaft. Zur gesellschaftlichen Bedeutung von Beratung, Wiesbaden 2004, 239–257, 244.
28. Bette, Körperspuren, 32.
29. Vgl. Alois Hahn, Kann der Körper ehrlich sein?, in: Hans-Ulrich Gumbrecht/Karl Ludwig Pfeiffer (Hrsg.), Materialität der Kommunikation, Frankfurt a. M. 1988, 666–679. Rein physische Symptome können als Ehrlichkeit des Leibes ausgelegt werden, z. B. Impotenz als Zeichen für Untreue oder eine Krankheit als Zeichen für Verdrängung. Insofern, so Hahn, kann die Unterstellung der Wahrhaftigkeit des Körpers durchaus repressive Konsequenzen haben. Vgl. a. a. O., 672.
30. Bette, Körperspuren, 36.

Die Attraktivität von körperlichen Betätigungen ist als »Reaktion auf die durch die moderne Gesellschaft ausgelösten Identitätsverunsicherungen«[31] zu verstehen. Körperlichkeit wird »ins Zentrum gerückt, das Erleben von Körperlichkeit und körperbezogenen Kommunikationen ermöglicht und Körperlichkeit gesteigert«.[32] Allerdings kann Entkörperlichung nicht durch Verkörperlichung aus der Welt geschafft werden.[33] Auch durch noch soviel Training, Tanz oder Sexualität ist es nicht möglich, die Körperdistanz der modernen Gesellschaft aufzuheben. Denn bei der Körperaufwertung geraten immer nur spezifische Körperlichkeiten wie der sportliche, der kranke, der schöne oder stigmatisierte Körper in den Blick, der Körper wird nirgends »ganzheitlich« integriert. Der Ganzheitsbegriff droht deshalb, zu einer Leerformel zu werden.[34]

Und doch scheint genau diese *Sehnsucht, sich als Ganzheit zu erleben*, der Motor für die Körperorientierung vieler spätmoderner Individuen zu sein. Denn das Erleben des eigenen berührbaren und spürbaren Körpers vermag eine nicht-virtuelle, unhinterfragbare Identitätsversicherung zu geben oder jedenfalls zu suggerieren. Der Körper ermöglicht es Individuen, »sich als mit sich eins zu erleben, in ein erlebnisförmiges Jenseits der sonst allgegenwärtigen Differenz zu gelangen.«[35] Das ist beim Sport zu erfahren, aber auch in der Sexualität. Körperlichkeit wird damit zu einem »Garanten von Wirklichkeit, zu einem Anker im Meer der Relativität und der Relationen. Die Glücksversprechen, die im Körper, in körperlicher Betätigung gesucht werden, heißen: Fraglosigkeit, Echtheit, Eindeutigkeit.«[36]

Für Dietrich Kurz ist es nicht überraschend, dass der Körper in einer Zeit an Aufmerksamkeit gewinnt, in der andere Quellen der Sinnstiftung wie Religion und Familie an Kraft verlieren. »In Lebensphasen verstärkter Sinnsuche oder Unsicherheit neigen wir alle dazu, uns an den Körper zu halten.«[37] Je weniger wir anderswo Halt finden, desto mehr halten

31. Lewandowski, Sexualität in den Zeiten funktionaler Differenzierung, 170.
32. A. a. O., 237.
33. Vgl. Bette, Körperspuren, 41.
34. Vgl. a. a. O., 39.
35. Lewandowski, Sexualität in den Zeiten funktionaler Differenzierung, 170.
36. Ebd.
37. Kurz, Körper und Sinn, 162.

wir uns an den Körper. »In körperbetonten Situationen gibt es deutlichere, verlässlichere Rückmeldungen, auf denen sich eine subjektive Gewissheit aufbauen lässt, dass Sinn hat, was man tut.«[38] Man ist mit Leib und Seele bei etwas, geht auf in seinem Tun und erlebt sich eins mit seinem Körper.

Es erstaunt vor diesem Hintergrund nicht, dass Körperdiskurse religiös aufgeladen werden und umgekehrt, dass sich religiöse Kommunikation, auch in den Kirchen, immer mehr auf Körperlichkeit und körperbezogene Rituale bezieht. Aus dem Lebenskunstdiskurs, der Ratgeberliteratur, dem Gesundheitssystem, der Esoterik und dem Wellnessbereich wandert das Thema Körperlichkeit in das Religionssystem und ganz konkret in die christlichen Kirchen ein. Die religiösen Praktiker verbinden mit der Thematisierung von Körperlichkeit und einer körperbetonten Kommunikation – durch Handauflegung, Segnungen und Salbungen – den Anspruch, den Menschen »ganzheitlich« und damit authentisch wahrzunehmen. Aus soziologischer Sicht reagieren sie damit auf die paradoxe Gleichzeitigkeit von Körperverdrängung und -aufwertung in der funktional differenzierten Gesellschaft. Das führt zu der Frage, wie sich die christliche Tradition in dieser Hinsicht eigentlich selbst versteht: Entspricht die Hinwendung zu Körperlichkeit nur dem Geist der Zeit oder auch dem der biblisch-christlichen Tradition? Wie wird in der jüdisch-christlichen Tradition Leiblichkeit reflektiert? Wie verhalten sich Leib und Seele zueinander? Was ist theologisch und philosophisch zur Leiblichkeit des Menschen zu sagen?

3. Leiblichkeit in Theologie und Philosophie

a) Leib sein und Körper haben

Die Soziologie konzentriert sich auf die Spuren, die die Gesellschaft am Körper und der Körper in der Gesellschaft hinterlassen. Sie befasst sich mit Körperdiskursen und Körpertechniken und ihren Interdependenzen mit Sozialstrukturen. Sie ist nicht interessiert an einem »natürlichen«

---

38. A. a. O., 160.

Körper, der doch nur in kultureller Vermittlung und »Verkleidung« be-
obachtbar ist. Der Körper, sein Bild, seine Wahrnehmungen sind dem
geschichtlichen Wandel unterworfen. Und doch ist der Körper nicht nur
eine Projektionsfläche kultureller Normen. Es gibt objektiv feststellbare
Mindestnotwendigkeiten für das biologische körperliche Leben. Diese
zu erfassen ist Aufgabe der Naturwissenschaften. Es gibt aber auch eine
phänomenologische Innenseite körperlicher Erfahrung, die im soziologischen Diskurs kaum thematisiert wird. Der Mensch kann sich selbst
nur als leibliches Wesen erfahren. Philosophie und Theologie fragen
deshalb: Was bedeutet es für den Menschen, dass er ein leibliches Wesen
oder Geschöpf ist? Welche Rolle spielt der Leib für die Eigenerfahrung,
für die Erkenntnis und für die Selbstdeutung des Menschen?

Lange stand der Leib in Verdacht, Erkenntnis nicht zu fördern, sondern eher zu behindern, weil der Leib, anders als die Seele, vielen Un-
wägbarkeiten ausgesetzt ist, weil er endlich ist und durch seine Sinnes-
orientierung leicht getäuscht werden kann.[1] Für Platon war der Leib
deshalb das Gefängnis der Seele. Platon illustriert den Leib-Seele-Dualismus anschaulich in seinem Dialog *Phaidon*: Als Sokrates zum Tode
verurteilt wird, erklärt er seinen Freunden, dass er gerne sterbe und sich
vor dem Tod nicht fürchte, weil dann seine Erkenntnis nicht mehr durch
die Vermischung von Leib und Seele getrübt werde. Je weiter sich die
Seele vom Leib distanziere, je besser könne sie denken. Platon lässt Sokrates schließlich Folgendes sagen: »So können wir nur eines von beiden,
entweder niemals zum Verständnis gelangen oder nach dem Tode. Denn
alsdann wird die Seele für sich allein sein, abgesondert vom Leibe, vorher aber nicht. Und solange wir leben, werden wir, wie sich zeigt, nur
dann dem Erkennen am nächsten sein, wenn wir, soweit wie möglich
nichts mit dem Leibe zu schaffen noch gemein haben, was nicht höchst
nötig ist, und wenn wir mit seiner Natur uns nicht anfüllen, sondern
uns von ihm rein halten, bis der Gott selbst uns befreit.«[2] Das Wort, das
hier für Leib gebraucht wird, ist *soma*. Es wird polemisch und abwertend

---

1. Vgl. Käte Meyer-Drawe, Leib, Körper, in: Christian Bermes/Ulrich Dierse (Hrsg.), Schlüsselbegriffe der Philosophie des 20. Jahrhunderts, Hamburg 2010, 207–220, 207.
2. Platon, Phaidon, in: Platon Werke. Band 3. Phaidon, Das Gastmahl, Kratylos, Darmstadt
³1990, 66e/67a. Übersetzung von Friedrich Schleiermacher.

gebraucht. Denn »Sokrates bzw. Platon stört die eigenwillige Lebendigkeit des Leibes, die so schlecht von der Vernunft (bzw. der Seele) zu
managen ist.«[3]

Platons *Leib-Seele-Dualismus* ist Ausgangspunkt der Vorstellung, dass
der Leib die Erkenntnis behindert und geringer als die Vernunft einzuschätzen ist. Diese Abwertung der Leiblichkeit hat die Antike und die
abendländische Philosophie und Theologie wesentlich geprägt und mit-
bestimmt. In der Renaissance wird der menschliche Körper neu entdeckt
und seine Gestalt ästhetisch ins Bild gesetzt. Zugleich, das sahen wir bei
Norbert Elias, ist es die Renaissance, die eine zunehmende Körperbe-
obachtung und -beherrschung in Gang setzt und dem Körper generell
mehr Aufmerksamkeit zuteil werden lässt. »Die Grundkonstanten im
Verhältnis zum Leiblich-Körperlichen in der Neuzeit sind daher die
Begeisterung für körperliche Schönheit einerseits und die Reduzierung
desselben zu einem naturwissenschaftlich-physikalischen Objekt andererseits«[4], Letzteres vor allem im Gefolge von René Descartes, der die
Degradierung des Körpers zum bloßen Forschungsobjekt mit seiner
rigorosen Unterscheidung von *res cogitans* und *res extensa* ermöglichte.
Descartes verwirft die sinnliche Wahrnehmung als Erkenntnisquelle
und konzentriert sich ausschließlich auf das Denken, das er vom Leib
strikt unterscheidet, als Dreh- und Angelpunkt menschlichen Erken-
nens. Bis heute wirkt beides nach, sowohl die Faszination des schönen
Körpers als auch seine radikale Verobjektivierung.

Friedrich Nietzsche läutete im 19. Jahrhundert ein Umdenken ein. Er
entwickelte eine Philosophie, »die sich ›am Leitfaden des Leibes‹ orientiert«[5] und setzte wichtige Impulse für den philosophischen und theologischen Diskurs über den Leib im 20. Jahrhundert. »Mit der Anerkennung seiner Leiblichkeit wird das denkende Ich aus dem Mittelpunkt
der Sinnstiftung gerückt.«[6] Eine wegweisende Unterscheidung wird
dabei Helmuth Plessners Differenzierung von *Körpersein* und *Körper-*

---

3. Detlef Staude, Leib und Raum, in: Studia philosophica. 62. Jahrbuch der Schweizerischen
   Philosophischen Gesellschaft, Bern/Stuttgart/Wien 2003, 245–254, 247.
4. A. a. O., 251.
5. Meyer-Drawe, Leib, Körper, 207.
6. Ebd.

haben.[7] Nach Plessner hat der Mensch ein zweifaches Körperverhältnis. Er ist sein Körper und er hat einen Körper. Beide Perspektiven lassen sich nicht fein säuberlich voneinander trennen, sie sind vielmehr *Facetten des einen menschlichen Daseins*, die sich wechselseitig bedingen und untrennbar miteinander verbunden sind. Die Gleichzeitigkeit von Körperhaben und Körpersein ist unausweichlich. Nach Plessner hat das zweifache Körperverhältnis mit der Positionalität des Menschen zu tun: Wie das Tier ist der Mensch einerseits zentrisch positioniert und damit raumzeitlich an das Hier und Jetzt gebunden. Weil er Körper ist, kann er nicht gleichzeitig hier und woanders sein, nicht gleichzeitig im Jetzt und im Morgen sein. Zugleich kann der Mensch aber zu sich selbst in Distanz treten: Damit ist der Mensch exzentrisch zu seiner Umwelt positioniert. Anders als das Tier kann der Mensch auf seinen Körper wie auf ein Objekt zugreifen, er kann ihn formen, disziplinieren, beherrschen oder auch instrumentell nutzen.

Das Körpersein ist dem Menschen schon mit seiner Geburt gegeben, das Körperhaben stellt sich erst im Laufe der Sozialisation ein. Es ist nicht ohne Lernen, nicht ohne »Zivilisationsprozess« (Elias) möglich. Ständig ist der Mensch mit der Doppelrolle des Körperseins und des Körperhabens konfrontiert. »Jedes Lernen: zu greifen und die Sehdistanzen den Greifleistungen anzupassen, zu stehen, zu laufen usw. vollzieht sich auf Grund und im Rahmen dieser Doppelrolle. Der Rahmen selbst wird nie gesprengt. Ein Mensch *ist* immer zugleich Leib [...] und *hat* diesen Leib als diesen Körper«[8]. Der Mensch lebt in der Zweiheit von Körpersein und Körperhaben, von Natur und Kultur. »Eine vorgesellschaftliche Erfahrung des eigenen Leibes gibt es nicht.«[9] Und doch sind Geburt, Tod, Hunger, Durst, Schlaf, Altern, Schmerz, Sexualität Phänomene der menschlichen Natur, die der Kultur vorgegeben sind. Sie werden kulturspezifisch lediglich unterschiedlich verstanden, imprägniert und erlebt.

---

7. Vgl. dazu vor allem: Helmuth Plessner, Die Stufen des Organischen und der Mensch, Berlin/New York 1975. Eine gute Zusammenfassung bietet: Gugutzer, Soziologie des Körpers, 146ff.
8. Helmuth Plessner, Lachen und Weinen. Eine Untersuchung der Grenzen menschlichen Verhaltens, in: ders., Gesammelte Schriften VII. Ausdruck und menschliche Natur, hrsg. von Günter Dux/Odo Marquard/Elisabeth Ströker, Frankfurt a. M. 1982, 201–387, 238.
9. Gugutzer, Soziologie des Körpers, 151.

In der Phänomenologie wird aus Plessners Unterscheidung von Körpersein und Körperhaben diejenige von *Leib* und *Körper*. Dabei wird die sinnliche, spürbare Seite leiblichen Erfahrens und Empfindens, aber auch die Räumlichkeit des Leibes betont: »Leiblich erfahren wir Dichte, Völle, Volumen, Tiefe, Weite und Enge [...]. Der *physikalische* Raum ist also eine Abstraktion dessen, was wir *leiblich* als Raum erfahren.«[10] Weil wir Leib sind, haben wir Raum und durch den Leib sind wir räumlich in der Welt verankert. Während der eigene Leib bzw. das eigenleibliche Spüren immer eine subjektive Tatsache ist, ist der Körper etwas Objektives, das von außen wahrgenommen und bearbeitet werden kann. Gabriel Marcel formuliert in diesem Sinn: »Dieser Körper kann [...] in beliebiger Weise objektiv betrachtet, klinisch untersucht und chirurgisch amputiert werden. Diesen Körper habe ich; ich bin aber mein Leib.«[11] Zugleich gehen die Daseinsformen Leibsein und Körperhaben ineinander über. Der Mensch ist sich selbst sowohl gegeben als auch entzogen. »Leib ist unser Körper, wie wir ihn selber erleben und wie wir uns in ihm erleben. Als Leib sind wir stets mehr als nur dieser. Indem wir uns zu unserem eigenen Leib verhalten müssen, treten wir in Distanz zu ihm und damit auch zu uns selbst.«[12]

Die Leib-Körper-Unterscheidung bleibt deshalb prekär. Der subjektive Leib kann dem gesellschaftlichen Körper nicht einfach gegenübergestellt werden. Auch die nach innen gewandte Selbstwahrnehmung, das eigene Greifen, Fühlen, Riechen ist nicht einfach ontologisch gegeben, sondern immer schon durch kulturelle Vorgaben und durch sozialisatorische Muster beeinflusst. Soll mit dem Begriff Leib hervorgehoben werden, dass der Mensch sich in seiner Leiblichkeit selbst wahrnehmen und spüren kann und nicht nur als Gegenstand gesellschaftlicher oder kultureller Deutung zu betrachten ist, ist die Unterscheidung von Leib und Körper hilfreich. Sie darf aber nicht darüber

---

10. Staude, Leib und Raum, 246. Vgl. ferner und grundlegend: Maurice Merleau-Ponty, Phänomenologie der Wahrnehmung, Berlin/New York 1966 und Hermann Schmitz, Subjektivität. Beiträge zur Phänomenologie und Logik, Bonn 1968, 95ff.
11. Gabriel Marcel, Leibliche Begegnung. Notizen aus einem gemeinsamen Gedankengang, in: Hilarion Petzold (Hrsg.), Leiblichkeit. Philosophische, gesellschaftliche und therapeutische Perspektiven, Paderborn ²1986, 15–46, 17.
12. Körtner, Leib und Leben, 11.

hinwegtäuschen, dass jede Selbsterfahrung durch Kultur imprägniert ist: Es gibt hinsichtlich des Leibes keine vorsoziale Erkenntnismöglichkeit, auch wenn der Leib vorsozial materiell existiert. Gerade die Selbstwahrnehmung des Körpers als männlich oder weiblich führt das vor Augen, aber auch das Erleben von Sexualität, das durch kulturelle Muster und Normen tiefgreifend bestimmt wird.[13]

Wir sind auch als Körperhabende immer Körperseiende. Leibsein und Leibhaben bleiben aufeinander bezogen. Gabriel Marcel kritisiert deshalb die begriffliche Differenzierung von Körper und Leib, die im Deutschen möglich sei, weil sie dazu verleiten könne, die *bleibende Verschränkung von Leibsein und Körperhaben* zu übersehen: »[...] indem ich Leib bin, habe ich einen Körper – aber zugleich verfüge ich nur scheinbar über diesen Körper, eben weil ich Leib bin.«[14] Aus diesem Grund werden in dieser Studie die Begriffe Leib und Körper in der Regel synonym verwandt.

Regina Ammicht-Quinn weist überdies darauf hin, dass die Hochschätzung des Leibes nicht durch einen neuen Dualismus von Körper und Leib erkauft werden dürfe.[15] Der Leib-Seele-Dualismus gelte im Hinblick auf die biblische Rede vom Menschen zwar nicht als angemessen, werde nun aber tendenziell durch einen neuen »subtilen Dualismus von ›Körper‹ und ›Leib‹«[16] ersetzt. »Die Hochschätzung des Leibes wird durch den *Dualismus der Körper-Leib-Debatte* gestützt und erkauft, sei es, indem der ›Leib‹ explizit vom ›Körper‹ abgesetzt wird, sei es, daß [wieder] niedere – körperlich-materielle – von höheren – geistig-personalen – Seinsbereichen unterschieden werden.«[17] Das sei im Hinblick

---

13. Zur Sexualität vgl. Kapitel II, insbes. II, 4.
14. Marcel, Leibliche Begegnung, 18.
15. Vgl. Regina Ammicht-Quinn, Körper – Religion – Sexualität. Theologische Reflexionen zur Ethik der Geschlechter, Mainz ³2004, 36.
16. A. a. O., 36.
17. A. a. O., 34f. Diesen Eindruck könnte man bei Michael Meyer-Blanck gewinnen. Für seine Theorie der Leiblichkeit ist »das Angesprochensein und das zum-Angesicht-Werden« entscheidend. Mit dieser kognitiven Beschreibung (der Mensch als sprechendes/dialogisches Wesen) wird die Selbstzwecklichkeit und Sinnlichkeit leiblich-physischen Lebens erneut in den Hintergrund gedrängt. Vgl. Michael Meyer-Blanck, Leben deuten aus dem Glauben. »Leben«, »Leib« und »Liturgie« als praktisch-theologische Kategorien, in: Thomas Klie u. a. (Hrsg.), Lebenswissenschaft Praktische Theologie?!, Berlin/New York 2011, 175–185, 183.

auf die biblischen Überlieferungen nicht adäquat. Das Leben wird vor allem im Alten Testament immer körperlich verstanden. Es bedarf der *materiellen Körperlichkeit*, um Leben in Beziehung zu sein. Sowohl die Leibsphäre als auch die Sozialsphäre ist für den alttestamentlichen Personbegriff konstitutiv.[18] Deshalb wird von der alttestamentlichen Wissenschaft auch die Distanz zwischen gegenwärtiger und vergangener Körperwahrnehmung betont. Anders als z. B. in der modernen Medizin wird der Körper immer in seinen Bezügen zur Welt betrachtet und kommt niemals »an sich« in den Blick.

Diese wenigen Bemerkungen zeigen, dass das Alte Testament nicht der griechischen Dichotomie von Leib und Seele folgt. Der Mensch ist vielmehr als ganzer im Blick, sowohl im Hinblick auf seine somatischen als auch seine psychischen und kognitiven Aspekte.[19] So wird das Leben unmittelbar mit dem Leib assoziiert und nicht als etwas primär Seelisches verstanden: »[...] gedürstet hat nach dir mein Leben, geschmachtet hat nach dir mein Leib.«[20] (Psalm 63,2) Auch können die Körperorgane Herz und Nieren »sich freuen« und »jubeln« und damit kognitiv-emotionale Fähigkeiten bezeichnen. Umgekehrt ziehen Anfeindung und Verbitterung die Körperorgane in Mitleidenschaft. In Psalm 16 heißt es zum Beispiel: »Darum freut sich mein Herz« und in Psalm 73: »Als mein Herz sich verbitterte, und ich in meinen Nieren ein scharfes Stechen fühlte, da war ich ein Dummkopf und begriff nicht«.

Wenn die Psalmbeter über Feinde oder Isolation klagen, hat die Noterfahrung nicht nur eine soziale und psychische, sondern immer auch eine körperliche Komponente. Umgekehrt besteht die Krankheit des betenden Ichs »nicht nur in körperlichem, sondern auch in sozialem Leiden: in Mißachtung, Desintegration und Einsamkeit, kurz in der Zerstörung der Lebenswelt des Beters«.[21] Das bedeutet zugleich, dass dem

---

18. Vgl. Dörte Bester/Bernd Janowski, Anthropologie des Alten Testaments. Ein forschungsgeschichtlicher Überblick, in: Bernd Janowski/Kathrin Liess (Hrsg.), Der Mensch im Alten Israel. Neue Forschungen zur alttestamentlichen Anthropologie, Freiburg u. a. 2009, 3–40, 31.
19. Vgl. a. a. O., 11.
20. Zu diesem und den folgenden Beispielen vgl. ebd.
21. Bernd Janowski, Konfliktgespräche mit Gott. Eine Anthropologie der Psalmen, 3. erw. Aufl. Neukirchen-Vluyn 2009, 180.

Menschen im Alten Testament das typisch neuzeitliche innere Ich fehlt: Es gibt für ihn kein unsichtbares Selbst im Unterschied zu einem sichtbaren körperlichen Selbst. Seelische Identität lässt sich nicht von körperlicher Identität und von körperlichen Ausdrucksweisen abkoppeln. So wird der hebräische Begriff *näfäsch* zwar oft mit »Seele« übersetzt, bezeichnet aber in erster Linie die Kehle als das mit dem Atmen als Lebensäußerung befasste Organ. Anschaulich macht der Begriff darauf aufmerksam, dass die Seele eine körperliche Seite hat.[22] Es gibt kein »reales Selbst« im Menschen, das der Körperlichkeit gegenübergestellt oder von ihr klar differenziert werden könnte. Der alttestamentliche Mensch kann sich nicht unter Absehung seiner körperlichen Integrität verstehen.

Es ist ein multidimensionales Konzept, das hier zum Vorschein kommt: Zwischen Leib, Seele und Geist kommt es zu ständigen Wechselwirkungen. Der Leib verbürgt die *Verankerung des Menschen in der Welt*. Denn mit dem Leib tritt der Mensch zu sich selbst und zu anderen in Beziehung. Leben bedeutet deshalb nicht nur leibliche Vitalität, sondern ist zugleich an die Nähe mit und die Bezogenheit zu anderen Menschen und zu Gott gebunden. »Wie Unversehrtheit und Gesundheit zur Leibsphäre gehören, so Integrität und Lebendigkeit zur Sozialsphäre.«[23] Wird das Eingebundensein des Menschen in seine Sozialsphäre gefährdet oder aufgelöst, droht Ausgrenzung und schließlich der Tod, der größte Ferne und Beziehungslosigkeit bedeutet.

b) Leibfeindlichkeit des Christentums? Nietzsche und Paulus

Man mag dem Alten Testament und damit dem Judentum eine Hochschätzung des Leibes zugestehen, doch wie ist es mit dem Neuen Testament und dem Christentum? Und vor allem mit Paulus? Friedrich Nietzsche ist einer der prominentesten und schärfsten Kritiker des Christentums und wirft ihm eine tiefgehende Leibfeindlichkeit und Lebensverneinung vor. Der Exponent par excellence eines leibfeindlichen Christentums ist

---

22. Vgl. Silvia Schroer/Thomas Staubli, Die Körpersymbolik der Bibel, Darmstadt ²2005, 45ff.
23. Janowski, Konfliktgespräche mit Gott, 44. Siehe ebd. auch zum Folgenden.

für ihn Paulus, der das asketische Ideal in besonders perfekter Weise
inszenierte und zu einer Menschen entwürdigenden Lehre ausbaute.
Nietzsche greift das asketische Ideal, das für ihn im asketischen Priester
des Christentums kulminiert, deshalb heftig an: »[...] hier richtet sich der
Blick grün und hämisch gegen das physiologische Gedeihen selbst, in
Sonderheit gegen dessen Ausdruck, die Schönheit, die Freude; während
am Missrathen, Verkümmern, am Schmerz, am Unfall, am Hässlichen,
an der willkürlichen Einbusse, an der Entselbstung, Selbstgeisselung,
Selbstopferung ein Wohlgefallen empfunden und gesucht wird.«[24]
    Der asketische Priester ist der Feind des Lebens, er zerstört die leib-
liche und seelische Gesundheit und hält die Menschen klein. Er verbün-
det sich mit den Schwachen und Kranken, von denen das Unheil für die
Starken kommt. Für Nietzsche sind es die Leidenden, Zerbrochenen und
Kranken, die das Leben unterminieren, vergiften und in Frage stellen.
Die Kirche ist der Ort, an dem sich die Gefährdeten und Schwachen
zusammendrängen, um dort eine Milderung ihrer Leiden, ein Narkoti-
kum für eine gewisse Zeit für ihre »tiefe Depression, die bleierne Ermü-
dung, die schwarze Traurigkeit der Physiologisch-Gehemmten«[25] zu
bekommen. Das Hauptproblem des asketischen Ideals des Christentums
sei, dass es dem Leiden der Menschen einen Sinn gebe – denn nicht das
Leiden selbst, sondern die Sinnlosigkeit des Leidens sei für die Menschen
das entscheidende Problem. Indem das Christentum dem Leiden einen
Sinn verleiht, halte es die Menschen im Leiden, verherrliche ihre
Schwachheit und vertröste sie auf ein Jenseits.
    Dass der Mensch als sündig und erlösungsbedürftig betrachtet wird,
darin zeigt sich für Nietzsche der christliche Hass gegen das Menschliche, »diese Abscheu vor den Sinnen, [...] diese Furcht vor dem Glück
und der Schönheit« und der »Widerwillen gegen das Leben«[26]. Während
Nietzsche dem Alten Testament aufgrund seiner »Helden« einen gewissen Respekt zollt, verachtet er das Neue Testament, weil es süßlich, sek-
tiererisch und jenseitig sei. Besonders scharf kritisiert er Paulus, für ihn

24. Friedrich Nietzsche, Zur Genealogie der Moral. Eine Streitschrift (1887), in: Nietzsche
    Werke (KGA) 6.2, hrsg. von Giorgio Colli/Mazzino Montinari, Berlin 1968, 257–430,
    381. Vgl. a. a. O. auch zu den folgenden Ausführungen.
25. A. a. O., 395.
26. A. a. O., 430.

der Prototyp des Priesters einer Sklavenmoral, der für die Fehlentwicklungen des Christentums verantwortlich sei.[27] Ganz entgegen Jesu Lehre
habe Paulus den Schwerpunkt des Daseins hinter das Dasein gelegt, die
frohe Botschaft korrumpiert, sich von der Welt abgewendet und die *sarx*,
das Fleisch, verteufelt.

Doch ist Paulus tatsächlich so leibfeindlich und lebensverneinend?
Man wird Nietzsche zugestehen müssen, dass Paulus relativ wenig mit
Sexualität anzufangen wusste und dass seine Lebensführung asketische
Züge trug. Auch sind dualistisch-hellenistische Spuren bei Paulus wie
im ganzen Neuen Testament nicht von der Hand zu weisen. Gleichzeitig
folgt Paulus dem Leib-Seele-Dualismus keineswegs so unkritisch, wie
Nietzsche und viele andere behaupten. Die leibliche Existenz wird bei
Paulus nicht diskreditiert, das zeigen vor allem seine Ausführungen zum
soma, zum Leib. So bezeichnet Paulus den Leib als Tempel, in dem der
Geist Gottes wohnt (1 Kor 6,19) und würdigt die Leiblichkeit des Menschen damit ganz ausdrücklich. Friedrich Lang resümiert im Hinblick
auf die paulinischen Ausführungen zu Leib und Sexualität: »Der Apostel ist in dieser Hinsicht grundsätzlich geschieden von der leibfeindlichen Haltung der späteren Gnosis. Der im jüdischen Gesetz geschulte
Theologe [...] vertritt ungebrochen den alttestamentlichen Schöpferglauben, der Gott als den Schöpfer aller Dinge bekennt und von hier aus
einen radikalen, die Materie verwerfenden Dualismus grundsätzlich
ausschließt.«[28]

Der Leib ist für Paulus Grundlage des Personseins, nur als *soma* kann
der Mensch mit anderen und mit Gott in Beziehung treten. Leiblichkeit
ist immer auf die Beziehung zu anderen ausgerichtet, sie ist stets »Existenz für«.[29] Deshalb ist für Paulus auch die Auferstehung nur mit einem
soma, mit einem »geistlichen Leib«, vorstellbar. Selbst die himmlische
Existenz wird bei Paulus nicht leiblos gedacht. Der Leib ist und bleibt
die Voraussetzung der Beziehungsfähigkeit der Gläubigen, auch im ewigen Leben. Der Mensch wird demnach nicht von seinem Leib oder von

27. Vgl. dazu v. a.: Friedrich Nietzsche, Der Antichrist. Fluch auf das Christenthum (1889),
    in: KGA 6.3, Berlin 1969, 162–251.
28. Friedrich Lang, Die Briefe an die Korinther, Göttingen [17]1994, 85.
29. Klaus Berger, Historische Psychologie des Neuen Testaments, Stuttgart [3]1995, 92.

seiner leiblichen Existenz erlöst. Während in der platonischen Vorstellung lediglich der äußere Mensch zerfällt und der innere bestehen bleibt, bedürfen bei Paulus auch die Vernunft und der innere Mensch der Transformation und Erneuerung, nicht nur der Leib.[30] Ein leibloses Leben ist für Paulus nicht vorstellbar, auch nicht in eschatologischer Perspektive.[31]

Mit dem *soma*, so formuliert es Rudolf Bultmann pointiert, »kann der Mensch, die Person als ganze, bezeichnet werden.«[32] Deshalb nennt Paulus auch nie den toten Leib *soma*. *Soma* ist der Mensch, »sofern er ein Verhältnis zu sich selbst hat«[33]. Das Verhältnis zu sich selbst kann ein sachgemäßes oder ein verfehltes sein.[34] Der Mensch kann Verantwortung für das Leben im *soma* übernehmen oder diese verweigern. Leib und Seele fließen im Soma-Begriff zusammen.

Vor diesem Hintergrund führt Paulus mit den Korinthern, die meinten, ihren Leib vernachlässigen und gering achten zu können, eine

---

30. Vgl. Gerd Theißen, Erleben und Verhalten der ersten Christen. Eine Psychologie des Urchristentums, Gütersloh 2007, 84f.

31. Das Ringen des Paulus um die eschatologische Leiblichkeit zeigt sich auch in 1 Kor 15. Gegen die korinthischen Pneumatiker wird für Paulus der Leib im Eschaton nicht in den Geist hinein aufgelöst. Paulus sucht gewissermaßen einen »dritten Weg« zwischen einem leiblosen und einem krud-materiellen Status des eschatologischen Menschseins (die Bezeichnung »dritter Weg« verdanke ich dem Gespräch mit Bernd Oberdorfer). Ein ähnliches Changieren zwischen einer sinnenfälligen und zugleich nicht biologisch fassbaren Leiblichkeit, zwischen Konkretheit und Entzogenheit finden wir in den Erscheinungserzählungen der Evangelien. So wird die Auferstehung Jesu nicht als physische Wiederbelebung interpretiert (der Auferstandene geht durch Türen und Wände) und zugleich nicht auf eine bloße innerpsychische Vision reduziert. Die eschatologische Leiblichkeit ist ganz offensichtlich eine *transformierte Leiblichkeit*, die in Kontinuität, aber auch in Diskontinuität zur irdischen Existenz steht. Vgl. Bernd Oberdorfer, »Was sucht ihr den Lebendigen bei den Toten?« Überlegungen zur Realität der Auferstehung in Auseinandersetzung mit Gerd Lüdemann, in: Hans-Joachim Eckstein/Michael Welker (Hrsg.), Die Wirklichkeit der Auferstehung, Neukirchen-Vluyn 2002, 165–182, 180. Siehe dort auch die einschlägigen Beiträge von Günter Thomas und Michael Welker. So spannend diese Überlegungen sind, so schwer ist eine solch transformierte Leiblichkeit vorstellbar. Nicht zuletzt deshalb war die Unterscheidung von Leib und Seele im Christentum vielfach eine Erfolgsgeschichte.

32. Rudolf Bultmann, Theologie des Neuen Testaments, 7. durchges. u. erw. Aufl., Tübingen 1977, 196.

33. Ebd.

34. Vgl. a. a. O., 198.

scharfe Auseinandersetzung. Konkret ging es um die Frage, welche Folgen ihre sexuell äußerst freizügige Praxis für sie selbst und andere hat. Dazu muss man sich die historischen wie kulturellen Kontexte in Korinth vor Augen führen. In Korinth herrschte wie in der hellenistischen Welt insgesamt eine sehr großzügige Einstellung im Hinblick auf Sexualität und Prostitution. Die Lasterhaftigkeit der Korinther war geradezu sprichwörtlich.[35] Dazu trug nicht nur der Charakter als Hafenstadt, sondern auch das soziokulturelle Gefüge wesentlich bei. Es gab in Korinth eine große Unter- und eine kleine Oberschicht. Die Unterschicht bestand im Wesentlichen aus Sklaven und Sklavinnen, die ihren Herren zur Verfügung standen, auch in sexueller Hinsicht. In der Unterschicht selbst wiederum gab es eine ganze Reihe von Frauen, die sich mit Prostitution ihren Lebensunterhalt verdienten oder mindestens als Teilzeit-Prostituierte arbeiteten. Diese Praxis wurde aufgrund des platonischen Leib-Seele-Dualismus als moralisch unproblematisch und rechtlich legitim betrachtet, auch in der christlichen Gemeinde in Korinth. Denn das wahre Selbst des Menschen war allein im Geist verortet, der Leib galt hingegen als Gefängnis des Geistes und war dementsprechend zu vernachlässigen. Nach korinthischer Auffassung wurde das *pneuma* durch das *soma* nicht weiter tangiert, insofern war es irrelevant, was mit dem Leib geschah. Die Korinther vertraten demnach die Vorstellung, dass das, was sie mit ihrem Leib machten, ihren Geist bzw. ihre Identität nicht berührt, weder im Hinblick auf Essen und Trinken noch im Hinblick auf sexuelle Praktiken. Weil der Leib nicht zum wahren Selbst des Menschen gehörte, konnte man mit ihm machen, was man wollte. Er war theologisch bedeutungslos.

An diesem Punkt widerspricht Paulus nun scharf. Er führt den Korinthern vor Augen, dass Freiheit nicht dasselbe ist wie Willkür und macht dies im Hinblick auf den Umgang mit dem Leib deutlich (1 Kor

---

35. Vgl. Wolfgang Schrage, Der erste Brief an die Korinther, 2. Teilband 1 Kor 6,12–11,16, Düsseldorf/Neukirchen-Vluyn 1995, 11. Schrage zitiert den bekannten Satz aus einer Rede gegen Neaira: »Die Hetären haben wir zum Vergnügen, die Konkubinen zur täglichen leiblichen Pflege, die Ehefrauen, um rechtmäßige Kinder zu erzeugen und um eine treue Wächterin für die häuslichen Dinge zu haben.« A. a. O., 12. Vgl. ausführlich: Renate Kirchhoff, Die Sünde gegen den eigenen Leib. Studien zu pornē und porneia in 1 Kor 6,12–20 und dem sozio-kulturellen Kontext der paulinischen Adressaten, Göttingen 1994.

6,12ff). Der Mensch ist ein leibliches Selbst, er ist unteilbar und bleibt in allen seinen Handlungen auf seinen Leib bezogen. Das *soma* ist damit »kein Etwas, kein Teil und kein bloßes Attribut des Menschen, sondern der Mensch selbst, so wie er leibt und lebt, die leibliche Gegenwart und Erscheinungsweise des Menschen«[36]. Mit seinem *soma*, inklusive seiner Sexualität, ist der Mensch gut geschaffen. Die biologische Natürlichkeit und Geschöpflichkeit des Menschen wird positiv gewürdigt. Sie können allerdings durch Sünde und Verfehlung pervertiert werden. »Durch die Sünde entgleitet der Leib dem Menschen. Sünde führt zu Körper- und Schöpfungsverlust. Der Leib ist weder Ausgangspunkt noch die Triebfeder für die Sünde, aber an ihm kristallisiert sie sich.«[37] Deshalb appelliert Paulus an die Korinther, mit *soma* und *sarx* (Fleisch) verantwortungsvoll umzugehen. Deshalb verurteilt er vor allem die Abspaltung und Degradierung des Leibes, die er in der libertinistischen sexuellen Praxis (vor allem in der Prostitution) der Korinther am Werke sieht. »Der Leib ist als funktionierendes Ganzes mehr als die Summe von physischen Bestandteilen. Der Leib ist das von Gott geschaffene Organ des Wirkens und der Kommunikation für den verantwortlich denkenden und handelnden Menschen.«[38] Der Mensch hat die Möglichkeit, sich seinem Leib gegenüber in Würde zu verhalten oder aber ihn gering zu achten.[39]

Der Leib ist insofern keineswegs bedeutungslos für die Identität und Würde eines Menschen. Der Mensch kann nur leiblich sein, denken, handeln und fühlen. Deshalb verfügt der Mensch auch nicht über seinen Leib wie über Eigentum, sondern ist er sich selbst in gewisser Weise entzogen. Leiblichkeit bedeutet immer auch Abhängigkeitserfahrung. Als Leiblicher ist der Mensch Geschöpf Gottes bzw. als Getaufter Teil des Leibes Christi. Nicht nur der Geist, sondern auch der Leib ist der Ort, an dem Gott am Menschen wirkt. Wahre Freiheit ist deshalb auch nicht mit einem schrankenlosen Sich-Ausleben und Über-Sich-Verfügen

---

36. Schrage, Der erste Brief an die Korinther, 22.
37. Peter Wick, Zur Interdependenz von Körperdeutungen und Krankheitsdeutungen, in: Günter Thomas/Isolde Karle (Hrsg.), Krankheitsdeutung in der postsäkularen Gesellschaft. Theologische Ansätze im interdisziplinären Gespräch, Stuttgart 2009, 203–212, 204.
38. Lang, Die Briefe an die Korinther, 82.
39. Vgl. Berger, Historische Psychologie des Neuen Testaments, 89.

zu verwechseln. Diejenigen, die meinen, nach Belieben alles tun und lassen zu können (»alles ist erlaubt«, 1 Kor 6,12), sind in Wahrheit »Gebundene, Beherrschte und Getriebene«.[40] Denn Freiheit kann nicht auf Kosten anderer, auch nicht auf Kosten des eigenen Leibes gelebt werden – weder in überzogener Askese (1 Kor 7,1ff.) noch in extremer sexueller Freizügigkeit[41] wie in der Prostitution, die den Sexualpartner banalisiert, entwürdigt und letztlich selbstruinierende Folgen nach sich zieht (1 Kor 6,12ff.). Sexualität, das macht Paulus in Rekurs auf Gen 2,24 klar, ist eine innige Gemeinschaft, in der zwei Menschen »ein Fleisch« werden, sich als Personen mit Geist, Seele und Leib begegnen und wechselseitig füreinander Verantwortung übernehmen (1 Kor 6,16). Umgekehrt betrifft die »Hurerei« für Paulus nicht nur etwas rein Äußerliches, nicht nur eine leibliche Hülle, sondern die ganze Person. Er ruft die Korinther dementsprechend dazu auf, Gott mit dem eigenen Leib zu preisen (1 Kor 6,20) und den Leib nicht indifferent und damit unter seiner Würde zu behandeln.

Es ist insofern zutreffend, auch bei Paulus von einem ganzheitlichen oder präziser multidimensionalen Menschenbild zu sprechen. Geist, Seele und Leib bezeichnen verschiedene Aspekte menschlichen Lebens, sie sind wechselseitig aufeinander bezogen. Und doch sind bei Paulus auch Spuren eines dualistischen Menschenbildes zu finden. Zum einen erinnert seine Gegenüberstellung von Geist und Fleisch semantisch an den platonischen Dualismus. Zum andern schwankt er selbst zwischen einer großen *Körperbejahung* und einem ebenso großen *Körperpessimismus*.[42] Der Körperpessimismus drückt sich vor allem in seinem Gebrauch des Begriffes *sarx* aus, die als Gegenspieler Gottes auftritt und eine destruktive Aktivität bzw. ein destruktives Sozialverhalten bezeichnet.[43] So wird *soma* positiv, die *sarx* hingegen (fast immer) negativ konnotiert. Der Leib wird spiritualisiert zum geistlichen Leib und das Fleisch wird dämonisiert zum Feind Gottes. Mit Fleisch werden die Begierden und Affekte bezeichnet, die durch den Geist verwandelt bzw. mit Chris-

---

40. Schrage, Der erste Brief an die Korinther, 20.
41. Sowohl die Askese wie der sexuelle Libertinismus können aus der Indifferenz des Leibes resultieren, vgl. Schrage, Der erste Brief an die Korinther, 15.
42. Vgl. Theißen, Erleben und Verhalten der ersten Christen, 85f.
43. Vgl. a. a. O., 86.

tus gekreuzigt werden sollen, »um als Kraft des neuen Lebens aufzuerstehen«.[44] Insofern werden die Affekte nicht getötet wie in der stoischen Philosophie, sondern bestehen als verwandelte fort. Und doch ist – ganz anders als in der Hebräischen Bibel – eine Ambivalenz gegenüber dem »Fleisch« nicht zu verkennen. Diese Ambivalenz war dann auch der Nährboden für eine leibfeindliche Rezeption, die durch das kulturelle hellenistische Umfeld zugleich wesentlich gefördert wurde.[45]

Interpretiert man Paulus nach seiner starken Seite hin, dann verurteilt er mit dem Leben *kata sarka* ein Verhalten, dem es nur um den Kampf um die eigenen Lebenschancen und nicht um Liebe geht.[46] Erst in Liebe und Gemeinschaft ist für Paulus Freiheit möglich, erst in dieser Seinsweise wird der Mensch in seinem *soma* nicht mehr durch die *sarx* geknechtet. Paulus denkt den Menschen dabei als ein Wesen, das von überindividuellen Mächten beherrscht wird – entweder von der Macht der Sünde oder aber vom heilvollen Machtbereich Jesu Christi, in den ein Mensch durch die Taufe gelangt. Erst in diesem Machtbereich wird der Mensch frei, sich nicht von der *sarx* fremdbestimmen zu lassen, sondern zu tun, was er tatsächlich will. »Im Sinne dieser paulinischen Unterscheidung [von sarx und soma] lässt sich sagen, dass viele Erscheinungsformen des zeitgenössischen Körperkultes in Freizeit und Sport, Gesundheitskult und Medienkultur gerade nicht der Ausdruck eines angemessenen Leiblichkeitsbewusstseins, sondern im Gegenteil eine Gestalt der Seins- und Leibvergessenheit sind, welche das Sein des Menschen ganz auf seine Körperlichkeit reduziert. Es handelt sich, mit Paulus gesprochen, eben nicht um eine ›somatische‹, sondern um eine ›sarkische‹ Existenzweise.«[47] Der Protagonist in John Düffels Roman »Ego« wurde schon als Beispiel dafür zitiert. Er ist derart auf seinen Körper fixiert und in sich selbst verkrümmt, dass er nicht mehr fähig ist, sich zu öffnen, zu lieben und die Kostbarkeit der Lebendigkeit und Unverfügbarkeit des Lebens wahrzunehmen und zu genießen.

44. A. a. O., 92.
45. Vgl. zur Rezeptions- und Wirkungsgeschichte von 1 Kor 6,12ff. Schrage, Der erste Brief an die Korinther, 38ff., insbes. 40ff. Schrage spricht von einer fatalen Abwertung des Leibes in den altkirchlichen Auslegungen des Textes, vgl. a. a. O., 40.
46. Vgl. Theißen, Erleben und Verhalten der ersten Christen, 99.
47. Körtner, Leib und Leben, 19.

Leiblichkeit ist für Paulus nicht identisch mit individueller Körperlichkeit, sondern »Charakteristikum menschlicher Sozialität«[48] bzw. Bezogenheit. So bringt der Leib die geschöpfliche *Sensualität, Sensibilität und Rezeptivität* zum Ausdruck. Der Leib ist für Paulus Ausdruck für die Weltlichkeit, die Offenheit und Kommunikationsfähigkeit des Menschen.[49] Insofern ist es auch kein Zufall, dass Paulus die Kirche als Leib Christi bezeichnet und dass die Gemeinde Christus nicht nur im Hören des Wortes erkennt und bezeugt, sondern auch im Essen und Trinken von Brot und Wein im Abendmahl. Der Leibbegriff lässt sich bei Paulus sowohl anthropologisch als auch schöpfungstheologisch, eschatologisch, christologisch und ekklesiologisch entfalten und ist zentral für die paulinische Theologie.[50]

c) Die Verletzlichkeit des Leibes

Es dürfte deutlich geworden sein, dass Nietzsches Polemik gegenüber Paulus nicht gänzlich, aber doch weitgehend verfehlt ist. Dabei hat Nietzsche Paulus nicht nur etwa falsch verstanden, vielmehr beziehen beide tatsächlich diametral unterschiedliche Positionen – gerade im Hinblick auf das Verständnis von Leiblichkeit und seiner Verletzlichkeit. Während für Nietzsche das Schwache, Zerbrochene und Kranke das Leben unterminiert und vergiftet, erfährt es in der paulinischen Theologie eine eigene Würde, ohne Krankheit und Schwäche zu idealisieren oder zu spiritualisieren. Das hat mit Paulus' eigenen Erfahrungen zu tun. So weist Stephanie Schäfer-Bossert darauf hin, dass das Wirken des Paulus an seinem Körper keineswegs spurlos vorüber gegangen sei. In 2 Kor 11,24ff. beschreibt er unterschiedlichste körperliche Qualen, immense Körperstrafen, aber auch große Strapazen, Unglücksfälle und viele weitere Lebens-

---

48. Ebd.
49. Vgl. Schrage, Der erste Brief an die Korinther, 22.
50. Schrage macht darauf aufmerksam, dass die Glieder am Leib Christi als Leiber, nicht als Seelen bezeichnet werden. »Die Kirche besteht nach Paulus primär aus Leibern, weil Christus vor allem der Herr der Leiber und nicht nur der Herzen, Sinne und Seelen ist. Paulus kennt ebenso wenig eine spiritualistische oder idealistische Ekklesiologie, wie er eine spiritualistische oder idealistische Christologie oder Anthropologie kennt.« A. a. O., 25.

gefährdungen an unterschiedlichsten Orten und in unterschiedlichsten
Kontexten. »Sein Leben, seine Existenz, gerade auch seine theologische,
dürfte ihm einige Behinderungen eingebracht haben.«[51] In Gal 4,15 wird
von einem Augenleiden des Apostels berichtet. Darüber hinaus weist
Paulus auf grundlegende körperliche Schwächen hin (Gal 4,13f. und 2
Kor 12,17). Wir wissen nicht, woran genau Paulus litt, in jedem Fall
scheint es eine chronische Krankheit gewesen zu sein, »die mit starken
überfallartigen Schmerzen und häufigen Schwächezuständen einhergeht.«[52]

Diese Schwäche stellte eine signifikante Lebensminderung für Paulus
dar. Deshalb betete er auch mehrfach darum, von ihr befreit zu werden.
Sein Gebet wurde allerdings nicht erhört. Paulus musste mit seiner
Krankheit und seiner Hinfälligkeit gegen seinen Willen leben und sie
erleiden. Zugleich ließ Gott ihn wissen, dass seine Gnade genug sei und
seine Kraft in den Schwachen lebe (2 Kor 12,7). Mitten in seiner körperlichen Beeinträchtigung erfährt Paulus Gottes Beistand und Macht.
Diese Deutung erhält ihre Plausibilität durch die paulinische Inkarnationstheologie: Gott selbst begibt sich in der Person Jesu in die menschliche Schwäche, er »ward den Menschen gleich und der Erscheinung
nach als Mensch erkannt« (Phil 2,7). Gott wird Mensch und würdigt die
Schöpfung mitsamt ihrer Nachtseite,[53] ihrer Fragilität, ihren Gefährdungen, ihrer Verletzlichkeit als Ort des Heils. Gott macht sich in Jesus
verletzlich, er schont sich nicht, um den Menschen nahe zu kommen,
sich mit ihnen zu solidarisieren und ihnen sogar über Verrat und Tod
hinaus die Treue zu halten. Für Stephanie Schäfer-Bossert zeigt sich in
der Inkarnationstheologie zweierlei: »Schwäche und Sterblichkeit sind
erstens so unausweichlich menschlich, dass die Menschwerdung Gottes
sich gerade darin zeigt. Deshalb kann zweitens ein Mensch nicht darü-

51. Stefanie Schäfer-Bossert, Signifikant anders. Über Auferstehungen, Gleichzeitigkeiten
und Grenzüberschreitungen, in: Ilse Falk/Kerstin Möller/Brunhilde Raiser/Eske Wollrad
(Hrsg.), So ist mein Leib. Alter, Krankheit, Behinderung – feministisch-theologische
Anstöße, Gütersloh 2012, 179–210, 185.

52. Marlene Crüsemann als Anmerkung zu ihrer Übersetzung von 2 Kor 12,7, Bibel in gerechter Sprache, Gütersloh ²2006, 2320, Anm. 736.

53. Zur Nachtseite der Schöpfung vgl. Günter Thomas, Krankheit im Horizont der Lebendigkeit Gottes, in: Thomas/Karle (Hrsg.), Krankheitsdeutung in der postsäkularen Gesellschaft, 503–525.

ber bestimmt werden, ob und in welchem Ausmaß er schwach ist – sondern über den Umgang damit. Sich selbst wie anderen gegenüber.«[54]
Die bleibenden Beeinträchtigungen der Schöpfung werden durch die Menschwerdung Gottes nicht beseitigt, aber anders perspektiviert: Der Trost und die Kraft liegen darin, sich in existenzieller Schwachheit und körperlicher Versehrtheit nicht von Gott verlassen oder aufgegeben zu fühlen, Krankheit und Schwäche als Begrenzungen menschlichen Lebens akzeptieren zu lernen und das Unkontrollierbare und Bedrängende der Schöpfung nicht verdrängen zu müssen. Zugleich ist der lebenszerstörenden Kraft körperlicher Krankheit durch medizinisches Handeln oder das Klagegebet so weit wie möglich zu widerstehen. Andrea Bieler weist mit Blick auf Jesu Heilungen darauf hin, dass die Heilungen als Zeichen des Anbruchs des Gottesreiches »im vollen Bewusstsein der Anerkennung des physischen und psychischen Leidens von Männern, Frauen und Kindern«[55] erfolgen. Deshalb ist dem Christentum eine leibfeindliche Spiritualisierung von Krankheit nicht angemessen. Die Heilungen Jesu sind Widerstand gegen das Leiden und sie sind Überwindung des Leidens.

Können wir in der Gesundheit unseren Leib und insbesondere die *Spannung zwischen Leibsein und Leibhaben* vergessen, tritt sie in der Krankheit deutlich und schmerzhaft in den Vordergrund. Die Spannung kann zu einer verstärkten Empathie für andere führen, die ebenso unter körperlicher Krankheit oder Behinderung leiden. Sie kann aber auch dazu führen, »dass der eigene Leib als fremdes, unbekanntes Terrain erlebt wird, im schlimmsten Falle sogar als Feind. Dies ist z. B. der Fall, wenn Menschen mit einer Krebsdiagnose konfrontiert werden, obwohl sie sich subjektiv als gesund erleben, oder wenn eine bestimmte Krankheit mit somatischem Kontrollverlust einhergeht«[56], der als bedrängend und entwürdigend erlebt wird.

---

54. Schäfer-Bossert, Signifikant anders, 188.
55. Andrea Bieler, Verletzliche Körper. Theologische und Systemische Überlegungen zum Kranksein, in: Falk/Möller/Raiser/Wollrad (Hrsg.), So ist mein Leib, 45–76, 58.
56. Andrea Bieler, »Und dann durchbricht jemand die absolute Quarantäne und segnet dich«. Über die erzählte und die ritualisierte Leib-Gestalt von Krankheit, in: ZNT 27 (2011), 57–66, 58.

Die Spannung zwischen Leibsein und Leibhaben lässt sich nur im Wechselspiel zwischen Widerstand und Ergebung, zwischen Aktivität und Passivität ertragen. In bestimmten Krankheitssituationen kann der Handlungsimperativ Betroffene terrorisieren und niederdrücken, weil die Frage nach den Ursachen und damit zugleich nach Schuldzuweisungen nicht sinnvoll ist, sondern nur zu unnötigen (Selbst-)Belastungen führt.[57] In vielen Fällen sind die Handlungsmöglichkeiten begrenzt. Es gilt dann, sich mit der Realität unverfügbaren Lebens, mit der Endlichkeit und Schwäche menschlicher Existenz zu arrangieren. In diesen Situationen sollte die »Haltung responsiver Rezeptivität, in der die Erfahrung des Überwältigtwerdens in den Schutzraum göttlichen Gnadenhandelns gestellt wird«[58], kultiviert werden. Das Leben ist ein Geschenk, es ist uns gegeben. »In der Gabe des Lebens, die wir empfangen, wird Gott als gnädiger Gott offenbar.«[59] Das ist die Erfahrung, die Paulus in 2 Kor 12 reflektiert und zum Ausdruck bringt.[60]

Es geht Paulus und dem Christentum nicht um eine Vermiesung des schönen, vitalen und gesunden Körpers, nicht um eine Verkleinerung des Menschen, wie Nietzsche unterstellt, sondern darum, mit faktisch existierendem und nicht vermeidbarem Leiden, mit der Nachtseite der Schöpfung, mit Krankheit, Schwäche, körperlicher Versehrtheit oder auch Unansehnlichkeit auf eine Weise leben zu lernen, die dem Geschenkcharakter des Lebens Rechnung trägt und das Leben nicht verneint. Selbst der Auferstandene ist vom Leiden gezeichnet – seine Narben sind nicht verschwunden, sie bleiben präsent und werden nicht ausgelöscht.[61] Das, was das Leben an konkreten Spuren am Leib hinterlässt, wird ernstgenommen, nicht geleugnet und mit unrealistischen

---

57. Vgl. Isolde Karle, Sinnlosigkeit aushalten! Ein Plädoyer gegen die Spiritualisierung von Krankheit, in: WzM 61/1 (2009), 19–34. In dieser Hinsicht ist Nietsches Kritik richtig und wahr: Christliche Seelsorge darf nicht zu einer Sinngebung von Krankheit führen, die mit Schuldzuweisungen oder auch mit problematischen Spiritualisierungen oder Vertröstungen einhergeht. Krankheiten sind sinnlos, lediglich der Umgang mit ihnen kann sinnvoll bzw. sinnstiftend sein.
58. Bieler, Verletzliche Körper, 73.
59. A. a. O., 74.
60. Zu Krankheit und Schwachheit in theologischer Reflexion vgl. ausführlich: Thomas/Karle (Hrsg.), Krankheitsdeutung in der postsäkularen Gesellschaft.
61. Vgl. Schäfer-Bossert, Signifikant anders, 192.

körperlichen Perfektionsvorstellungen überspielt. Wir können das Leben nicht selbst herstellen. Jeder ist sterblich, auch der Mensch, der heute noch gesund und vital ist. Das Altern, die Endlichkeit und Fragilität ist in unsere Körper zutiefst eingeschrieben. Paulus geht es darum, in der Spannung von Erleiden und Widerstehen konstruktiv mit und in diesem endlichen *soma* zu leben, dabei dem schwachen Körper eine eigene Würde zuzugestehen und nicht den Ideologien und Verblendungen einer vitalistischen und sich ständig selbst optimierenden Kultur zu erliegen.

d) Die Würdigung von Leiblichkeit in der Christentumsgeschichte: Beispiele

Das Christentum hat sich im Lauf seiner Geschichte sowohl in seinen leibfreundlichen als auch in seinen leibfeindlichen Ausprägungen auf die Bibel berufen. Auch wenn die biblischen Überlieferungen insgesamt die Leiblichkeit des Menschen würdigen, sind dualistische Tendenzen, insbesondere im Neuen Testament, nicht zu verkennen. Sie gaben im Christentum zu Skepsis und Distanz im Hinblick auf die leibliche Verfasstheit menschlicher Existenz Anlass. Vor allem zur Sexualität pflegten die Kirchen seit jeher ein gespreiztes Verhältnis. Und doch gab es immer wieder Gegenbewegungen, die die Hochschätzung der Leiblichkeit verteidigten und in den Vordergrund rückten. Ihnen gilt in diesem Kapitel die Aufmerksamkeit.[62] Die Beispiele erheben keinerlei Anspruch auf Vollständigkeit. Es sind punktuelle Schlaglichter, die das oftmals unterschätzte leibfreundliche Potenzial des Christentums vor Augen führen. Sie zeigen zugleich, dass Theologie und Kirche die Leiblichkeit nicht erst im 20. Jahrhundert wiederentdeckt haben.

Den Anfang macht eine besonders originelle Interpretation eines Kunstwerkes aus dem Mittelalter durch Johann Hafner. Es geht um das Gemälde »Jüngstes Gericht« von Fra Angelico, das um 1435 in Italien

---

62. Die hellenistisch-dualistische Leib-Seele-Unterscheidung wird hier zwar kritisch diskutiert, sie hat aber innerhalb eines multiperspektivischen Menschenbildes ihr begrenztes Recht, insofern die Fähigkeit, in Distanz zum eigenen Körper zu treten, zum Menschsein dazu gehört. Siehe dazu die Ausführungen unter 3a) und 3c). So kann sich ein Mensch »heil« fühlen, obwohl sein Körper schwer krank ist.

entstand. Johann Hafner sieht die Pointe des Bildes weniger in Fra Angelicos Darstellung des Jüngsten Gerichtes selbst als vielmehr im Neid der leiblosen Engel auf die »Seligen«, die auch noch im Eschaton eine leibliche Existenz haben. Das Bild stellt Engel und Menschen im Himmel dar. Während die Engel nur den einfachen Heiligenschein tragen, werden die Seligen mit einer zusätzlichen Gloriole dargestellt. Hafner erklärt den Unterschied mit der Leiblichkeit der Seligen. Während die Engel leiblos sind und deshalb keine Individualität haben, werden die Menschen mit einer zusätzlichen Gloriole ausgezeichnet, weil sie mit ihrem Leib auch eine individuelle Lebensgeschichte haben, die im Himmel ihrer Vollendung entgegengeht. Die leiblosen Engel können im Himmel nicht überrascht werden, aber sehr wohl die Menschen: Sie freuen sich, dass sie es trotz aller Anfechtungen, aller Unvorhersehbarkeiten und aller leiblichen Schwachheit in den Himmel geschafft haben. Und anders als die Engel gehen die leiblichen Seligen nicht in der reinen Gottesschau auf, sondern behalten ein *Selbstverhältnis*: »Sie freuen sich nicht nur über Gott, sie freuen sich auch über sich selber. [...] Menschen haben ihren leiblichen Endzustand in der langen Auseinandersetzung mit sich selber errungen.«[63] Die Leiblichkeit macht den Unterschied. Um sie werden die Seligen von den Engeln beneidet.[64]

Auch für die Reformatoren war die Leiblichkeit menschlicher Existenz vielfältiger Bezugspunkt ihrer Theologie. Sie werteten vor allem das eheliche und weltliche Leben signifikant auf. Die Höherwertigkeit zölibatären Lebens stellte Martin Luther mit seiner Lehre vom Allgemeinen Priestertum grundsätzlich in Frage: Nicht in der zölibatären Existenz im Kloster, sondern in der Verantwortung weltlicher Lebensführung, in Liebe und Sexualität, in der Geburt von Kindern und den Mühen täglichen Lebens ist Gott gegenwärtig und der Glaube zu bezeugen. Sexuelle Bedürfnisse werden anerkannt und als Teil der menschlichen Natur gewürdigt.[65] Insgesamt erfolgt mit der Reformation eine explizite Hinwendung zur Welt und eine signifikante Aufwertung von Intimität und Leiblichkeit.

---

63. Johann Evangelist Hafner, Warum im Himmel nicht nur Seelen sind. Die Funktion der Engel als Konkurrenzgruppe, in: EvTh 65/5 (2005), 350–365, 363.

64. Vgl. a. a. O., 356ff.

65. Vgl. Ute Gause, Durchsetzung neuer Männlichkeit? Ehe und Reformation, in: EvTh 73/5 (2013), 326–338. Vgl. dazu ausführlich unten: Kapitel II, 1c) und 4b) und III, 3.

Selbst im Pietismus gab es eine gewisse Hochschätzung der Leiblich-keit.[66] So sticht bei Nikolaus Ludwig Graf von Zinzendorf eine inkar-natorische, leibhafte Tendenz seiner Christologie ins Auge. Dabei über-trägt Zinzendorf etwas eigenwillig die Sinnlichkeit ehelicher Sexualität auf die Christusbindung. Er kann deshalb die Sexualität sogar als Sak-rament und heilige Handlung – wie das Abendmahl – betrachten, weil sie letztlich mit Christus vereine. Diese Vorstellung verdankt sich der Analogie von Braut-Bräutigam mit der Beziehung von Christus und Gemeinde.[67] Von dem pietistischen Theologen Friedrich Christoph Oe-tinger (1702–1782) ist der bekannte Satz überliefert: »Leiblichkeit ist das Ende der Werke Gottes«.[68] Leiblichkeit wurzelt für Oetinger in Gott selbst. Deshalb ist die Leiblichkeit der Welt ernstzunehmen. Sie darf nicht als vorläufig abqualifiziert oder als minderwertig betrachtet wer-den. Eine Theologie der Leiblichkeit »vermittelt Leiblichkeit als die in Gott gründende Gestalt des Lebens, das er selbst ist und schenkt, als *die* eigentliche Dimension menschlichen Seins und Daseins«.[69]

In der Neuzeit gab es überraschende Impulse zu einer religiös be-gründeten Körperorientierung von Seiten des YMCA (in Deutschland CVJM), der im 19. Jahrhundert (1844) in London gegründet wurde und sich rasch ausbreitete.[70] Die YMCA-Bewegung setzte sich, vor allem in den USA, nachhaltig dafür ein, dass sich junge Männer, insbesondere in den Städten, sportlich betätigen konnten. Schon wenige Jahre nach Gründung des YMCA wurde die Bildungsarbeit deshalb um die körper-

---

66. Siehe zur Sexualität z. B. Zinzendorf, in: Wolfgang Breul, Ehe und Sexualität im Pietismus, in: EvTh 73/5 (2013), 339–352.
67. Vgl. a. a. O., 350f. Dass dies wiederum nicht unproblematisch war, liegt auf der Hand. Breul kommentiert: »So bemerkenswert diese Lösung für das 18. Jahrhundert ist, so belastend konnte doch die religiöse Überhöhung der Sexualität für ein Paar sein, weil sich der sakramentale Charakter des ehelichen Verkehrs leicht in Anspruch und Forde-rung verwandeln konnte.« A. a. O., 352.
68. Friedrich Christoph Oetinger, Art. Leib, Soma, in: ders., Biblisches und Emblematisches Wörterbuch Bd. I, Berlin/New York 1999, 222–223, 223.
69. Sigrid Großmann, Friedrich Christoph Oetingers Gottesvorstellung: Versuch einer Ana-lyse seiner Theologie, Göttingen 1979, 307.
70. Vgl. Erich Geldbach, Das Evangelium zum Körper bringen. Die physische Bildung in der Frühphase des YMCA, in: Grupe/Huber (Hrsg.), Zwischen Kirchturm und Arena, 223–237, 223ff. Vgl. ausführlich zum Thema Sport und Protestantismus: ders., Sport und Protestantismus. Geschichte einer Begegnung, Gütersloh 1976.

liche Dimension erweitert. Die jungen Männer sollten in Zeiten der Urbanisierung und Industrialisierung ihre Freizeit sinnvoll gestalten und sich erholen können. Deshalb wurden Sporthallen für sie errichtet und Turn- und Sportgeräte zur Verfügung gestellt.[71] Es fehlten zunächst die Lehrer für die physische Bildungsarbeit, deshalb wurde 1885 eine *School for Christian Workers* in Springfield (Massachusetts) als Zentrum der Lehrerausbildung gegründet. »Dabei standen Anatomie, Physiologie, Hygiene, physische Diagnose, Elementarphysik, alle Krankheiten, die man ohne Medizin beherrschen kann, die innere Beziehung zwischen Körper und Geist sowie die Philosophie der Übungen als Lehr- und Lerngegenstände auf dem Programm.«[72]

Halsey Gulick war besonders einflussreich. Ihm ging es nicht nur um die Entwicklung des Sports, sondern auch um eine ganzheitliche Bildung für junge Männer. Er entwickelte Methoden der ganzheitlichen Beanspruchung des Körpers wie den Fünfkampf für draußen und für die Halle. Die »Ganzheitlichkeit« bezog sich dabei nicht nur auf die Physis. Auch der Sport selbst sollte nicht nur Sport sein, sondern zugleich die Charakterbildung fördern. Nicht das Siegen um jeden Preis, sondern die Erziehung zu Fairness und Charakter waren deshalb maßgebliche Ziele. Gulick vertrat in Rekurs auf Paulus explizit ein ganzheitliches Menschenbild, in dem *spirit*, *mind* und *body* eng aufeinander bezogen waren.[73] Die jungen Männer sollten lernen, dass ihr Körper heilig ist. Sportliche und religiöse Bildung waren eng miteinander verzahnt. 1891 wurden im Editorial der YMCA-Zeitschrift »The Triangle« zum ersten Mal Frauen erwähnt: Auch ihnen sollte fortan das ganzheitliche Programm physischer und religiöser Bildung zu Gute kommen.

Besonders bemerkenswert ist, dass der YMCA zwei Ballspiele entwickelt hat, die sich bis heute größter Beliebtheit erfreuen: *Basketball* wurde durch James Naismith und *Volleyball* durch William G. Morgan erfunden. Beide Spiele entsprachen den Idealen und Zielen der YMCA: Es waren keine Individual-, sondern Gemeinschaftssportarten. Sie waren nicht so kampfbetont und aggressiv wie viele andere Gemeinschaftssportarten

---

71. Vgl. Geldbach, Das Evangelium zum Körper bringen, 228.
72. A. a. O., 230.
73. Vgl. a. a. O., 235.

(z. B. Fußball) und gingen mit einem hohen Ethos der Fairness und des *Teamplaying* einher. Über das gemeinsame Spiel sollten zugleich Kontakte und Freundschaften unter den Jugendlichen gefördert werden. Die beiden Sportarten waren derart erfolgreich, dass sie sich bald säkularisierten, ihre christlichen Wurzeln vergessen wurden und ihr Ethos verblasste.

Das Engagement des YMCA im 19. Jahrhundert für den Sport und für eine »ganzheitliche« Berücksichtigung des Leibes, das sich etwa zeitgleich zur Fundamentalkritik Nietzsches am Christentum vollzog, ist bemerkenswert. Die Vereine wollten Jugendlichen in der urbanen, sitzenden Gesellschaft einen Spielraum dafür bieten, dass sie lernen, »den Leib einerseits als Teil der Schöpfung zu begreifen, ihn andererseits als das zu verstehen, wofür wir Menschen die Verantwortung tragen.«[74]

e) Freude am leiblichen Leben (D. Bonhoeffer)

Zu einer systematischen Reflexion und Entfaltung einer Theologie der Leiblichkeit kam es in der ersten Hälfte des 20. Jahrhunderts durch Dietrich Bonhoeffer. Für Bonhoeffer ist Christus der Herr der ganzen Welt, nicht nur einer religiösen Sonderwelt. Deshalb geht der Glaube über eine religiöse Sonderexistenz hinaus. Er besteht in der Hinwendung zur Welt, in der Solidarität mit den Leidenden einerseits und in der unbefangenen Freude über die Schöpfung, über alles Gelungene und Schöne andererseits. Den letzten Gesichtspunkt hat Bonhoeffer immer wieder geltend gemacht, auch in der Situation eigenen individuellen Leidens im Gefängnis. In einem Brief aus dem Tegeler Gefängnis aus dem Jahr 1943 schreibt er: »[...] daß ein Mensch in den Armen seiner Frau sich nach dem Jenseits sehnen soll, das ist, milde gesagt, eine Geschmacklosigkeit und jedenfalls nicht Gottes Wille. Man soll Gott in dem finden und lieben, was er uns gerade gibt; wenn es Gott gefällt, uns ein überwältigendes irdisches Glück genießen zu lassen, dann soll man nicht frömmer sein als Gott«[75] und dieses Glück dankbar auskosten und nicht etwa religiös verbrämen oder überhöhen.

---

74. A. a. O., 237.
75. Dietrich Bonhoeffer, Widerstand und Ergebung. Briefe und Aufzeichnungen aus der Haft (DBW 8), Gütersloh 1998, 244.

Bonhoeffer ist es wichtig, nicht nur das seelische, sondern auch das körperliche Leiden ernstzunehmen[76] und den Fokus nicht einseitig auf die Innerlichkeit zu richten, sondern den Menschen in seiner Ganzheit, in seinen sozialen Bezügen, in seiner Beziehungsfähigkeit zu würdigen. »Da der Mensch [...] ebenso sehr von ›außen‹ nach ›innen‹ lebt, ist die Meinung, ihn in seinen intimen seelischen Hintergründen erst in seinem Wesen zu verstehen, ganz abwegig.«[77] Bonhoeffer betont die leibliche Verfasstheit menschlicher Existenz und reflektiert wie die Phänomenologie die räumliche Struktur des Leibes: Mein Leib beansprucht Raum und trennt mich zugleich von anderen Menschen. Der Leib hat eine eigene Integrität. Deshalb ist jede »Antastung meines Leibes [...] ein Eingriff in meine persönliche Existenz.«[78] Es bedarf der respektvollen Austarierung, welche Körperberührungen wann und in welchen Situationen angemessen sind und welche als Grenzüberschreitung empfunden werden.

Der konkrete historische und politische Ausgangspunkt für Bonhoeffers Theologie der Leiblichkeit war das NS-Gesetz zu Erbkrankheiten, das im Juli 1933 verabschiedet wurde und die Zwangssterilisation für alle Personen mit Erbkrankheiten im NS-Staat anordnete. Bonhoeffer besucht daraufhin schon im August die Bethel-Kliniken in Bielefeld. Dieser Besuch hinterlässt bei ihm einen nachhaltigen Eindruck. Scharf widerspricht er fortan der Politik der Nationalsozialisten, die sich anmaßten, Krankheiten und körperliche Schwäche durch Gesetze beseitigen zu können.[79] In seiner Ethik geht er im Anschluss daran Fragen der Leiblichkeit nach.

Bonhoeffer versucht den Begriff des Natürlichen vom Evangelium her wiederzugewinnen.[80] Er verteidigt das Natürliche, weil Christus selbst in das natürliche Leben eingegangen ist und damit auch uns zum natürlichen

76. Vgl. a. a. O., 356.
77. A. a. O., 511.
78. Dietrich Bonhoeffer, Ethik (DBW 6), München 1992, 182.
79. Vgl. Robert Vosloo, Körper, Gesundheit und HIV-AIDS. Einige Betrachtungen im Licht der Theologie des Dietrich Bonhoeffer, in: Thomas/Karle (Hrsg.), Krankheitsdeutung in der postsäkularen Gesellschaft, 489–502, 489.
80. Vgl. Bonhoeffer, Ethik, 165.

Leben ruft.[81] Bonhoeffer lehnt zwei Extreme im Umgang mit dem Leib ab: Zuerst den *Vitalismus*, der das Leben ausschließlich als Selbstzweck begreift und letztlich im Nihilismus endet. Bonhoeffer betont zwar, dass es richtig sei, dass das Leben *auch* Selbstzweck ist, aber die vitalistische Absolutsetzung der Selbstzwecklichkeit verkennt, dass das Leben zugleich in den Dienst anderen Lebens gestellt ist und nicht nur für sich selbst da ist. Der zweite Irrweg ist die *Mechanisierung*. Hier wird das Leben nur als Mittel zum Zweck betrachtet. Auch das hat zerstörerische Konsequenzen, weil hier »der Einzelne nur noch in seinem Nutzwert für das Ganze«[82] gesehen und letztlich dem Kollektiv geopfert wird.

Bonhoeffer hat vor allem an diesem Punkt den NS Staat vor Augen, der nicht davor zurückschreckte, das Einzelleben dem Kollektiv unterzuordnen und es auch zu vernichten, wenn es nicht dem Volksganzen diente. Bonhoeffer äußert sich in diesem Zusammenhang explizit und ausführlich zur Euthanasie bzw. zur Frage der Tötung sogenannten »lebensunwerten Lebens« und betont, dass nicht jedes Leben einen Nutzen für die Gemeinschaft haben müsse. Alles Geschaffene habe ein Recht auf Leben. Eine Verabsolutierung von Gesundheit entwickle hingegen tyrannische Qualität.[83] »Es gibt vor Gott kein lebensunwertes Leben; denn das Leben selbst ist von Gott wertgehalten. Daß Gott der Schöpfer, Erhalter und Erlöser des Lebens ist, macht auch das armseligste Leben vor Gott lebenswert.«[84] So werde auch der arme Lazarus, dessen Wunden die Hunde leckten, von Gott des ewigen Lebens wertgeachtet. Für Bonhoeffer sind sowohl der Vitalismus als auch die Mechanisierung Ausdruck »einer Lebensfeindschaft, Lebensmüdigkeit, Lebensuntüchtigkeit.«[85] Im Hinblick auf die Politik des NS-Staates formuliert er: »Die Idee, ein Leben, das seinen socialen Nutzwert verloren hat, zu vernichten, entspringt der Schwäche, nicht der Stärke.«[86] Die Not des Schwachen kann den wahrhaft Starken nur zu neuen Aufgaben und zur Entfaltung seines sozialen Engagements führen.

---

81. Vgl. a. a. O., 166.
82. A. a. O., 173.
83. Vgl. a. a. O., 184–191 und: Vosloo, Körper, Gesundheit und HIV-AIDS.
84. Bonhoeffer, Ethik, 188.
85. A. a. O., 172f.
86. A. a. O., 188.

Bonhoeffer verortet das natürliche Leben »zwischen den Extremen des Vitalismus und der Mechanisierung, es ist zugleich Leben als Selbstzweck und als Mittel zum Zweck.«[87] Es bezieht sich aus christlicher Perspektive als Selbstzweck auf seine Geschöpflichkeit, als Mittel zum Zweck hingegen auf die Teilnahme am Reich Gottes. In philosophischer Wendung bedeutet dies: Das natürliche Leben besteht aus Rechten und Pflichten. Es ist bemerkenswert, dass Bonhoeffer sich in bewusster Differenz zu Immanuel Kant dabei zuerst den *Rechten* des natürlichen Lebens zuwendet. So streicht Bonhoeffer das Recht auf die Erhaltung des Leibes heraus: »Der Leib ist [...] in erster Hinsicht nicht dazu da, um geopfert, sondern um erhalten zu werden.«[88] Dem Leib wohnt ein *Recht auf Erhaltung* inne: »Das leibliche Leben, das wir ohne unser Zutun empfangen, trägt in sich das Recht auf seine Erhaltung.«[89] Dieses Recht auf Erhaltung bedeutet auch, den Leib vor »beabsichtigter Schädigung, Vergewaltigung und Tötung«[90] zu bewahren.

Im Recht auf Erhaltung liegt zugleich die *Selbstzwecklichkeit* leiblichen Lebens begründet. Gegen jeden Dualismus macht Bonhoeffer klar: »Es ist idealistisch, aber nicht christlich, den Leib ausschließlich als Mittel zum Zweck zu verstehen.«[91] Ist der Leib nur Mittel zum Zweck, verliert er seine Bedeutung, wenn der Zweck erreicht ist. Bonhoeffer hingegen lehnt die darin implizierte Abwertung des Leibes ab und betont: »Nach christlicher Lehre hat der Leib höhere Würde. Der Mensch ist ein leibliches Wesen und bleibt es auch in Ewigkeit. Leiblichkeit und Menschsein gehören untrennbar zusammen. So kommt der Leiblichkeit, die von Gott gewollt ist als Existenzform des Menschen, Selbstzwecklichkeit zu.«[92]

Diese Selbstzwecklichkeit kommt nun vor allem und zuerst in den *Freuden des Leibes* zum Ausdruck. »Wäre der Leib nur Mittel zum Zweck, hätte der Mensch kein Recht auf leibliche Freuden. Ein zweckmäßiges Minimum leiblichen Genusses dürfte dann nicht überschritten

---

87. A. a. O., 173.
88. A. a. O., 179.
89. Ebd.
90. Ebd.
91. A. a. O., 179f.
92. A. a. O., 180.

werden.«[93] Für Bonhoeffer ist es aber essenziell, dass es ein Recht auf leibliche Freuden gibt, das unabhängig von der Frage nach der Zweckhaftigkeit besteht. Denn: »Es liegt im Wesen der Freude selbst, daß sie durch Zweckgedanken verdorben wird.«[94] So sind Essen und Trinken nicht nur ein Mittel zur Sättigung, sondern sie dienen zugleich der natürlichen Freude am leiblichen Leben. Aus Bonhoeffers Briefen aus der Haft geht hervor, wie sehr er selbst den Genuss von Zigarren zu schätzen wusste. Er zitiert mehrere Bibelstellen, die die Freude an der Sinnlichkeit, am Essen, am Wein, an der Sexualität, am Schönen, an der Lust betonen. Erholung, Spiel und Sexualität haben jenseits der Zwecke, die sie ansonsten erfüllen mögen, ihren Sinn in der Freude am Leben bzw. bei der Sexualität in der Freude der Liebe zweier Menschen aneinander. Bonhoeffer resümiert: »Es geht aus dem Gesagten hervor, daß der Sinn des leiblichen Lebens niemals in seiner Zweckbestimmtheit aufgeht, sondern erst in der Erfüllung des ihm innewohnenden Anspruchs auf Freude erschöpft wird.«[95]

Auch wenn Bonhoeffer daraus nicht in jedem Fall die sozialethischen Konsequenzen zieht, die wir heute daraus ziehen würden, ist es bemerkenswert, wie klar er das Recht auf leibliche Freuden in seiner Ethik verteidigt. Er lässt damit die Kritik Nietzsches hinter sich und knüpft zugleich an wesentliche Einsichten biblischer Anthropologie an. Die Überlegungen Bonhoeffers zur Leiblichkeit, zur Welthaltigkeit und Diesseitigkeit geschöpflicher Existenz, zur problematischen Verabsolutierung des Vitalismus, zum Zerstörungspotenzial utilitaristischer Lebensperspektiven, zum Recht auf die Erhaltung des Lebens und vor allem zur Selbstzwecklichkeit des Lebens, die eine tiefe Freude am leiblichen Leben freisetzt, sind hilfreiche Impulse und Anknüpfungspunkte für eine realistische und menschenfreundliche Theologie.

---

93. Ebd.
94. Ebd.
95. A.a.O., 182.

4. Der Leib in der kirchlichen Praxis

In der Praktischen Theologie wurde in den letzten Jahrzehnten vereinzelt die Bedeutung der leiblichen Verfasstheit des Menschen für Liturgie und Seelsorge reflektiert. Als Theorie der Praxis reagiert sie damit auf eine gestiegene Sensibilität für die Leiblichkeit des Menschen.[1] Darauf Bezug nehmend wird hier zunächst das Phänomen volkskirchlicher Salbungs- und Heilungsgottesdienste diskutiert, bevor grundsätzlich nach den Konsequenzen einer Berücksichtigung der Leiblichkeit für die Seelsorge, den Gottesdienst und die Kirche gefragt wird.

a) Leibliche Kommunikation des Evangeliums: Salbungsgottesdienste

In den Salbungsgottesdiensten steht die Fürbitte für kranke Menschen im Vordergrund. Mit der Fürsorge für Kranke können sich Salbungsgottesdienste auf die frühchristlich-antiken Wurzeln der Kirche berufen. Das Christentum war von Anfang an eine Bewegung, die keine Scheu vor kranken Menschen kannte. Der Preis dafür war nicht selten hoch: Als im 3. Jahrhundert die Pest ausbrach, flohen viele Heiden vor den Kranken oder ließen sie auf den Straßen liegen. Die Christen hingegen pflegten sie, wandten sich ihnen zu und gingen das Risiko ein, sich anzustecken und selbst zu sterben. Adolf von Harnack beschreibt dieses Engagement der frühen Kirche eindrücklich.[2] Jesus diente der frühen Christenheit als Vorbild. Vor keiner Krankheit schreckte er zurück, nichts war ihm zu eklig. Die Heilung von Kranken war Jesu Pro-

---

1. Vgl. z. B.: Michael Klessmann, Pastoralpsychologische Reflexionen zur Leiblichkeit des Menschen, in: Hans-Peter Stähli (Hrsg.), Wort und Dienst. Jahrbuch der Kirchlichen Hochschule Bethel, Neue Folge 18, Bielefeld 1985, 289–305; Hans-Christoph Piper, Leiblichkeit in der Krankenseelsorge, in: Michael Klessmann/Irmhild Liebau (Hrsg.), »Leiblichkeit ist das Ende der Werke Gottes«. Körper – Leib – Praktische Theologie, Göttingen 1997, 37–46; Naurath, Ein Indianer kennt keinen Schmerz; Karl-Fritz Daiber, Der Körper als Sprache des Rituals. Beobachtungen und Anmerkungen, in: ders./Liebau (Hrsg.), Leiblichkeit ist das Ende der Werke Gottes, 231–243; Manfred Josuttis, Der Weg in das Leben, Gütersloh 2000.
2. Vgl. Adolf von Harnack, Das Evangelium vom Heiland und von der Heilung, in: Medicinisches aus der ältesten Kirchengeschichte, Leipzig 1892, 89–111.

gramm und die Jünger folgten ihm darin. Für von Harnack ist das der wesentliche Grund dafür, dass die christliche Kirche nicht unterging. »Dass sie Heilung versprach und brachte, dass sie in dieser Eigenschaft alle anderen Religionen und Culte überstrahlte, das hat ihren Sieg bereits begründet, bevor sie ihn durch eine überlegene Philosophie vollends gewann.«[3] Sie gestaltete sich als Religion der Heilung, als die Medizin der Seele und des Leibes und sah in der tatkräftigen Sorge für die leiblich Kranken eine ihrer wichtigsten Pflichten.[4] »Nachdem die Kirche durch Konstantin anerkannt und privilegirt worden war, übte sie ihre Sorge für die Kranken im 4. und 5. Jahrhundert im grossen Stil. Sie liess nicht nur eigene Krankenpfleger ausbilden, sondern sie schuf auch grosse Krankenhäuser und vernichtete durch dieselben die alten Asklepieen.«[5]

Doch soll hier das Augenmerk nicht auf der diakonischen Hilfe für Kranke liegen, sondern auf einem relativ neuen Phänomen religiös-kirchlicher Praxis, das sich gleichwohl auf das frühchristliche Engagement für Kranke und die Krankenheilungen Jesu zurückführen lässt: Das Gebet für Kranke und die Segnung von Kranken im Gottesdienst. Mit der beginnenden Moderne und der sich durchsetzenden Differenzierung des Religions- und Medizinsystems war Krankheit für die liturgischen Vollzüge in der Kirche zunächst kein Thema mehr. Das Medizinsystem entwickelte eine enorme Leistungsfähigkeit, so dass es dysfunktional und unangemessen erschien, von Seiten der Kirche durch religiöse Kommunikation irgendetwas zu Heilungsprozessen beitragen zu wollen. In den letzten Jahren und Jahrzehnten zeichnet sich nun aber eine Akzentverschiebung ab. Die weit getriebene Ausdifferenzierung von Religion und Medizin treibt bisweilen bizarre Blüten, erzeugt eigene Blindheiten und reduziert den Menschen – im Bereich der Medizin – manchmal so sehr auf seinen verobjektivierten Körper, dass Menschen nach Kompensation für die mangelnde »ganzheitliche« Aufmerksamkeit suchen. Deshalb sind gegenwärtig neue Amalgamierungen beider System- und Rationalitätstypen zu beobach-

---

3. A. a. O., 96.
4. Vgl. ebd.
5. A. a. O., 110.

ten. Dabei kommt es auf der einen Seite zu einer Spiritualisierung von Krankheit und auf der anderen Seite zu einer Therapeutisierung von Religion.[6] Die Grenzen zwischen beiden Systemen sind nicht mehr starr, bisweilen sogar fließend.

Dass die Amalgamierungen von Religion und Gesundheit mit paradoxen Folgen einhergehen können, liegt auf der Hand. Besonders deutlich wird das auf Religionsseite bei evangelikalen und charismatischen Heilungsgottesdiensten, die mit dem Anspruch auftreten, Menschen durch Gebete oder Handauflegung heilen zu können. Doch gibt es neuerdings auch volkskirchliche Salbungsgottesdienste, die eine deutlich vorsichtigere Bezugnahme von Religion auf Krankheit kommunizieren und sich in der Regel nicht als Konkurrenz zum Medizinsystem verstehen.[7] Sie versuchen die Leiblichkeit des Leidens ernstzunehmen, ohne sich anzumaßen, kranke Menschen heilen zu können. Sie schließen an die anglikanische Praxis des »ministry of healing« an, vermeiden aber weitgehend die Bezeichnung »Heilungsgottesdienst«, weil sie keine falschen Erwartungen wecken und unnötige Enttäuschungen provozieren wollen.

In der Resonanz, die diese neue Gottesdienstform findet, spiegelt sich die Sehnsucht nach »Ganzheitlichkeit« in einer tief fragmentierten Lebenswelt und Gesellschaft. Diese Fragmentierung hat mit der funktionalen Differenzierung der Gesellschaft zu tun, in der wir in der Regel »flach« adressiert werden. Das bedeutet, dass wir mit jeweils ganz spezifischen Erwartungen konfrontiert werden, je nach Kontext, in dem wir uns gerade bewegen. So interessiert beim Einkaufen unsere Zahlungsfähigkeit, aber nicht unsere Konfessionszugehörigkeit. Im Krankenhaus richtet sich der Fokus auf unsere körperlichen Beschwerden, aber nicht auf die Probleme, die die unerwartete Krankheit für die beruflichen oder familiären Kontexte mit sich bringt. Im Beruf wiederum müssen wir weitgehend von psychischen Belastungen absehen können. So kann man selbst bei einem Trauerfall in der engen Familie nur noch

---

6. Vgl. zu diesem Themenfeld ausführlich: Isolde Karle/Günter Thomas, Krankheitsdeutung in der postsäkularen Gesellschaft. Eine Einführung in das Problemfeld, in: dies. (Hrsg.), Krankheitsdeutung in der postsäkularen Gesellschaft, 9–22.
7. Vgl. zum Thema: Heike Ernsting, Salbungsgottesdienste in der Volkskirche. Krankheit und Heilung als Thema der Liturgie, Leipzig 2012.

mit wenig Rücksichtnahmen im Hinblick auf berufliche Leistungs- und Präsenzerwartungen rechnen. In der Universität zählen wiederum Bildungsanstrengungen, aber nicht der besorgniserregende Kontostand oder die Eskapaden im Privatleben. Diese »Dividuierung« modernen Lebens führt einerseits zu enormen Freiheitsgewinnen, aber sie stellt andererseits auch vor das grundlegende Problem der Selbstverortung, der Identität: Nirgends wird der Mensch mehr als »ganzer« angesprochen. Deshalb spricht Niklas Luhmann auch davon, dass das Individuum nicht Teil, sondern Umwelt der Gesellschaft ist: Es ist ortlos geworden, befindet sich »außerhalb«, nicht »innerhalb« gesellschaftlichen Lebens, muss sich selbst Sinn und Identität verleihen. Entsprechend groß ist die Sehnsucht vieler Menschen, einen sozialen Ort zu finden, an dem sie *tief adressiert* werden, an dem sie sich mindestens mehrdimensional, wenn nicht ganzheitlich wahrgenommen fühlen.[8]

Für viele scheinen Salbungsgottesdienste dafür einen guten Rahmen zu bieten. Sie richten sich gezielt an kranke Menschen, an Menschen, die sich deprimiert, hilfsbedürftig, belastet, einsam oder auch zerrissen erfahren. Damit wird deutlich, dass auch bei Heilungsgottesdiensten die Materialität des Körpers eine Relativierung erfährt: »Richtig« Kranke werden zwar auch adressiert, aber in der Regel geht es darum, sich in einem sehr viel weiter gefassten Horizont des Heilungsbedürftigen den »Mühseligen und Beladenen« durch individuelle Segnungen und Salbungen zuzuwenden. Eine gewisse Spiritualisierung von Krankheit ist insofern bei den Salbungsgottesdiensten, die die Krankheit als körperliche Erfahrung eigentlich ernstnehmen wollen, nicht von der Hand zu weisen.

Der entscheidende Begründungstext für Salbungsgottesdienste ist Jakobus 3,13–17. Dort wird zum Gebet der Gemeinde im Krankheitsfall aufgerufen und auch dazu, den Kranken mit Öl zu salben. Genau das soll im Salbungsgottesdienst geschehen: Für die Kranken und Belasteten wird gebetet und sie werden individuell, meist an verschiedenen Orten im Kirchenraum, gesegnet und gesalbt. Dabei kümmern sich gleich mehrere kirchliche Mitarbeiterinnen wenige Minuten um jeweils eine Person. Die Salbung hat rituellen Charakter. In der Regel wird der Name des oder

---

8. Vgl. Isolde Karle, Tiefe Adressierung. Körperlichkeit zwischen Verdrängung und Aufwertung, in: ZEE 58 (2014), 179–189.

der Betroffenen erfragt, dann wird er oder sie mit einem Segensspruch mit Öl gesalbt. Teilweise werden die Hände aufgelegt. Die Betroffenen erleben diesen Moment als sehr persönlich: Sie werden aus der Masse herausgehoben, mit ihrem Namen angesprochen und fühlen sich durch die Einbeziehung des Körpers direkt und unmittelbar gemeint. Sie werden sowohl körperlich als auch seelisch berührt.[9] Sie werden »tief«, nicht »flach« adressiert und dies einerseits dadurch, dass sich die Salbungsgottesdienste nicht nur auf die Seele, sondern auch auf den (kranken) Körper beziehen und andererseits dadurch, dass sie den Körper als Medium der Kommunikation (in der Salbung) nutzen und miteinbeziehen.

Viele Menschen sind beim Salbungsritual überraschend emotional affiziert. Sie zeigen in der dichten Atmosphäre des Rituals nicht selten öffentlich ihre Gefühle und beginnen zu weinen.[10] Das Ritual schafft es, über die Körperkommunikation einerseits eine große Nähe herzustellen, andererseits wahrt es über seine strenge Form die nötige Distanz und Diskretion: »Die Realität wird [im Ritual] radikal vereinfacht [...], nur das Jetzt zählt. Handeln und Bewußtsein verschmelzen [...]. Die Grenzen des ›Selbst‹ weiten sich, werden durchlässig.«[11] Herkunft und Status, Vergangenheit und Zukunft spielen für einen Moment keine Rolle mehr. Der oder die Einzelne erlebt sich befreit von den Lasten des Gestern und Morgen, von den Sorgen und Ängsten, von den Ambivalenzen und Zerrissenheiten und lässt sich ganz in das Hier und Jetzt fallen. Die körperorientierte Kommunikation des Evangeliums durch die Salbung ermöglicht »das Erleben von Gleichzeitigkeit und Unmittelbarkeit«[12] und wirkt identitätsvergewissernd. Sie ist zugleich Verweis auf die Gegenwart einer transzendenten Macht, die im menschlichen Segen wirkt. Die kranke und leidende Person fühlt sich nicht mehr allein, sondern von Gottes guten Mächten umgeben und geborgen. Sie erlebt im Ritual der Salbung die Menschenfreundlichkeit Gottes und die Solidarität der christlichen Gemeinde. Es vollzieht sich darin eine Verleiblichung des Glaubens, wie dies auch beim Vollzug der Sakramente der Fall ist.[13]

---

9. Vgl. a. a. O., 185.
10. Vgl. a. a. O., 190.
11. Karl-Heinrich Bieritz, Ritual, in: Glaube und Lernen 13/1 (1998), 11–23, 17.
12. Ernsting, Salbungsgottesdienste in der Volkskirche, 111.
13. Vgl. a. a. O., 213.

Für körperliche Gesten und Kommunikationsformen ist »von Bedeutung, dass der Körper einen gewissen ›Eigensinn‹ hat, der sich über körperliche Kommunikation mitteilen kann. Körperkommunikation eignet sich für die ›Darstellung hochkomplexer und zugleich personennaher Zusammenhänge.‹«[14] Körperbasierte Kommunikation verdrängt tendenziell kognitive Aspekte und ist vieldeutiger als Sprache, dadurch lädt sie zugleich zur Interpretation ein. Körperliche Gesten und Mimiken können Gefühle der Hoffnung oder Zuwendung auf eine Weise ausdrücken, die sprachlich nicht oder doch kaum in Worte zu fassen sind. So lässt sich eine diskrete Berührung oder ein freundliches Lächeln kaum in Worte übersetzen.

Ein evangelischer Gottesdienst begnügt sich allerdings nicht mit der Ritualhandlung. Jede Zeichenhandlung ist auf Interpretation und Deutung angewiesen. Das bestätigen die Pfarrerinnen und Pfarrer, die Salbungsgottesdienste durchführen: »Es geht nicht nur ums Fühlen, sondern auch um das Verstehen und Deuten. Der Salbungsgottesdienst ist ein Ort der kritischen Auseinandersetzung mit den Zumutungen der modernen Gesundheitsgesellschaft, mit den Erwartungen an ein gesundes und langes Leben und der Angst vor Krankheit und [...] Einschränkung.«[15] Lebenskrisen sind immer auch Wissenskrisen. Deshalb bedarf es nicht nur einer Symbolhandlung, sondern auch der Argumentation und reflektierenden Distanznahme, um Trost und Sinnvergewisserung zu erfahren und wichtige Impulse zum Umgang mit leidvollen Situationen zu bekommen.[16]

Dass den Salbungsgottesdiensten weithin ein ebenso diffuser Krankheits- wie Heilungsbegriff zugrunde liegt, wurde schon angedeutet.[17] Dass sie manchmal dazu neigen, sich aufgrund der Nähe zum Gesundheitssystem auf eine fragwürdige »Wellness-Spiritualität« oder »Gott-tut-gut-Theologie« zu beschränken, ebenso. Zugleich versuchen Salbungsgottesdienste dem geschöpflichen Leben unter den Bedingungen der Endlichkeit Rechnung zu tragen, der Erfahrung von Leid und Schmerz

---

14. A.a.O., 207.
15. A.a.O., 262.
16. Vgl. Ursula Roth, Die Beerdigungsansprache. Argumente gegen den Tod im Kontext der modernen Gesellschaft, Gütersloh 2002, 388ff.
17. Vgl. Ernsting, Salbungsgottesdienste in der Volkskirche, 171ff.

Raum zu geben und sie im Ritual der Salbung zugleich in einem doppelten Sinn »aufzuheben«: Sie bekommen einen Ort, werden artikuliert und gelindert. Die Salbung wird von vielen als heilsam erlebt, ohne dass sich medizinische Wunder ereignen. Salbungsgottesdienste sind ein »Ort der kritischen Auseinandersetzung mit den Zumutungen der modernen Gesundheitsgesellschaft, mit den Erwartungen an ein gesundes und langes Leben und der Angst vor Krankheit und gesundheitlicher Einschränkung.«[18] Sie stoßen auf Resonanz, weil sie sensibel auf die Körperverdrängung der Moderne reagieren, Krankheit und Fragmentarität wahrnehmen, Leiblichkeit würdigen und über das Salbungsritual und den individuellen Zuspruch des Segens Menschen in einer Weise ansprechen, die von vielen als ermutigend, tröstend und hilfreich erfahren wird.

b) Leiblichkeit in der Seelsorge

Durch die körperdistanzierten psychoanalytischen Therapieverfahren wurde die Leiblichkeit des Menschen in der Seelsorge bzw. der Pastoralpsychologie lange Zeit ausgeblendet.[19] In der Poimenik haben Michael Klessmann, Hans-Christoph Piper und Elisabeth Naurath zu einer Wiederentdeckung der Kategorie der Leiblichkeit beigetragen. So versucht Michael Klessmann den Leib in seiner Bedeutung für den Menschen und sein eigenleibliches Spüren ernstzunehmen. Dabei kommt dem Leib nicht per se eine positive Funktion zu. Ein Mensch kann auch unter zwanghaften körperlichen Handlungen leiden. »Die Freiheit der Kinder Gottes wäre dann genauso in körperlicher Befreiung, in größerer Lebendigkeit und Motilität«[20] zu suchen wie in einem innerpsychischen Vorgang. Befreiung im Vollsinn muss auch die körperliche Dimension menschlicher Existenz einschließen. Klessmann geht es dabei darum, dem Glauben seinen sinnlichen Charakter zurückzugeben. Denn: »Wie soll ein verkrampfter, in sich zusammengezogener Körper offen sein können für andere Menschen, für Gott?«[21] Er ist sprichwörtlich der »homo

---

18. A. a. O., 262.
19. Vgl. Klessmann, Pastoralpsychologische Reflexionen zur Leiblichkeit des Menschen, 289.
20. A. a. O., 303.
21. A. a. O., 304.

incurvatus in se«, der in sich selbst verkrümmte, unfreie Mensch. Deshalb ist auch in Verkündigung und Seelsorge die sinnliche Realität sowohl von Sünde als auch von Gnade bewusst zu reflektieren und mit einzubeziehen.

Der Leib ist für Klessmann ein Symbol für die Liebes- und Leidensfähigkeit eines Menschen. Ein neugeborenes Baby erlebt Liebe vor allem über Nahrung, Wärme, Gehaltenwerden und damit über seinen Leib. Auch das Leid ist körperlich verankert.»Liebe und Leiden sind die Eckpfeiler jeder Leiblichkeit und damit des Lebens überhaupt. Liebe läßt den Körper zum Leib werden, zum Subjekt, zum Menschen; und Leiden als Leiden an der Begrenztheit, Hinfälligkeit und Ungesichertheit des Leibes schärft die Endlichkeit des Menschen ein.«[22]

Prinzipiell gilt es in der Seelsorge zu berücksichtigen, dass der Leib immer mitkommuniziert.[23] Das gilt für alle an einem Seelsorgegespräch Beteiligten. Schaut der Seelsorger auf die Uhr, kommuniziert er damit Zeitknappheit, zieht er bei einem Besuch den Mantel aus, signalisiert er die Bereitschaft zu verweilen. Deshalb ist es für einen Seelsorger bzw. eine Seelsorgerin elementar, die eigene Körperkommunikation im Blick zu haben und, soweit möglich, zu kontrollieren. Körperliche Gesten, Begrüßungs- und Verabschiedungsformeln, der Habitus, das gesamte Erscheinungsbild, der eigene Gesichtsausdruck (müde, abwesend oder aufmerksam, lächelnd oder ernst), die Art und Weise, den Blickkontakt zu suchen oder zu vermeiden, eine Hand zu halten oder auch nur schweigend präsent zu sein – all dies sind Formen der indirekten Kommunikation, die insbesondere in existenziellen Seelsorgegesprächen den Fortgang der Kommunikation entscheidend beeinflussen können.

Grundsätzlich geht es für den Seelsorger und die Seelsorgerin darum, sich taktvoll auf den anderen einzustellen – sowohl im Hinblick auf das eigene beobachtbare Verhalten als auch im Hinblick auf das Erscheinungsbild des anderen. Taktvoll ist, wer (nicht zuletzt körperliche) Störungen ignoriert, Ausdrucksfehler übersieht oder über peinliche Situationen hinweghilft, ohne diese als solche kenntlich zu machen.

22. A. a. O., 305.
23. Vgl. Karle, Der Pfarrberuf als Profession, 118ff.

Taktvolles Verhalten geht unmittelbar mit sensiblen Wahrnehmungen und schützenden Gesten einher. Der Gesprächspartner reagiert auf die Kooperation mit seinem Selbst wiederum mit Gefühlen von Vertrauen und Sicherheit. Es ist deshalb ein wesentlicher Teil poimenisch kompetenter Gesprächsführung, nicht nur der expliziten, sondern auch der indirekten Kommunikation Beachtung zu schenken, sich zu fragen, welche Signale das eigene körperliche Verhalten aussendet und umgekehrt das körperliche Verhalten des Seelsorgesuchenden wahrnehmen und deuten zu können.

Hans-Christoph Piper macht darauf aufmerksam, dass Seelsorgerinnen und Seelsorger vor allem im Krankenhaus mit der leib-seelischen Verfasstheit von Menschen konfrontiert werden und zwar auf ganz unterschiedliche Weise.[24] Manche Patientinnen und Patienten haben das Bedürfnis, im Krankenhaus gerade nicht auf ihren kranken Körper oder irgendwelche Organe reduziert, sondern als Seele wahrgenommen zu werden. Für sie ist eine Dethematisierung des Körpers hilfreich. Andere setzen sich wiederum sehr direkt mit ihrer versehrten Leiblichkeit auseinander und wollen ihre Narben oder Operationswunden zeigen. Wie wird der Seelsorger bzw. die Seelsorgerin darauf reagieren: Wird das Gesicht des Seelsorgers Entsetzen zum Ausdruck bringen oder nicht? Für Seelsorgerinnen und Seelsorger ist eine solche Situation eine große Herausforderung, wobei damit nicht zwangsläufig impliziert ist, dass das Entsetzen in jedem Fall zu vermeiden ist. Piper berichtet von einem Seelsorgegespräch, in dem die Seelsorgerin schockiert reagierte ob des geschundenen Gesichts einer Patientin. In diesem Fall half aber gerade die Betroffenheit der Seelsorgerin der Patientin weiter. Die Seelsorgerin hatte den Mut, den gepeinigten Körper und das Leid, das mit ihm verknüpft war, wahrzunehmen. Sie half der Patientin damit, sich ihrer körperlich und seelisch schmerzhaften Realität anzunähern. Entscheidend ist in diesem Fall, dass die Seelsorgerin zwar schockiert, aber nicht hilflos reagierte, sondern die Hände der Patientin hielt und sich ihr in großer Empathie zuwandte.

---

24. Vgl. Piper, Leiblichkeit in der Krankenseelsorge, 37ff. Siehe dort auch zum Folgenden.

Elisabeth Naurath hat auf genderspezifische Herausforderungen im Umgang mit Leiblichkeit in der Seelsorge hingewiesen.[25] So sind Körperverständnisse nach wie vor stark durch die unterschiedlichen Sozialisationen von Mädchen/Frauen oder Jungen/Männer bestimmt. Geschlechtsdifferenzierte Körpervorstellungen beeinflussen die jeweilige Wahrnehmung des Körpers. Sie sorgen zugleich für ein geschlechtsdifferenziertes Wahrgenommenwerden, das sich in rollensterotypen Vorstellungen von Medizinerinnen und Medizinern niederschlagen kann, die dazu führen, dass Frauen tendenziell weniger somatisch orientiert behandelt werden als Männer.[26] Frauen wird eher als Männern unterstellt, psychisch und nicht somatisch krank zu sein. Während Frauen ihrem Körper mehr Aufmerksamkeit schenken, tendieren Männer dazu, ein eher instrumentelles Verhältnis zu ihrem Körper zu pflegen. Während Männern durch den Sport und die Heldenfiguren der Massenmedien ein Muster von Männlichkeit kommuniziert wird, das mit der Duldung von Schmerzen und einer gewissen Fühllosigkeit gegenüber dem eigenen Körper einhergeht, werden Frauen eher dazu ermutigt, Körpersignale wahrzunehmen und in den eigenen Körper »hineinzuhören«. Die Geschlechterkonstellation ist deshalb in der Seelsorge zu berücksichtigen. Es geht darum, die unterschiedlichen Habitus und geschlechtsdifferenzierten Körperverständnisse sensibel wahrzunehmen, ohne Genderklischees zu verstärken, aber auch ohne der Versuchung zu erliegen, den Gesprächspartner oder die Gesprächspartnerin feministisch zu belehren.

Gendersensibilität bezieht sich zunächst und vor allem auf eine Wahrnehmungskompetenz, die meist indirekt und implizit in die Gesprächsführung einfließt. Gendervorstellungen bzw. -identitäten können aber auch explizit zum Thema werden, wenn Menschen unter ihnen leiden bzw. die Krankheit selbst ihre Ursache in kulturell repressiven Gendernormen hat. So lässt sich bei Magersucht und Bulimie ein Zusammenhang zu kulturellen Schönheitsidealen herstellen. Hier kann

25. Vgl. ausführlich: Elisabeth Naurath, Seelsorge als Leibsorge: Perspektiven einer leiborientierten Krankenhausseelsorge, Stuttgart 2000. Ich beziehe mich im Folgenden vor allem auf: dies., Ein Indianer kennt keinen Schmerz.
26. Vgl. Naurath, Ein Indianer kennt keinen Schmerz, 379.

die Geschlechtsidentität selbst auf dem Spiel stehen bzw. Anlass für ein vertieftes Nachdenken sein, das von krank machenden Rollenstereotypen befreit oder doch wenigstens distanziert. Überdies haben manche Krankheiten bzw. chirurgische Eingriffe einen direkten Bezug zu den körperlichen Insignien der Genderidentität – bei Operationen, die den Intimbereich betreffen, die Entfernung der Brüste oder der Prostata zum Beispiel. Solche Eingriffe werden von vielen Männern und Frauen als starke Selbstverunsicherung erlebt. In diesem Fall ist es notwendig, die Frage nach der eigenen Geschlechtsidentität in der Seelsorge explizit zu reflektieren.

Es dürfte deutlich geworden sein, wie vielschichtig der Leib, das eigenleibliche Spüren und die Geschlechtsidentität die seelsorgerliche Kommunikation beeinflussen, wenn nicht bestimmen. Es ist für die Poimenik deshalb essenziell, sich mit der Leiblichkeit des Menschen differenziert auseinanderzusetzen, dabei soziologisch aufgeklärt die Spuren, die die Gesellschaft in den Körpern hinterlässt, zu lesen, eine Sensibilität für die eigene und fremde Körpersprache zu entwickeln, aber auch ganz grundsätzlich die sinnliche Dimension des Evangeliums wahrzunehmen und zu vermitteln. Insgesamt gilt es im Umgang mit dem Körper eine Balance zwischen Körperdisziplin und unwillkürlichem körperlichem Selbstausdruck, zwischen Körperhaben und Leibsein zu finden. In der professionellen Rolle ist der Seelsorger/die Seelsorgerin generell dazu herausgefordert, sich zurückzunehmen und (körperlich) zu kontrollieren, um dem Gegenüber und seinen Bedürfnissen Raum zu geben. Doch hat diese Selbstzurücknahme ihre Grenzen – auch die Seelsorgerin wird irgendwann müde, fühlt, wie ihr ungewollt die Tränen hochsteigen oder kann ihr Entsetzen nicht verbergen. Das kann, wie gezeigt, im Einzelfall durchaus der seelsorgerlichen Kommunikation dienen, ist aber riskant. Es ist eine große Herausforderung, in diesem Spannungsfeld die richtige Balance für sich selbst und andere zu finden.

c) Kirche als Leib Christi

Die Kirche ist auch in der Mediengesellschaft darauf angewiesen, dass sich körperlich Anwesende in ihr zusammenfinden. Ist es noch denkbar, eine Predigt zu lesen oder im Radio zu hören, nötigen spätestens Rituale dazu, körperlich und nicht nur geistig präsent zu sein. »Religiöse Rituale sind [...] körperliche Vollzüge. Die Körper sind symbolische Ausdrucksmittel innerhalb des Rituals.«[27] Ohne körperliche Anwesenheit ist es nicht möglich, Abendmahl zu feiern, sich an den Händen zu fassen oder mit Wasser getauft zu werden, das Kreuzzeichen zu empfangen, mit den Händen gesegnet oder auch gesalbt zu werden. Es ist der körperliche Bezug, der zu einer Renaissance des Abendmahls in der evangelischen Kirche geführt hat, insbesondere über die Feierabendmahle der Kirchentage. Das Abendmahl hat in der Geschichte der Kirche wesentlich zur Wertschätzung von Leiblichkeit beigetragen.[28] Alle Kasualien sind auf körperliche Präsenz angewiesen. Zwar sind nicht alle Kasualien Sakramente, aber sie sind in jedem Fall Segenshandlungen, die die körperliche Anwesenheit voraussetzen. »Über die Körperlichkeit wird Anwesenheit, wird Gemeinschaft vermittelt. Gemeinsame Körpervollzüge symbolisieren das Subjektübergreifende. Dabei bleibt die körperliche Aktion durch das Ritual immer kontrolliert.«[29]

Im Protestantismus haben Rituale nicht dieselbe Kernfunktion wie im Katholizismus. Insgesamt sind körperliche Aktivitäten und Gesten im evangelischen Gottesdienst aufgrund der Zentralstellung der Predigt auf die grundlegende Körperfunktion des Hörens bezogen, dies jedoch in sehr verschiedener Weise. So ist zwar auch das Singen auf das Hören hin orientiert, aber es ruft zugleich im Körper Resonanz hervor und

---

27. Daiber, Der Körper als Sprache des Rituals, 241.
28. Zur »Realpräsenz« Christi im Abendmahl vgl. ausführlich: Michael Welker, Was geht vor beim Abendmahl?, Gütersloh ³2005, 90ff. In Brot und Wein wird die Fülle Christi (als irdisch wirkender, leidender und sterbender Jesus und als auferstandener Herr) konzentriert, so dass man sagen kann: »Dieses Brot und dieser Wein halten die Fülle der Person und Gegenwart Christi, die wir sonst ›im Wort‹ haben, nun sinnlich, irdisch, leibhaftig präsent.« A. a. O., 98.
29. Daiber, Der Körper als Sprache des Rituals, 241f.

bezieht den Körper intensiv mit ein. Viele Menschen empfinden das
Singen als eine Wohltat, die Körper, Seele und Geist in Bewegung bringt.
Durch den Gleichklang und den Zeitzauber der Musik[30] im gemein-
schaftlichen Singen wird eine Verbundenheit erzeugt. Je nach gottes-
dienstlicher Sitte erheben sich die Menschen auch zum Beten oder zum
Hören des biblischen Wortes. In den letzten Jahrzehnten lässt sich eine
deutlichere Akzentuierung der Sinnenvielfalt bei der Gottesdienstge-
staltung beobachten. Gleichzeitig ist es gerade für den volkskirchlichen
Protestantismus wichtig, im Gottesdienst die Diskretion zu wahren und
dem Menschen nicht zu sehr auf den Leib zu rücken.[31]

Die Wiederentdeckung der Bedeutung körperlicher Anwesenheit in
der direkten Interaktion ist in der medialen Gesellschaft kein Zufall, weil
erst die Konkurrenz durch die elektronischen Kommunikationsmedien
die Eigenart der Kommunikation unter Anwesenden vor Augen geführt
hat. Interaktionen sind grundlegend für die Vertrauensbildung, sie erzeugen eine ganz andere Anschaulichkeit und Nachhaltigkeit als mediale Formen der Kommunikation.[32] Für Christoph Dinkel wird das besondere Profil des Gottesdienstes erst vor dem Hintergrund dieser
spezifischen Kommunikationsform erkennbar.[33] So ist es nur in der direkten Interaktion möglich, sich *unmittelbar* und direkt *wechselseitig
wahrzunehmen* und aus diesen Wahrnehmungen Informationen zu gewinnen – auch ohne explizite Kommunikation. Für den Gottesdienst
essenziell ist dabei die Erzeugung einer *authentischen Öffentlichkeit*, »bei
der die Kommunikationsteilnehmer die Bedingungen der Kommunikation und die spontanen Reaktionen anderer Kommunikationsteilnehmer weitgehend beobachten und damit einschätzen können. Für religiöse Kommunikation ist dieser Umstand ganz besonders wichtig. Denn
bei religiösen Fragen besteht ein hohes Interesse daran, daß das Gegenüber wirklich glaubt, was es sagt. Religiöse Kommunikation lebt ganz

30. Vgl. dazu: Christoph Dinkel, Was nützt der Gottesdienst? Eine funktionale Theorie des
    evangelischen Gottesdienstes, Gütersloh ²2002, 250ff.
31. Vgl. Gerald Kretzschmar, Mitgliederorientierung und Kirchenreform. Die Empirie der
    Kirchenbindung als Orientierungsgröße für kirchliche Strukturreformen, in: Pastoral-
    theologie 101/4 (2012), 152–168.
32. Vgl. Isolde Karle, Kirche im Reformstress, Gütersloh ²2011, 85ff.
33. Vgl. Dinkel, Was nützt der Gottesdienst, 114ff.

wesentlich vom Vertrauen in die Glaubwürdigkeit der Kommunikationspartner.«[34]

Die Interaktion in einer überschaubaren Anzahl von Anwesenden bietet die besten Möglichkeiten für die Überprüfung der Glaubwürdigkeit, die an der Haltung, am Ton, an der Gestik, dem Gesichtsausdruck, am Verhalten abgelesen werden kann. »Der beobachtete Glaube anderer Personen weckt und stabilisiert den eigenen Glauben und dieser wirkt wiederum unmittelbar auf die anderen zurück. Glaube entsteht und breitet sich vornehmlich durch Kommunikation unter Anwesenden aus.«[35] Der Glaube muss sich »am Körper festmachen und an konkreten menschlichen Personen erfahrbar sein.«[36] Deshalb setzte die Kirche, auch die reformatorische Kirche, die immerhin schon über das Massenmedium des Buchdrucks verfügte, von Anfang an auf die leibhaftige Versammlung der Gläubigen. So war Martin Luther davon überzeugt, dass sich Gott in seiner Gnade »erstlich durchs mundlich Wort«[37] in der Verkündigung mitteilt. Dabei ging es ihm nicht um den bloßen Akt der Verkündigung, sondern um die Präsenz der Gemeinde, denn »Gottes Wort kann nicht ohne Gottes Volk sein, und umgekehrt kann Gottes Volk nicht ohne Gottes Wort sein.«[38] Es geht in der Kirche nie nur um Informationsübermittlung oder »Exegese«, sondern immer auch um Anschauung durch Praxis, um Liturgie und Ritual, Beten und Singen, körperliches Wahrnehmen und Wahrgenommenwerden und damit *die sinnenfällige und vielfältige Sozialität der Kirche* als Leib Christi.

In diesem Sinn hat auch Bonhoeffer die Präsenz des Leibes Christi in der empirischen Kirche betont – gegen jede Idealisierung und Vergeistigung der Kirche. Der Leib Christi ist kein Ideal, sondern eine reale, konkrete Gemeinschaft von körperlich Anwesenden. Indem Gott Mensch wurde, nahm er die gesamte Menschheit in körperlicher Form

---

34. A. a. O., 121.
35. A. a. O., 123.
36. A. a. O., 221.
37. Martin Luther, Schmalkaldische Artikel (1537), in: Die Bekenntnisschriften der evangelisch-lutherischen Kirche (BSLK), hrsg. im Gedenkjahr der Augsburgischen Konfession 1930, Göttingen ⁶1967, 405–468, 449.
38. Martin Luther, Von den Konziliis und Kirchen (1539), in: Luther Deutsch, Bd. 6, hrsg. von Kurt Aland, Stuttgart/Göttingen 1966, 22–43, 35 (Original: WA 50, 509–653, 629).

an. »Im Leibe Jesu Christi [ist die Menschheit] leibhaftig und wahrhaftig angenommen, so wie sie ist, aus göttlichem Erbarmen.«[39] Die Nachfolger Jesu Christi teilen deshalb nicht nur seine Lehren, sondern nehmen zugleich an seinem Leib, an seinem Leben und Leiden teil – und zwar in der Gemeinschaft der Brüder und Schwestern.[40] Wesentlich für die Teilnahme am Leib Christi sind für Bonhoeffer die Sakramente des Leibes: die Taufe und das Abendmahl. Die konkrete physische Dimension der Sakramente und der Gemeinde sind Bonhoeffer äußerst wichtig. Deshalb kann er auch formulieren, dass in der physischen Gegenwart des christlichen Bruders Gott selbst gegenwärtig ist.[41] Robert Vosloo resümiert im Anschluss an Bonhoeffer: »Das Leben der Gemeinde ist kein körperloses Leben, sondern es existiert eine Freude über die leibhaftige Anwesenheit des Anderen.«[42]

Diese positive Würdigung der Leiblichkeit ist in der Predigt zum Ausdruck zu bringen, sie sollte der Freude am leiblichen Leben Raum geben und zu dieser Freude ermutigen. Christliches Leben ist ein Leben, das seine Geschöpflichkeit bejaht und sich an ihr und der sinnlichen Wahrnehmungs- und Empfindungsfähigkeit freut. Zur christlichen Freiheit gehört deshalb eine *vernünftige Leibsorge*.[43] Die Herausforderung besteht dabei in der Spannung von Freiheit und Schicksal dem eigenen Körper gegenüber. Der Körper ist einerseits als kontingent vorgegeben anzunehmen und kann andererseits in bestimmter Hinsicht beeinflusst und verändert werden. »Wie wir uns in der Polarität von Freiheit und Schicksal unserem eigenen Körper gegenüber verhalten, ist eine ethische Frage«[44], die u. a. in der Predigt zu reflektieren ist. Die Betonung der Sündhaftigkeit des Menschen führt zuweilen dazu, dass Menschen vor allem auf ihre Defizite hin behaftet werden. Eine gewisse Tendenz zur »Realitätsvermiesung« ist dabei nicht zu verkennen.[45] Beschränken sich Pre-

39. Dietrich Bonhoeffer, Nachfolge (DBW 4), München 1989, 228.
40. Vgl. a. a. O., 229f.
41. Vgl. Dietrich Bonhoeffer, Gemeinsames Leben. Das Gebetbuch der Bibel (DBW 5), München 1987, 17.
42. Vosloo, Körper, Gesundheit und HIV-AIDS, 496.
43. Vgl. Heinz-Horst Schrey, Art. Leib/Leiblichkeit, in: TRE Bd. 21, Berlin 1991, Sp. 638–643, 642.
44. Körtner, Leib und Leben, 32.
45. Der Ausdruck stammt von Odo Marquard, vgl. ausführlich: Isolde Karle, Auf der Suche

digten nur auf Moral, Verzicht, Disziplin und die Erfahrung der Ohnmacht angesichts der Unverfügbarkeit des Lebens, kommt das Recht auf die Selbstzwecklichkeit leiblichen Lebens und des ihm innewohnenden Anspruchs auf Freude und Genuss zu kurz. Zugleich gilt es, nicht den Illusionen des Vitalismus zu erliegen. Vitalität darf nicht der einzige Wertmaßstab einer Kultur sein, sie muss verknüpft werden mit dem Dienst am Nächsten. Aus dieser Perspektive ist dann auch die Fragilität und Verletzlichkeit menschlichen Lebens in den Blick zu nehmen und als Teil menschlicher Leidens- und Liebesfähigkeit zu würdigen.

Doch nicht nur die Predigt, auch die Liturgie im Gottesdienst kann, weniger explizit als implizit, zu einer differenzierten Perspektive und ethischen Orientierung im Hinblick auf den Umgang mit Körperlichkeit beitragen. »Dass das Leben [wie der Leib] nicht einfach optimiert oder gestaltet werden kann, gerade weil es als das wirkliche Leben ein uns entzogenes Leben ist, dies kommt in liturgischer Weise deutlich zum Ausdruck.«[46] Gott redet mit uns durch sein Wort, wir mit ihm durch Gebet und Lobgesang. Die gottesdienstliche Ausrichtung des Lebens auf Gott hin bzw. die Deutung des Lebens im Horizont des Evangeliums wehrt eine Divinisierung des Körpers, wie sie im Schönheits-, Schlankheits- oder Fitnesskult zu erkennen ist, ab. Der Leib ist Ort und Gestalt, »aber nicht die Ursache von Leiden und Freude«.[47]

Der Körper ist ein Geschenk Gottes, das wir pflegen und genießen, unter dem wir aber auch leiden können. »Wert und Sinn unseres Lebens vervollständigen sich aus dem Körper, aber sie lassen sich nicht aus ihm gewinnen.«[48] Der Mensch wird sowohl unterbestimmt, wenn er nur im Hinblick auf seine geistigen Fähigkeiten wahrgenommen wird, als auch dann, wenn er auf seinen Körper reduziert wird. Vieles an unserem Körper können wir nicht ändern, sondern ist uns gegeben – als Geschenk, manchmal auch als Bürde. Vor allem aber müssen wir alle sterben. Nichts führt die Grenzen der Machbarkeit so deutlich vor Augen

nach Rat. Paradoxien, Herausforderungen und Perspektiven, in: dies. (Hrsg.), Lebensberatung – Weisheit – Lebenskunst, Leipzig 2011, 167–184, 180ff. Zu Marquard vgl. Odo Marquard, Zukunft braucht Herkunft. Philosophische Essays, Stuttgart 2003, 212.
46. Meyer-Blanck, Leben deuten aus dem Glauben, 183.
47. A.a.O., 184.
48. Kurz, Körper und Sinn, 166.

wie der Körper, der altert, krank wird und dem Tod entgegen geht. Das ist unhintergehbar. Das Christentum kann zur Humanität einer Gesellschaft beitragen, indem es diese geschöpfliche und verletzliche Seite des Menschenseins betont, die Tyrannei des perfekten Körpers, die die Imperfekten besonders hart trifft, als neue Versklavung kritisiert und zugleich der Freude am leiblichen Leben Ausdruck gibt und zu dieser Freude ermutigt.

II. Sexualität

1. Kirche und Sexualität – eine ambivalente Geschichte

a) Die Individualisierung und Pluralisierung von Sexualität als Herausforderung für Theologie und Kirche

In den letzten Jahrzehnten zeichnen sich im Hinblick auf Ehe, Familie, Sexualität erhebliche Veränderungsprozesse ab.[1] Sexualität, Liebe und Ehe bilden keinen festen Verweisungszusammenhang mehr. »Innerhalb weniger Jahrzehnte ist das Sozialklima von erheblicher Intoleranz gegen Abweichungen von Ehemoral und Familiensittlichkeit in weitgehende Permissivität umgeschlagen.«[2] Das liegt im Wesentlichen an der funktionalen Differenzierung der Gesellschaft, an der Individualisierung und Pluralisierung von Lebensläufen, aber auch an ganz konkreten wissenschaftlichen Errungenschaften wie der Entwicklung hormoneller Kontrazeption und der erfolgreichen Bekämpfung von Geschlechtskrankheiten, die eine Differenzierung von Sexualität und Ehe ohne allzu riskante Folgewirkungen erlauben. Jugendsexualität und voreheliche Sexualität sind alltäglich geworden und fordern Theologie und Kirche dazu heraus, über eine Neubewertung der Sexualität nachzudenken. Doch vor dem Hintergrund welcher Kriterien kann dieses Nachdenken erfolgen? Wie setzt sich die Kirche einerseits kritisch mit ihrer traditionellen Skepsis in Sachen Sexualität auseinander, ohne andererseits

---

1. In diesem Kapitel wird gelegentlich auf folgende Vorarbeiten zurückgegriffen: Isolde Karle, Sex – Liebe – Leidenschaft. Eine Auseinandersetzung mit Eva Illouzs Analyse spätmoderner Beziehungsformen, in: EvTh 73/5 (2013), 376–390; dies., Sexualität in der Moderne. Gendertheoretische und sozialethische Perspektiven, in: ZEE 56/4 (2012), 264–278 und: dies., Die Ehe als Institution – für Hetero- und Homosexuelle. Überlegungen zur Diskussion über die EKD Orientierungshilfe, in: EvTh 74/3 (2014), 196–205.
2. Hartmann Tyrell, Ehe und Familie – Institutionalisierung und Deinstitutionalisierung, in: Kurt Lüscher/Franz Schultheis/Michael Wehrspaun (Hrsg.), Die »postmoderne« Familie. Familiale Strategien und Familienpolitik in einer Übergangszeit, Konstanz ²1990, 145–156, 154.

angesichts des gesellschaftlichen *anything goes* verlegen und ratlos zu schweigen?

Die Medien verkünden zuweilen vollmundig das Ende der Monogamie, polyamore Beziehungsformen werden gefeiert und das Beziehungsideal der Treue, in dem Sexualität auf Liebe bezogen wird, grundsätzlich als Illusion, als Lüge und als archaische Vorstellung, die Partnerschaften tendenziell zerstöre, betrachtet.[3] Wie geht die Kirche damit um? Was sind unter diesen Bedingungen sinnvolle Kriterien und lebensdienliche Maßstäbe, an denen man sich orientieren kann? Diese Fragen stellen sich in der seelsorgerlichen Praxis, im Kontext der kirchlichen Trauung, aber auch in Bildungsprozessen in Schule und Konfirmandenunterricht unmittelbar.

Die Diskussion über Vorstellungen einer gelingenden Sexualität ist nicht zuletzt auch deshalb erforderlich, weil die Kirche die Pluralisierung von Lebens- und Beziehungsformen nicht nur außerhalb ihrer selbst in der gesellschaftlichen Umwelt vorfindet, sondern sich durch ihre Repräsentanten, die Pfarrerinnen und Pfarrer, unmittelbar selbst damit konfrontiert sieht. So haben Pfarrerinnen und Pfarrer nicht nur mit hoch individualisierten Biographien in den Gemeinden und Institutionen, in denen sie arbeiten, zu tun, sondern treten ihrerseits zunehmend individualisiert auf: Als schwule Pfarrer und lesbische Pfarrerinnen, als homosexuelle Paare, die gemeinsam Kinder erziehen (wollen), als Pfarrerinnen und Pfarrer, die in Scheidung leben, als Pfarrerinnen und Pfarrer, die in nicht-ehelicher Lebensgemeinschaft zusammenleben (wollen), als verheiratete »dual career couples«, die nicht die bürgerlich-neuzeitliche Geschlechtermetaphysik, die der Protestantismus lange protegiert hat, repräsentieren. Mit all diesen neuen Lebensformen geraten sie tendenziell in Konflikt mit immer noch geltenden professionsethischen Normen und Erwartungen. Für nicht wenige Pfarrerinnen und Pfarrer ist dies belastend. Die Frage nach der sexuellen Praxis und Lebensform betrifft insofern nicht nur säkularisierte Individuen, sondern auch die Kirche, ihre Repräsentanten und Mitglieder selbst. Darüber hinaus ist

---

3. Vgl. zu diesen Thesen z. B. die Journalistin Michèle Binswanger. Sie plädiert für Untreue, weil diese der menschlichen Natur entspreche, vgl. dies., Die große Lüge: http://www.zeit.de/2012/13/CH-Monogamie, 27.03.2012, zuletzt abgerufen am: 07.05.2014.

das Thema Sexualität ökumenisch hoch brisant und entwickelt global betrachtet mancherorts geradezu kirchenspaltende Qualität.[4]

Die Kirche und die Theologie als Reflexion kirchenleitender Praxis im weitesten Sinne[5] stehen vor der Herausforderung, im Anschluss an die Reformation zu einem positiven Verständnis von Sexualität, zur Freude am leiblichen Leben zu ermutigen und zugleich einen »sexuellen Kapitalismus« (Eva Illouz), der vor allem zu Lasten von Frauen geht, zu hinterfragen. Dieser Herausforderung geht das folgende Kapitel nach, das unter Beachtung der christlichen Wirkungsgeschichte das Gebiet der Sexualität empirisch, sozialwissenschaftlich, historisch und gendertheoretisch zu sondieren versucht, um sodann in Auseinandersetzung mit biblischen und dogmatischen Traditionen praktisch-theologische und sozialethische Konsequenzen zu ziehen.

b) Augustin

Für das ambivalente Verhältnis der Kirche zur Sexualität kann der Kirchenvater Augustin als Exempel gelten. Seine Beiträge haben eine enorme Wirkungsgeschichte gezeitigt und bestimmen die Lehre der katholischen Dogmatik bis heute. Augustins Haltung zu Körperlichkeit und Sexualität ist nicht in sich kohärent, sie vereint neuplatonische mit antiplatonischen Vorstellungen.[6] So folgt Augustin dem Leib-Seele-Dualismus nicht konsequent. Er betont einerseits, dass die Seele immateriell ist und nicht im Körper lokalisiert werden könne und stellt andererseits ganz unplatonisch fest, dass das Körperliche genauso wie die Seele Gottes gute Schöpfung sei. Es ist die Inkarnation Christi, die Tatsache, dass Jesus selbst ein Mensch war und wie ein Mensch geschlafen,

---

4. Vgl. dazu ausführlich: Bernd Oberdorfer, Homosexualität als hermeneutische Herausforderung, in: ÖR 60/4 (2011), 471–481.

5. Im Anschluss an Schleiermacher, vgl. Friedrich Schleiermacher, Kurze Darstellung des theologischen Studiums zum Behuf einleitender Vorlesungen. Zweite umgearbeitete Ausgabe (1830), § 5, in: KGA I, 6, hrsg. von Dirk Schmid, Berlin/New York 1998, 317–446, 328: Die Theologie ist »der Inbegriff derjenigen wissenschaftlichen Kenntnisse und Kunstregeln, ohne deren Besitz und Gebrauch eine zusammenstimmende Leitung der christlichen Kirche, d. h. ein christliches Kirchenregiment, nicht möglich ist.«

6. Vgl. Christoph Horn, Anthropologie, in: Volker Drecoll (Hrsg.), Augustin-Handbuch, Tübingen 2007, 479–487. Vgl. a. a. O. auch zum Folgenden.

gegessen, gefühlt und gelitten hat, die ihn zu einer Ablehnung neuplatonischer Leibabwertung führt. Die Inkarnationslehre hat durch die Geschichte der Kirche hindurch bei aller Skepsis gegenüber den Begierden und der Vergänglichkeit des Leibes im Christentum immer wieder dafür gesorgt, dass der Körper und die Sexualität nie nur negativ gewertet wurden.[7] Immer wieder gab es gerade von christlicher Seite aus wichtige Impulse für eine Hochschätzung der Leiblichkeit.[8]

Allerdings hat Augustins Erbsündenlehre eine sexualfeindliche Wirkungsgeschichte nach sich gezogen. Für Augustin hat der Sündenfall Adams im Paradies »die menschliche Verfassung insgesamt depotenziert«.[9] Adams Ungehorsam hat sich auf die gesamte Schöpfung verheerend ausgewirkt. Die Fehlorientierungen, die daraus resultieren, lassen sich auf allen Ebenen beobachten, für Augustin nicht zuletzt auf der Ebene sexueller Begierden, dem »Unterreich der Sinnenlust« (»tartaro libidinis«) oder auch den »Fesseln des Genusses« (»vinculum fruendi«), die den Menschen jede Kontrolle über sich selbst verlieren lassen.[10] Augustin reflektiert dabei ausführlich seine eigenen sexuellen Ausschweifungen als junger Mann. »Die Unterwerfung unter diese ›Knechtschaft‹ gegenüber dem eigenen Trieb, das ›Kleben am Leim dieser Lust‹, begründet Augustin schonungslos mit der ›Gewohnheit, die unersättliche Begierde sättigen zu müssen‹«[11].

Die sexuellen Begierden behindern nach Augustin die Suche nach einem guten Leben. Mit der Abkehr von seinem sündigen Leben und seiner Konversion entschließt sich Augustin deshalb zugleich zu einem zölibatären Leben, das ihm allerdings auch nach der Bekehrung nicht mühelos gelingt.[12] Der Zölibat Augustins ist insofern als Eingeständnis menschlicher Schwäche zu lesen: Der Mensch nach dem Fall ist »dem Trieb und der Lust so unterworfen, dass er beim Sexualakt die Kontrolle

---

7. So auch der Historiker Rüdiger Schnell im Hinblick auf die mittelalterliche Theologie und Sexualität: ders., Sexualität und Emotionalität in der vormodernen Ehe, Wien/Köln/Weimar 2002, 59.
8. Siehe dazu Kapitel I, 3b), d) und e).
9. Horn, Anthropologie, 483.
10. Vgl. für beides Confessiones 3,1. Vgl. Augustin, Confessiones – Bekenntnisse, München [4]1980, 96.
11. Therese Fuhrer, Augustinus, Darmstadt 2004, 167.
12. Vgl. ebd.

über sich selbst verliert«[13]. Deshalb sollte Sexualität am besten gleich ganz vermieden werden. Der Zölibat versucht dem begierdelosen Zustand vor dem Fall wieder näher zu kommen. Es erstaunt vor diesem Hintergrund nicht, dass die Erbsünde nach Augustin durch den mit Lust (bzw. Begierde) verbundenen Zeugungsvorgang übertragen wird. Zwar sind für Augustin die Sexualorgane und der Sexualtrieb nicht grundsätzlich sündig, aber insofern sie den Menschen seines rationalen Willens und der Vernunft berauben, liegen Sünde und Sexualität sehr nahe beieinander.

Die Positionen von Augustin, aber auch von anderen Kirchenvätern,[14] haben eine weitreichende Wirkungsgeschichte nach sich gezogen, die sich bis heute im kanonischen Recht der römisch-katholischen Kirche niederschlägt. Das betrifft die Höherwertigkeit zölibatären Lebens vor dem ehelich-sinnlichen Leben, das Verbot vorehelicher Sexualität und der Empfängnisverhütung und generell die Ablehnung einer sexuellen Praxis, die nur auf Lustgewinn und nicht auf Fortpflanzung im Rahmen der Ehe bezogen ist. Doch gibt es zugleich Hinweise in den Predigten Augustins und in seinen autobiographischen Betrachtungen, die seine strikte Sexualethik relativieren. So predigte er in späteren Jahren gegen die Auswüchse der Askesebewegung, die er mit Sorge beobachtete. Und er erlaubte – anders als Hieronymus – den Geschlechtsverkehr in der Ehe. Er schreibt der Jungfräulichkeit zwar einen höheren Wert als der Ehe zu, aber die Ehe ist immerhin der zweitbeste Lebensentwurf. Er verteidigt in seinen Predigten darüber hinaus das sexuelle Recht *beider* Ehepartner, warnt vor übertriebener Keuschheit und macht deut-

---

13. A. a. O., 168.
14. Während die Marcionschule die Leiblichkeit Jesu bestritt und den Körper als entscheidenden Quellort der Sünde betrachtete, verteidigte auch der Kirchenvater Tertullian schon früh die Leiblichkeit. Zugleich schlägt Tertullian vor, dass Christen versuchen sollten, ihre leibliche Substanz durch Askese zu vergeistigen. Die Askese ist zwar nicht als Verneinung, sondern als Veredelung menschlicher Leiblichkeit gedacht, aber impliziert in der Konsequenz dann schon, sich sinnlicher Freuden wie der Nahrungsaufnahme und sexueller Aktivitäten soweit wie möglich zu enthalten. An den Leibern von Asketinnen und Asketen, so die Auffassung von Tertullian, wird bereits etwas vom künftigen Leib, der dem Werden und Vergehen enthoben ist, sichtbar. Vgl. dazu ausführlich: Katharina Greschat, Caro salutis est cardo. Die Auseinandersetzung um den Leib Christi bei Tertullian und seinen Gegnern, in: dies./Heike Omerzu (Hrsg.), Körper und Kommunikation. Beiträge aus der Theologischen Genderforschung, Leipzig 2003, 147–166, 151ff.

lich, dass der Beischlaf zwar eigentlich nur die Funktion habe, Kinder zu zeugen, dass aber »Sex ohne diesen Zweck eine verzeihliche Sünde«[15] sei.

Auch im Hinblick auf seine eigene Biographie redet Augustin offen darüber, dass er über viele Jahre hinweg eine Liebesbeziehung mit einer Konkubine pflegte. Er hat sich auf diese Beziehung, aus der sein Sohn Adeodatus hervorging, auch nach seiner Bekehrung noch mit sehr innigen Worten bezogen. Der Schmerz der Trennung, die von seiner Mutter forciert wurde, ist dabei unüberhörbar. So schreibt er in den Confessiones: »[...] die Wunde, die mir durch die Trennung von der früheren Geliebten beigebracht worden war, wollte nicht heilen; ihre Wirkung ließ nach einer Zeit brennenden, sehr heftigen Schmerzes zwar nach, doch der Schmerz blieb, gleichsam kälter, aber gesteigert durch die Hoffnungslosigkeit.«[16] Manche Forscher vermuten, dass Augustins spätere Wertschätzung von Ehe und sexueller Treue mit diesem intensiv erlittenen Kummer zu tun haben dürfte.[17]

Nicht zuletzt ist bei Augustins kritischer Bewertung von Sexualität an den historischen Kontext der Zeit zu erinnern. In diesem speziellen Kontext konnte das religiös begründete Keuschheitsideal durchaus emanzipatorische Auswirkungen haben. Wurden junge Frauen normalerweise schon im Pubertätsalter von den Eltern in eine Ehe versprochen, hatten sie über das christliche Keuschheitsideal die Möglichkeit, sich diesem Ansinnen zu widersetzen: Das »Keuschheitsideal ermöglichte die Befreiung von Frauen aus patriarchalen Familienstrukturen und verlieh ihnen eine ›neue Würde‹.«[18] Die altkirchliche Sexualethik besaß

---

15. Fuhrer, Augustinus, 171. Die Reformation hat an manche Positionen Augustins angeschlossen, aber zugleich entscheidende Korrekturen vorgenommen. Siehe dazu 1c) in diesem Kapitel.

16. Augustinus, Confess. 6,25, zit. n. der Übersetzung von Larissa Carina Seelbach, »Das weibliche Geschlecht ist ja kein Gebrechen, sondern Natur«. Augustins Wertschätzung der Frau, in: Würde und Rolle der Frau in der Spätantike. Beiträge des II. Würzburger Augustinus-Studientages am 3. Juli 2004, hrsg. von Cornelius Mayer, Würzburg 2007, 71–91, 81.

17. Vgl. Seelbach, Das weibliche Geschlecht ist ja kein Gebrechen, sondern Natur, 81f.

18. Hartmut Kreß, Die Personwürde als Maßstab der Sexualethik – die Diskussion zur Homosexualität, in: ders./Wolfgang E. Müller, Verantwortungsethik heute. Grundlagen und Konkretionen einer Ethik der Person, Stuttgart/Berlin/Köln 1997, 204–221, 205.

insofern auch ein *emanzipatorisches Potenzial* und eröffnete Frauen die Möglichkeit, sich kulturellen Zwängen zu widersetzen und sich neue Freiheitsspielräume zu erschließen. Sie hat damit zur Personenwürde des Einzelnen, insbesondere von Frauen und Jugendlichen, beigetragen. Die frühchristliche Sexualethik ist deshalb nicht einfach als sexualfeindlich zu betrachten, sondern als »Einspruch sowohl gegen damaligen Libertinismus wie auch gegen eine religiöse, kultische Verklärung von Sexualität«[19] zu interpretieren.

c) Protestantische Modifikationen und Positionen

Die evangelische Kirche hat schon 1971 mit einer Denkschrift zur Sexualethik auf die »sexuelle Revolution« der 1960er Jahre reagiert. Sie stimmte damals keineswegs in die weit verbreitete Klage über einen allgemeinen Sittenverfall und eine »moralische Entartung«[20] ein, sondern hob im Unterschied zur römisch-katholischen Kirche hervor, dass Sexualität auch unabhängig von ihrer Fortpflanzungsfunktion zum Menschsein dazugehört.[21] Das war ein für die evangelische Kirche revolutionärer Schritt, obwohl er Grunderkenntnisse der reformatorischen Theologie aufnahm, die zwischenzeitlich lediglich in Vergessenheit geraten waren. Die Reformatoren legten viel Wert auf eine *Anerkennung der Sexualität*, die nach ihrer Überzeugung zu den natürlichen Bedürfnissen gehört und elementar für das Menschsein ist.[22] Sie bekannten sich zu Leiblichkeit und Sinnlichkeit und lehnten das Keuschheitsideal zölibatären Priestertums ab, wie sie überhaupt asketische Ideale verwarfen und sich damit deutlich von Augustin, der Alten Kirche und der römischen Kirche ihrer Zeit distanzierten.

---

19. Ebd.
20. Rat der Evangelischen Kirche in Deutschland, Wort zum Buß- und Bettag, in: Protestantische Texte 1964, Stuttgart 1965, 102–103, 102.
21. Vgl. Denkschrift zu Fragen der Sexualethik, hrsg. von der Kirchenkanzlei der EKD, Gütersloh ²1971, 29. Vgl. auch: Siegfried Keil, Was wir damals noch nicht schreiben durften/konnten – Die sexualethische Denkschrift von 1971 in der Rückschau eines Beteiligten, in: EvTh 73/5 (2013), 353–363, 355. Keil weist zugleich auf die vielen Defizite und Fehleinschätzungen hin, die aus heutiger Sicht an der über 40 Jahre alten Denkschrift zu erkennen sind.
22. Vgl. dazu ausführlich Kapitel II, 4b).

Es gehört zu den reformatorischen Grundüberzeugungen, dass Keuschheit nur freiwillig gewählt werden kann – und dies auch nur von ganz wenigen, die sich dazu berufen fühlen. Auf keinen Fall darf sexuelle Askese von einer Kirchenhierarchie verlangt und mit einem kirchlichen Amt verknüpft werden, sonst ruft man ungewollt sexuellen Missbrauch, mindestens aber eine versteckte, mit schlechtem Gewissen gelebte Sexualität hervor. Unmissverständlich macht Luther in der Adelsschrift von 1520 deshalb klar, dass der Papst nicht über die Ehelosigkeit von Priestern verfügen dürfe, »ebensowenig wie er Macht hat zu verbieten essen, trinken und den natürlichen Ausgang oder feist werden«.[23] Sexualität ist für Luther so natürlich wie die Nahrungsaufnahme und die Verdauungsprozesse. So wenig wie der Papst jemandem verbieten kann, dick zu werden, so wenig kann er Sexualität untersagen. Keuschheit galt den Reformatoren deshalb auch nicht als eine im Vergleich zu verantwortlich gelebter Sexualität bessere Lebensführung, sondern als eine Lebensform, die jemand freiwillig für sich wählen kann, die aber keinesfalls als christlicher oder besser einzustufen ist.

Die Reformatoren trugen mit der *Weltzugewandtheit und demonstrativen Sinnlichkeit des neuen Glaubens* erheblich zu einer Aufwertung der Intimkommunikation bei.[24] Sie plädierten ganz offen für Ehe und Familie, schafften Ehehindernisse ab und nahmen die sinnliche Seite des Lebens wahr und ernst. Die demonstrativen Eheschließungen der Reformatoren hatten programmatischen Charakter und wurden sozial wie medial (über viele Schriften) weithin gefeiert und verteidigt. »In ihrem Zugeständnis, dass Keuschheit keine menschliche Tugend und Sexualität eine Grundtatsache menschlichen Lebens sei, werteten die Rechtfertigungsschriften der verheirateten Priester und Mönche [...] die Sinnlichkeit und Emotionalität des Lebensbereichs Ehe auf«.[25] Ute Gause zitiert in diesem Zusammenhang ein Zeugnis eines jungen Priesters, der sich der Reformation anschloss, heiratete und rückblickend

---

23. Martin Luther, An den christlichen Adel deutscher Nation von des christlichen Standes Besserung (1520), in: ders., An den christlichen Adel deutscher Nation. Von der Freiheit eines Christenmenschen. Sendbrief vom Dolmetschen, hrsg. von Ernst Kähler, Stuttgart 1962, 9–109, 67 (Original: WA 6, 404–469, 442).
24. Vgl. Gause, Durchsetzung neuer Männlichkeit?, 328.
25. A.a.O., 337.

berichtet, wie er durch die Unterdrückung seiner Sexualität sein Amt
nicht mehr ausüben hatte können, weil sein »Mark im Leib brannte«,
die Sexualität »floss« und er völlig zerstreut vor dem Altar stand.[26] Zu
junger gesunder Männlichkeit gehört Sexualität, das ist die Botschaft
dieses Zeugnisses.[27] Erst »die Anerkennung der Sexualität als mensch-
liches Bedürfnis und ihre Erfüllung ermöglicht [...] die wirkliche und
ernst zu nehmende Konzentration sowohl auf das Wort Gottes als auch
ein evangeliumsgemäßes Leben.«[28]

Dass dieses Bekenntnis zu Sinnlichkeit und Leiblichkeit in der Geschichte der protestantischen Kirche wieder in den Hintergrund rückte
und die Ehe vor allem unter dem Aspekt der »Zähmung der Sexualität«
und ihrer Fortpflanzungsfunktion betrachtet wurde, ist nicht zu leugnen
und wird in der EKD-Denkschrift von 1971 auch selbstkritisch ver-
merkt: »Die Kirche hat auf ihrem Weg durch die Geschichte in ihrer
Sexualethik nicht immer den Leben und Freude ermöglichenden Charakter des Evangeliums betont. [...] Der Geschlechtsverkehr wurde nur
dadurch legitimiert, daß er der Erzeugung von Nachkommenschaft
diente.«[29] Betont wird in der Denkschrift von 1971 aber auch der partnerschaftliche Charakter der Beziehung von Mann und Frau, in der
keiner den anderen sexuell dominieren dürfe. Explizit wird die Emp-
fängnisregelung befürwortet. Schließlich hebt die Denkschrift auch die
Notwendigkeit einer differenzierten sexuellen Bildung hervor, die zum
mündigen Umgang mit Sexualität unter Beachtung der Personenwürde
des Partners anleiten und die sexuelle Selbstbestimmung fördern solle.[30]
Kritisch merkt Siegfried Keil in einer rückblickenden Reflexion an, dass

26. Vgl. a. a. O., 335f.
27. Ute Gause macht darauf aufmerksam, dass aufgrund der historisch bedingten androzentrischen Perspektive die männliche Sexualität im Fokus der Reformatoren stehe. Es gibt
allerdings Aussagen von Martin Luther und anderen zeitgenössischen (auch römischen)
Theologen, die belegen, dass das Mittelalter eine erstaunlich große Sensibilität für die
weibliche Sexualität hatte. Siehe dazu ausführlich Kapitel II, 4b).
28. Gause, Durchsetzung neuer Männlichkeit?, 337. Vgl. a. a. O. auch zum Folgenden. Insofern geht der protestantische Kult tatsächlich mit einer Reduktion von sinnlichen Kom-
ponenten einher, aber dies nur deshalb, weil die Sinnlichkeit in der Welt bejaht und
ausgelebt werden konnte und der Kult dafür keine Kompensation mehr leisten musste.
29. Ziff. 10, Denkschrift zu Fragen der Sexualethik, 16.
30. Vgl. Keil, Was wir damals noch nicht schreiben durften/konnten, 357, bei der Denkschrift:
Ziff. 100, a. a. O., 49.

das Monopol der Ehe auf Sexualität noch die Aussagen der Denkschrift dominiert habe und die Ausführungen über Jugendsexualität dementsprechend hilflos seien. Auch beim Thema Homosexualität seien aus heutiger Sicht erhebliche Korrekturen anzubringen, dies aber auch vor dem Hintergrund eines völlig neuen medizinischen und sozialwissenschaftlichen Kenntnisstandes. Immerhin hat schon die Denkschrift von 1971 »die weit verbreitete unreflektierte Verurteilung der Homosexualität«[31] abgelehnt.[32]

Da Denkschriften immer mühsam ausgehandelte Kompromisspapiere sind, sind die Grundlinien dieser sexualethischen Neuorientierung hoch einzuschätzen. Die Denkschrift hebt bei allen Defiziten und Schwächen, die man aus gegenwärtiger Perspektive an ihr bemängeln kann, hervor, dass Sexualität ihren Sinn als Schöpfungsgabe Gottes zunächst einmal darin hat, eine Beziehung zwischen zwei Menschen zu vertiefen und zu beglücken. Sie tut das in einem gesellschaftlichen und kirchlichen Umfeld, in dem dies alles andere als selbstverständlich war.[33] Doch auch etliche Jahrzehnte danach gibt es noch emotionale Debatten um das Verständnis von Liebe und Ehe, von Homo- und Heterosexualität, um die Geschlechterunterscheidung und ihre Folgen, aber auch ganz generell im Hinblick auf die Frage, wie eine sexualethische Orientierung heute aussehen könnte oder sollte. Um zu einer weiterführenden und gleichzeitig realistischen Einschätzung zu gelangen, gilt es zunächst, die empirischen Befunde wahrzunehmen und zu analysieren.

---

31. Ziff. 67, a. a. O., 39.
32. Zum Thema Jugendsexualität siehe II, 2a) und b) und II, 7b), zum Thema Homosexualität siehe II, 5c).
33. Vgl. zu der damaligen höchst kontroversen Diskussion den aufschlussreichen Bericht von Siegfried Keil, der die Denkschrift wesentlich mitverfasste: ders., Was wir damals noch nicht schreiben durften/konnten.

2. Analysen zur gelebten Sexualität: Empirische Befunde

a) *Sexuelle Verwahrlosung von Jugendlichen?*

Die Praxis von Sexualität hat sich in den letzten Jahrzehnten in vieler Hinsicht verändert und liberalisiert. »Während Familiengründung, Bilden einer Wirtschaftsgemeinschaft, Heirat und vielfach auch die Haushaltsgründung zeitlich aufgeschoben werden, hat sich die Aufnahme einer regelmäßigen Sexualität in einer Zweierbeziehung deutlich nach vorne verlagert.«[1] War im bürgerlichen Modell die Ehe der einzig legitime Ort der gemeinsamen Sexualität und war dieses Ideal noch in den 1950er und 1960er Jahren weit verbreitet, erfolgte in den 1960er Jahren ein kultureller Umbruch, der dazu führte, dass Sexualität nicht mehr länger auf die Ehe begrenzt ist. Voreheliche Sexualität ist zur kulturellen Selbstverständlichkeit geworden. Der sexuelle Austausch tritt sogar zunehmend an den *Anfang* einer möglichen Beziehungsgeschichte. »Egal, ob sie sich vorher schon kannten bzw. erst an diesem Tag kennen lernten, markiert für eine wachsende Anzahl von Paaren das ›erste Mal‹ den möglichen Anfang einer Beziehung.«[2] Dem »Morgen danach« kommt damit entscheidende Bedeutung zu: Er wird als »böses Erwachen« oder als »Zauber des Anfangs« erlebt. Ein Beziehungsbeginn wird dabei oft auch am »Morgen danach« nicht eigens vereinbart oder abgesprochen. Die Beziehung beginnt in der Regel lediglich damit, dass es nach der sexuellen Interaktion zu keiner negativen Entscheidung kommt. Ein Tag reiht sich an den nächsten. »Schritt für Schritt vollzieht sich die Entscheidung alleine durch das Gewicht des Alltags. [...] Zweierbeziehungen bauen nicht mehr auf einem Gründungsakt auf, in dem die vorhandenen Gefühle zu der Entscheidung führen, eine Bindung einzugehen. In einer wachsenden Zahl der Fälle beginnen die Flugbahnen des Beziehungslebens heute plötzlich und unerwartet, ohne lange und langsame Vorbereitung.«[3] Der Soziologe Karl Lenz sieht darin eine signifikante Bedeutungsverschiebung von Sexualität.

1. Karl Lenz, Soziologie der Zweierbeziehung. Eine Einführung, Wiesbaden ⁴2009, 106.
2. A. a. O., 108. Lenz bezieht sich hier auf Analysen von Jean-Claude Kaufmann, Der Morgen danach. Wie eine Liebesgeschichte beginnt, Konstanz 2004.
3. Lenz, Soziologie der Zweierbeziehung, 109.

Es ist vor diesem Hintergrund wenig überraschend, dass sich die Aufnahme sexueller Beziehungen auch im Hinblick auf das Lebensalter nach vorne verschoben hat. Zugleich lässt sich eine medial immer wieder kommunizierte »sexuelle Verwahrlosung von Jugendlichen« empirisch nicht bestätigen. Seit den 1970er Jahren ist eine relative Stabilität auszumachen, seither »hat es in Deutschland im Hinblick auf das Alter beim ersten Geschlechtsverkehr keine wesentlichen Veränderungen gegeben.«[4] Ca. zwei Drittel der 17-jährigen Frauen hatten schon einmal Sex, bei den jungen Männern sind es etwas weniger. »Die allermeisten Jugendlichen, deutlich über 80 %, haben ihren ersten Geschlechtsverkehr heute irgendwann zwischen 15 und 19 Jahren«.[5] Gut vier Fünftel verhüten schon beim ersten Mal, später verhüten ca. 95 %. Es gibt in Deutschland dementsprechend wenig Jugendschwangerschaften. Die Sexualität von Jugendlichen spielt sich in der Regel in festen Beziehungen ab. Das können durchaus kurze Beziehungen sein, aber die Beziehungen werden meist als exklusiv und emotional bindend verstanden. »Sex ist heute die frühe Besiegelung einer Beziehung oder, genauer, einer Beziehungsabsicht und ein wichtiges Feld für die Erprobung und Validierung der Partnerschaft.«[6] Zugleich ist Sexualität nicht unbedingt das Wichtigste in einer Beziehung. Liebe, Geborgenheit, Zärtlichkeit, Nähe, Spaß, miteinander reden können, Treue – all dies gehört für Jugendliche zu einer sexuellen Beziehung, die ernst gemeint ist, hinzu.

Die Forscher über Jugendsexualität kommen unisono zu dem Schluss, dass das jugendliche Sexualverhalten gegenwärtig »in hohem Maße in Liebe, Partnerschaft und sehr solide (bürgerliche) Moralstandards eingebunden« ist. »Das in der Öffentlichkeit gezeichnete Gegenbild ist aus wissenschaftlicher Sicht nichts weiter als ein Mythos.«[7] So

4. Silja Matthiesen/Gunter Schmidt, Jugendschwangerschaften – kein Indikator für sexuelle Verwahrlosung. Sexualität und Beziehungen von 60 Teenagern, die ungewollt schwanger werden, in: Michael Schetsche/Renate-Berenike Schmidt (Hrsg.), Sexuelle Verwahrlosung. Empirische Befunde – Gesellschaftliche Diskurse – Sozialethische Reflexionen, Wiesbaden 2010, 119–143, 120.

5. Ebd.

6. A. a. O., 124.

7. Michael Schetsche/Renate-Berenike Schmidt, Gefühlte Gefahren. Sexuelle Verwahrlosung zur Einführung, in: dies. (Hrsg.), Sexuelle Verwahrlosung, 7–27, 14.

ist Treue für die Jugendlichen ein wichtiger Wert. Treue heißt: Vertrauen können. Untreue ist deshalb im Umkehrschluss für Jugendliche nicht selten der Grund für eine Trennung. »Sexuelle Ausschließlichkeit ist für sie eher ein funktionaler, pragmatischer Wert: Untreue ist dysfunktional, weil sie in den Augen der Befragten den Anderen verletzt, Unfrieden stiftet, Vertrauen zerstört und die Beziehung bedroht.«[8] Dauer wird in einer Beziehung angestrebt, ist aber abhängig davon, dass »sich die Frauen in der Beziehung aufgehoben fühlen und sie die Partnerschaft als befriedigend und lebendig erleben.«[9] Das bedeutet zugleich, dass Beziehungen aufgekündigt werden, wenn das nicht mehr der Fall ist.

Insgesamt scheint es Jugendlichen relativ gut zu gelingen, Verantwortung für ihr sexuelles Handeln zu übernehmen. Allerdings ergeben sich auch Problemlagen, wenn ganz unterschiedliche sexuelle Wünsche oder auch ganz unterschiedliche Vorstellungen von männlicher und weiblicher Sexualität aufeinanderprallen. Junge Frauen legen gegenüber dem neuzeitlich-bürgerlichen Weiblichkeitsideal heute in der Regel viel Wert darauf, sich nicht in eine passive Rolle drängen zu lassen: Sie wollen ihre Sexualität aktiv gestalten und mitbestimmen. Die Vorstellung, dass Sexualität reziprok sein sollte, ist für sie (und die meisten jungen Männer) eine Selbstverständlichkeit. »Nur in Einzelfällen berichten Frauen, dass sie sich gegen die sexuellen Wünsche ihres Freundes nicht oder nur unzureichend zur Wehr setzen konnten.«[10]

In ihrer empirischen Studie über sexuelle Einstellungen und Erfahrungen junger Frauen kommt Renate-Berenike Schmidt zu ähnlichen Ergebnissen, doch hebt sie die Vervielfältigung sexueller Beziehungen und eine von manchen praktizierte Entkopplung von Sexualität und Liebe stärker hervor. Zugleich besteht unter den jungen Frauen Konsens darüber, dass Sexualität innerhalb von Beziehungen grundsätzlich besser und höher zu bewerten sei als außerhalb fester Partnerschaften.[11] So geht es jungen Frauen in der Regel nicht nur um den Lustge-

---

8. Matthiesen/Schmidt, Jugendschwangerschaften – kein Indikator für sexuelle Verwahrlosung, 135.
9. A. a. O., 140.
10. A. a. O., 130.
11. Vgl. Renate-Berenike Schmidt, Lebensthema Sexualität. Sexuelle Einstellungen, Erfah-

winn, sondern immer auch um die Entstehung und Festigung einer emotionalen Bindung zum Partner. Sexuelle Kontakte zu fremden Männern gibt es so gut wie nicht. Wenn es zu einmaligen sexuellen Begegnungen kommt, dann fast immer mit einem Mann, der zum weiteren Freundeskreis gehört.[12] Sexuelle Treue wird von den meisten geschätzt, aber dies vor allem im Hinblick auf die eigene Partnerschaft, nicht zwangsläufig auch im Hinblick auf andere Partnerschaften, also z. B. die Anknüpfung einer Beziehung zu einem Mann, der anderweitig gebunden ist. Die Mehrheit der Frauen betont, dass ein gelungener Intimkontakt davon abhänge, dass sie ihre eigenen Vorstellungen und Wünsche artikulieren und durchsetzen könne.[13] Frauen beanspruchen tendenziell gleiche sexuelle Rechte wie Männer, Gleichheit und Gegenseitigkeit sind zu beachten.[14] Es gibt aber auch Sexualmuster, die ganz traditionell auf die Wünsche und Interessen des männlichen Partners hin orientiert sind.[15]

Das *Internet* wird von Jugendlichen als Informationsquelle über Sexualität geschätzt.[16] Jugendliche sind in einer Lebensphase, in der sie ihre eigene Sexualität erkunden und leben dementsprechend mit vielen existenziellen, die eigene Identität berührenden Fragen und Unsicherheiten. Im Internet ist es möglich, über Sexualität zu kommunizieren, ohne sich interaktiv »face to face« stellen zu müssen. Das reduziert die Scham und entlastet von der eigenen Körperlichkeit, vor allem wenn man sich selbst als nicht so attraktiv einschätzt. Schwule oder lesbische Jugendliche schätzen wiederum die Unterstützung, die sie durch virtuelle Communities erfahren. Zum Problem kann der Konsum von Pornographie werden, mit der Jugendliche über das Internet heute relativ leicht in Berührung kommen. Es ist schwer einzuschätzen, wie sich pornographische Bilder und Filme auf das Verhalten oder Fühlen von

---

rungen und Karrieren jüngerer Frauen, Opladen 2003, 279, siehe dort auch zum Folgenden.
12. Vgl. a. a. O., 291.
13. Vgl. a. a. O., 275; 284.
14. Vgl. dazu auch: Matthiesen/Schmidt, Jugendschwangerschaften – kein Indikator für sexuelle Verwahrlosung, 141.
15. Vgl. Schmidt, Lebensthema Sexualität, 286ff.
16. Vgl. dazu und zum Folgenden: Alexandra Klein, Jugend, Medien und Pornographie, in: Schetsche/Schmidt (Hrsg.), Sexuelle Verwahrlosung, 167–184.

Jugendlichen auswirken. Es scheint aber eine signifikante Gruppe von Jugendlichen zu geben, die unter dem Einfluss von Pornographie leidet und sich verunsichert fühlt. Welche Körperbilder, welche Vorstellungen von Sexualität, welche Geschlechterrollenklischees werden hier transportiert? Ohne Pornographie zu dämonisieren, sind Irritationen, die sie insbesondere bei Jugendlichen ohne eigene sexuelle Erfahrungen auslösen können, ernst zu nehmen.

b) Jugend- und Erwachsenensexualität im Vergleich

Der Vergleich zwischen Jugend und Erwachsenensexualität zeigt insgesamt erstaunlich viele Parallelen. Typisch für die Jugendsexualität ist allerdings, dass ein Teil der Jugendlichen noch recht zurückhaltend, unsicher und auch im Hinblick auf die eigene sexuelle Orientierung noch nicht festgelegt ist. Im Übergang zum Erwachsenenalter verändern sich dann sexualbezogene Einstellungen und Handlungspraxen und verstetigt sich die eigene sexuelle Identität. »Veränderungen finden in den meisten Fällen über einen längeren Zeitraum und im Zusammenspiel von Einstellungen, Handlungsskripten und konkreten Erfahrungen statt.«[17] Die zunehmende Lernerfahrung führt in der Regel auch zu einem Abbau von sexualmoralischem Rigorismus. »An die Stelle intergenerativer Einflüsse treten zunehmend eigene Lebenserfahrungen.«[18] Diese *Lernprozesse*, die von gesellschaftlichen Sexualmustern stark beeinflusst sind, sollten im Rahmen einer Sexualpädagogik, wie sie Siegfried Keil fordert, reflektiert, diskutiert und begleitet werden.[19] Gegebenenfalls kann es dabei sinnvoll sein, die Koedukation aufzuheben und mit Heranwachsenden in geschlechtergetrennten Gruppen deren Wünsche, Ängste und Vorstellungen im Hinblick auf Sexualität und Liebe zu diskutieren. Insgesamt sollte der schulische Unterricht zu sexueller Toleranz anleiten und den Respekt vor der Individualität und Würde jeder Person und damit der Vielfalt sexueller Orientierungen

17. Schmidt, Lebensthema Sexualität, 319.
18. A. a. O., 321.
19. Vgl. Siegfried Keil, Evangelische Sexualethik und sexuelle Bildung, in: Renate-Berenike Schmidt/Uwe Sielert (Hrsg.), Handbuch Sexualpädagogik und sexuelle Bildung, Weinheim/München 2008, 167–175.

und Identitäten zu fördern suchen.[20] Auch die evangelische Jugendarbeit und der Religions- und Konfirmandenunterricht können dazu einen Beitrag leisten, indem sie einen Raum für reflektierende und orientierende Diskussionen zur Verfügung stellen und aufklärende Impulse im Hinblick auf das Verhältnis von Religion, Körperlichkeit und Sexualität setzen. Dabei sind die leib- und lebensbejahenden Züge der biblisch-christlichen Überlieferung zu akzentuieren und das Klischee eines leibfeindlichen Christentums in seiner Einseitigkeit zu korrigieren, aber auch sozialethisch orientierende Gesichtspunkte ins Gespräch zu bringen.

Sowohl in Bezug auf die Jugend- als auch auf die Erwachsenensexualität lässt sich resümieren, dass es nach wie vor eine relativ enge Verknüpfung von Sexualität und Partnerschaft gibt. Zwar ist Sexualität nicht mehr an Ehe gebunden, aber in der Regel an mehr oder weniger verbindliche Beziehungen.

»Etwa 95 % der Geschlechtsverkehre erfolgen in festen Beziehungen, 1 % in Außenbeziehungen (ein Beleg für die Treueneigung [...]), etwa 5 % der Geschlechtsverkehre produzieren die Singles«[21], obwohl die Singles insgesamt 25 % der untersuchten Gruppe der hier zitierten Studie ausmachen. Sexualität ist nach wie vor weitgehend auf Partnerschaft bezogen. Sexualität mit mehreren Personen wird nur von einer sehr kleinen Minderheit und nur sehr gelegentlich praktiziert.[22] Allerdings gibt es in etwa 40 % der auf Dauer angelegten Beziehungen sogenannte »Seitensprünge«. Doch wünschen sich über 90 % aller Befragten »Treue von ihrem gegenwärtigen Partner oder verlangen sie

20. Wie wenig selbstverständlich das ist, zeigt eine Petition aus dem Januar 2014 unter dem Titel »Kein Bildungsplan 2015 unter der Ideologie des Regenbogens« in Baden-Württemberg, die sich gegen den Bildungsplan 2015 des Kultusministeriums, der u. a. eine Aufklärung über sexuelle Vielfalt im Lehrplan als fächerübergreifenden Aspekt vorsah, wendet. Vgl. u. a.: http://www.spiegel.de/schulspiegel/bildungsplan-baden-wuerttemberg-lehrer-hetzt-gegen-sexuelle-vielfalt-a-942653.html. Zuletzt abgerufen am: 07.05.2014.
21. Gunter Schmidt/Silja Matthiesen/Arne Dekker/Kurt Starke, Spätmoderne Beziehungswelten, Report über Partnerschaft und Sexualität in drei Generationen, Wiesbaden 2006, 114. Zur Erklärung: Die 101 % kommen durch Aufrundungen zustande.
22. Vgl. a. a. O., 130.

sogar«[23], die Jüngeren sind dabei eher noch strenger als die Älteren. Monogame Wertvorstellungen und *seriell monogames Verhalten* bestimmen mithin bis heute die Mehrheit der intimen Beziehungen. Die Kirchen könnten insofern durchaus gelassener auf die Liberalisierung sexueller Lebensformen reagieren. Ein allgemeiner »Sittenverfall« ist nicht zu erkennen.

Ein wichtiger Aspekt im Hinblick auf den Unterschied von Jugend- und Alterssexualität sei noch genannt: Gunter Schmidt weist darauf hin, dass der Mythos von der jugendlich-lebendigen und erfüllenden Sexualität und vom deprimierenden Alter nicht stimme. Das Alter spielt in Bezug auf sexuelle Aktivitäten generell eine geringere Rolle als die Beziehungsdauer. So kommt es »zu einer deutlichen Abnahme in den ersten sechs Beziehungsjahren, während in den folgenden 20–25 Beziehungsjahren die Koitusfrequenz relativ stabil bleibt.«[24] Dabei ändert sich die Emotionalität des Paares und seiner Sexualität tiefgreifend. Überraschungen und Aufregungen nehmen ab, dafür nehmen Vertrauen, Sicherheit und Bindung zu. Teilweise gehört die Sexualität im Alter sogar zur »Gewinnseite«, weil sie als tiefer und harmonischer erlebt wird als in den Anfangsjahren des (nicht selten mühsamen) Sich-Kennenlernens.[25]

Sexualität wird in unterschiedlichen Lebensphasen eine unterschiedliche Bedeutung zugeschrieben. In der Phase der Paarbildung ist Sexualität eine wichtige Möglichkeit, um Intimität zu erleben und aufzubauen. Etablierte Paare haben hingegen »ein stärkeres Gefühl der Bindung, eine gemeinsame Geschichte, mehr Sicherheit, und ein größeres Repertoire, Zusammengehörigkeit, Verbindlichkeit, Nähe und Geborgenheit zu erleben. [...] Häufiger Sex wird für den Zusammenhalt weniger zentral; aber eine kontinuierliche Sexualität bleibt zur Definition des Paares als ›Liebespaar‹ [...] und als Marker der Besonderheit wichtig.«[26] Deshalb wird die nachlassende Intensität der sexuellen Beziehung in langjährigen Partnerschaften in der Regel auch nicht als Bedrohung

23. A. a. O., 133.
24. Gunter Schmidt et al., Sexualleben heute – eine empirische Studie, in: ders./Matthiesen/Dekker/Starke, Spätmoderne Beziehungswelten, 113–136, 123.
25. Vgl. a. a. O., 124.
26. A. a. O., 125.

oder als Belastung erlebt. Die Älteren gehen insgesamt relativ gelassen damit um. Dass Sexualität nicht immer wie gewünscht läuft und gelegentlich auch misslingen kann, sorgt nicht mehr für Aufregung oder eine grundsätzliche Krise. Dagegen stehen junge Erwachsene viel mehr unter dem Druck, sich selbst und dem Partner möglichst viel sexuelles Vergnügen bereiten und sich als sexuell kompetent präsentieren zu müssen.

c) Asexualität

Michael Schetsche und Renate-Berenike Schmidt machen darauf aufmerksam, dass Sexualität bis heute in der Regel primär mit Gefahr assoziiert werde. Aktuellster Beleg dafür ist das *Sexualstrafrecht*, das gerade in den letzten Jahrzehnten nochmals eine Inflationierung und nach Einschätzung von Lorenz Böllinger auch eine »Überkriminalisierung« erfahren hat.[27] Bei Sexualität scheint immer nur ein Zuviel, nie ein Zuwenig als Problem empfunden zu werden. Die Sexualforscher machen dafür im Wesentlichen das Christentum und seine Wirkungsgeschichte verantwortlich. »Was sich im Laufe der Zeit änderte war lediglich der Maßstab, an dem dieses ›Zuviel‹ gemessen wurde. [...] Immer jedoch galt die – nie explizit benannte, dafür aber umso wirksamere – (Denk-)Norm, nach der sexuelle Interaktionen aus (im weitesten Sinne) weltanschaulichen Gründen zu verknappen seien.«[28] Das trifft in der Tendenz auf das Christentum zu. Doch scheint in der hedonistisch orientierten Gesellschaft durchaus auch ein »Zuwenig« als Problem empfunden zu werden. So ruft das Phänomen der *Asexualität* erstaunliche Irritationen hervor.

Als asexuell bezeichnen sich Menschen, die kein Interesse an Sexualität haben und keinerlei sexuelle Anziehung zu anderen Menschen erleben. Asexuelle Menschen sind damit nicht mit sexuell abstinent lebenden Menschen zu verwechseln, weil letztere sich bewusst einen Verzicht

27. Vgl. Lorenz Böllinger, Strafrechtliche Normierung von Sexualität im Kontext der Debatte über ›sexuelle Verwahrlosung‹, in: Schetsche/Schmidt (Hrsg.), Sexuelle Verwahrlosung, 51–67, 52.
28. Schetsche/Schmidt, Gefühlte Gefahren, 22.

auf sexuelle Aktivitäten auferlegen, obwohl sie durchaus eine Motivation für Sexualität in sich verspüren. Dass Menschen prinzipiell keine Lust auf Sex haben, ohne schlechte Erfahrungen damit gemacht zu haben, dass sie womöglich trotzdem eine intensive Bindung mit einer anderen Person eingehen wollen, die sie selbst als Partnerschaft oder Liebe erleben und bezeichnen, ist in unserer Kultur kaum verständlich zu machen, obwohl es, vor allem im Alter, eine gewisse Anzahl von Ehen gibt, die in Liebe verbunden, aber ohne Sexualität miteinander leben. Der Verzicht auf Sexualität, insbesondere aber das Phänomen der Asexualität, scheint eine Provokation in einer Gesellschaft zu sein, in der Lust und Genuss zentrale Leitmaximen darstellen. Das grundsätzliche Desinteresse an Sexualität ruft deshalb nicht selten Ärger, Aggressionen und auch Exklusionen hervor.[29] Asexuelle sehen sich deshalb permanent in der Defensive. Asexualität wird bis heute weithin nicht – wie Homosexualität – als legitime eigene sexuelle Orientierung anerkannt. In diesem speziellen Fall wird also tatsächlich nicht das »Zuviel«, sondern das »Zuwenig« einer kleinen Minderheit zum Problem. Das deutet eine weitere Bedeutungsverschiebung von Sexualität in der modernen Gesellschaft an.

---

29. Vgl. die Berichte von Asexuellen in: Fabienne Hurst, Keine Lust, nie, abrufbar unter: http://www.spiegel.de/panorama/asexualitaet-wenn-menschen-keine-lust-auf-sex-haben-a-854038.html. Und http://www.welt.de/vermischtes/article119591949/Die-junge-Frau-die-keine-Erregung-empfindet.html. Und: http://www.zeit.de/zeit-wissen/2005/03/g_asexuell/komplettansicht. Alle zuletzt abgerufen am: 07.05.2014. Zu den Problemen von Asexuellen vgl. auch den Roman von Ian McEwan, Am Strand, Zürich ²2008.

3. Funktion von Sexualität

a) Sexualität als Identitätsversicherung

Sven Lewandowski stellt die Ergebnisse der empirischen Sexualitätsforschung in einen gesellschaftstheoretischen Zusammenhang, um zu ergründen, warum Sexualität in der modernen Gesellschaft an Bedeutung gewonnen hat.[1] Wie Karl-Heinz Bette erklärt er die Attraktivität des Körpers aus der *Exklusion* des Körpers aus der funktional differenzierten Gesellschaft.[2] »Der Körperverdrängung in modernen Gesellschaften entspricht eine Körperaufwertung.«[3] Weil der Körper in vielen gesellschaftlichen Funktionssystemen marginalisiert wird, drängt er sich in anderen Sozialbereichen wiederum auf, dies aber immer nur in je spezifischer, sei es in medizinischer, sportlicher oder sexueller Hinsicht. So hat ein Frauenarzt den Körper einer Frau nicht unter sexuellen, sondern ausschließlich unter medizinischen Gesichtspunkten zu betrachten. Der »ganze« Körper wird nirgends integriert, am ehesten noch im Intimitätssystem, in der Liebe. Denn in »der Liebe geht es [...] um die Komplettberücksichtigung des anderen oder um die Komplettzugänglichkeit des Anderen«, wie Peter Fuchs formuliert.[4] Die moderne Liebe reagiert mit dieser *Totalität*, die dem anderen höchste Relevanz einräumt, auf den Verlust der Einheit und damit auf die funktionale Zerschneidung der Welt, die den Einzelnen mehr oder weniger ortlos macht und ihn gerade deshalb nach »Ganzheitlichkeit« suchen lässt.

Es ist in der modernen Gesellschaft aufgrund der funktionalen Differenzierung der sozialen Welt nicht mehr möglich, eine einheitliche Perspektive und Identität im Hinblick auf den eigenen Körper und das eigene Selbst auszubilden. Individuen erfahren sich fragmentiert und zersplittert in viele differente Kontexte und Sozialbereiche, in denen sie mit ganz unterschiedlichen, nicht selten sich widersprechenden Erwartungen und Imperativen konfrontiert werden: Sie sollen mehr oder we-

1. Vgl. Lewandowski, Sexualität in den Zeiten funktionaler Differenzierung.
2. Vgl. Bette, Körperspuren, und ausführlich Kapitel I, 2a) und b).
3. Lewandowski, Sexualität in den Zeiten funktionaler Differenzierung, 148.
4. Peter Fuchs, Liebe, Sex und solche Sachen. Zur Konstruktion moderner Intimsysteme, Konstanz 1999, 24.

niger gleichzeitig aufmerksame und sensible Partner sein, sich Zeit für die Kinder nehmen, im Beruf ambitioniert und zielstrebig sein, sich um ihre Gesundheit kümmern, Sport treiben, modisch und sexy und damit gute Konsumenten sein, sich um die zu pflegenden Eltern sorgen, Freundschaften pflegen, gesellig sein, ihr Geld sinnvoll anlegen, mal wieder in die Kirche gehen und sich am besten auch noch politisch engagieren. Niklas Luhmann formuliert: Das Individuum zerlegt sich in mehrere Selbste, »um der Mehrheit sozialer Umwelten und der Unterschiedlichkeiten der Anforderungen gerecht werden zu können. *Das In-dividuum wird durch Teilbarkeit definiert.* Es benötigt ein musikalisches Selbst für die Oper, ein strebsames Selbst für den Beruf, ein geduldiges Selbst für die Familie. Was ihm für sich selbst bleibt, ist das Problem seiner Identität.«[5] Die Gesellschaft gibt dabei keine Lösung, sondern nur noch das Problem vor, das jeder und jede individuell zu bearbeiten hat. Da viele damit überfordert sind, steigt der Bedarf an Rat und Therapie.

Sven Lewandowskis These ist es nun, dass nicht nur die Attraktivität der Liebe, sondern allein schon von körperlichen Betätigungen, »sei es Joggen, Freeclimbing, Bodybuilding oder eben Sex […], eine Reaktion auf die durch die moderne Gesellschaft ausgelösten Identitätsverunsicherungen«[6] darstellt. Den eigenen Körper zu erleben und zu spüren, stellt eine Art nicht-virtuelle, *nicht hinterfragbare Identitätsvergewisserung* dar. Sexualität spielt dabei eine besondere Rolle. Bei Sexualität wird »Körperlichkeit ins Zentrum gerückt, das Erleben von Körperlichkeit und körperbezogenen Kommunikationen ermöglicht und Körperlichkeit gesteigert«.[7] Speziell im sexuellen Erleben fühlen sich viele Menschen »ganz« inkludiert. Sexualität scheint es vielen Individuen zu ermöglichen, »sich als mit sich eins zu erleben, in ein erlebnisförmiges Jenseits der sonst allgegenwärtigen Differenz zu gelangen.«[8] So symbolisiert der Orgasmus die Auflösung aller Differenzen und suggeriert eine

5. Niklas Luhmann, Copierte Existenz und Karriere. Zur Herstellung von Individualität, in: Ulrich Beck/Elisabeth Beck-Gernsheim (Hrsg.), Riskante Freiheiten. Individualisierung in modernen Gesellschaften, Frankfurt a. M. 1994, 191–200, 193. Hervorhebung I. K.
6. Lewandowski, Sexualität in den Zeiten funktionaler Differenzierung, 170.
7. A. a. O., 237.
8. A. a. O., 170.

letzte Einheit. Körperlichkeit wird dabei zum »Garanten von Wirklichkeit, zu einem Anker im Meer der Relativität und der Relationen. Die Glücksversprechen, die im Körper, in körperlicher Betätigung gesucht werden, heißen: Fraglosigkeit, Echtheit, Eindeutigkeit.«[9]

In einer Welt, in der so vieles unsicher, kontingent, prekär und brüchig geworden ist, scheint der Körper Zugang zu einer *fraglosen Wirklichkeit* zu bieten. Das erklärt die hohe Attraktivität der Sexualität. Und es erklärt zugleich, warum Sexualität mit solch hohen Erwartungen und Glücksversprechen tendenziell überfordert ist. Deshalb blüht die Ratgeberindustrie und werden wir medial ständig von neuen Empfehlungen und Ratschlägen für ein gelingendes Sexualleben überschüttet. Die Ansprüche an ein sexuell lebendiges und befriedigendes Beziehungsleben sind signifikant gestiegen, die Risiken, enttäuscht zu werden, damit freilich auch.

Zu einer Pluralisierung und Verselbstständigung sexueller Praxis kommt es nicht zuletzt, weil die Ansprüche an Intimität sehr hoch sind. Während Sexualität ohne Intimität denkbar ist, ist eine Liebesbeziehung kaum bzw. nur im Ausnahmefall ohne Sexualität vorstellbar. Durch Sexualität wird eine intime Beziehung gleichsam ratifiziert. Das Konzept der romantischen Liebe sieht dabei die Komplettberücksichtigung des anderen, eine umfassende Aufmerksamkeit und eine beinahe grenzenlose Empathie für den anderen vor – dies alles in dem Versuch, dem Individuum wenigstens in der Liebe das Gefühl von »Heimat« und »Ganzheit« zu vermitteln. Dass dies eine äußerst voraussetzungsreiche Angelegenheit ist, zumal in einer Gesellschaft, die jede Person auf ihre Freiheit und ihr Glück verpflichtet, liegt auf der Hand.

Die *Rückversicherung der eigenen Körperlichkeit* in der Sexualität stellt demgegenüber wesentlich geringere Anforderungen.[10] Deshalb kommt

---

9. Ebd.
10. Vgl. Lewandowski, Sexualität in den Zeiten funktionaler Differenzierung, 235. Auch das neue Phänomen der »Kuschelpartys«, die gezielt auf Sex verzichten, lässt sich als Rückversicherung der eigenen Körperlichkeit interpretieren. In einer Welt, die immer mehr auf Körperberührung verzichtet, müssen die Berührung und das Schmusen professionell als Dienstleistung organisiert werden. Das erscheint reichlich bizarr, ist vor dem Hintergrund der modernen Körperverdrängung aber verständlich. Vgl. den Artikel von Almut Steinecke vom 15.05.2008: Akademiker feiern Anfasspartys. Die tun nix, die wollen nur kuscheln, abrufbar unter: http://www.spiegel.de/unispiegel/wunderbar/akademiker-feiern-anfasspartys-die-tun-nix-die-wollen-nur-kuscheln-a-547444.html. Zuletzt abgerufen am: 07.05.2014.

es immer wieder zur Abkopplung der Sexualität von Liebe. Damit einher geht die Anerkennung abweichender Sexualität. Moral spielt zwar auf der interaktiven Ebene nach wie vor eine große Rolle, aber gesamtgesellschaftlich ist es nicht mehr möglich, Sexualität moralisch zu steuern. Das Zurücktreten der Sexualmoral wird denn auch von der empirischen Sexualforschung bestätigt.[11] So ist der Begriff des Perversen nahezu gänzlich aus der Sexualitätsforschung verschwunden. Homosexualität und Masturbation bzw. Autosexualität gelten längst nicht mehr als abnorm oder als widernatürlich. Bei sexuellen Vorlieben, die von der Norm abweichen, spricht man heute von Paraphilien.

»Der Abbau fremdreferentieller Bezüge und Einbettungen sexuellen Verhaltens führt zu einer Pluralisierung legitimer Lustmöglichkeiten«[12] und damit letztlich auch zu einer Abkopplung der Sexualität von der Ehe, ja selbst von Hetero- oder Homosexualität. Damit in Zusammenhang steht auch der Befund, dass sexuelle Orientierungen zunehmend weniger starr und biologisch determiniert begriffen werden. Dies bedeutet allerdings nicht, dass eine Person, die sich z. B. als homosexuell versteht, ihre sexuelle Identität durch Entscheidung ändern könnte. Hier geht es um sehr emotionale, im Körper tief verwurzelte Dispositionen, zu deren Entstehung viele (in der Regel intransparent bleibende) Faktoren zusammenwirken, die nicht nach Belieben gesteuert, herbeigeführt oder verändert werden können.

Sexualität hat demnach durch die spätmodernen Identitätsverunsicherungen an Attraktivität gewonnen. Eine Abkopplung von Liebe wird dabei zuweilen gerade deshalb gesucht, weil Liebe eine ganz andere Verletzlichkeit mit sich bringt als eine Sexualität, die sich ausschließlich auf den Lustgewinn konzentriert. Zugleich ist die Verselbstständigung von Sexualität bzw. ihre Unabhängigkeit von der Ehe kein spezifisch modernes Phänomen.[13] Es gab in der Geschichte immer schon eine von Ehe

---

11. Vgl. Gunter Schmidt, Sexuelle Verhältnisse. Über das Verschwinden der Sexualmoral, Reinbek 1998.
12. Lewandowski, Sexualität in den Zeiten funktionaler Differenzierung, 219. Vgl. ebd. auch zum Folgenden.
13. Gegen Lewandowski, der damit ein spezifisch modernes Signum zu beschreiben versucht und deshalb meint, von einem eigenen modernen Funktionssystem Sexualität sprechen zu können, vgl. a. a. O., 228ff. Lewandowksi gesteht dabei selbst zu, dass er keine spezifisch

und Bindung unabhängige Praxis von Sexualität. So herrschte im antiken Rom »eine beliebige hetero- und homosexuelle Freizügigkeit«.[14] Auch die Einrichtung der Prostitution war in der Antike und darüber hinaus weit verbreitet. Eine Abkopplung der Sexualität von Liebe bzw. Ehe ist insofern nichts prinzipiell Neues. Sexualität war vormodern keineswegs mit ehelicher Praxis identisch, auch nicht im Mittelalter, in dem sich vor allem die Aristokratie für eine allein um der Erotik willen existierende Liebe interessierte.[15]

Richtig ist, dass sich sexuelle Praxis in der späten Moderne ausdifferenziert hat und dass sie weitgehend unabhängig von institutionellen Vorgaben geworden ist. Doch kommt die empirische Sozialforschung im Hinblick auf die Gegenwart zugleich zu dem Schluss, dass die Mehrheit der Bevölkerung Sexualität innerhalb von festen Beziehungen praktiziert, dass sie nach wie vor (seriell-) monogame Wertmuster vertritt und dass sexuelle Kontakte eher selten ausschließlich zum Zweck reiner Lustgewinnung gesucht werden. Die meisten Menschen wollen in der Sexualität *tief adressiert* werden, als »ganzer« Mensch gemeint, mit Leib und Seele involviert sein.

Es geht um die Komplettberücksichtigung und Komplettzugänglichkeit des anderen,[16] die den Körper des anderen einschließt. Das verweist zugleich auf die Exklusivität der Beziehung und der darin involvierten Körper. Deshalb ist es in jedem Fall mit Belastungen verbunden, wenn der geliebte Körper mit anderen geteilt wird.[17] Ein Partner kann aus demselben Grund auch nicht zur geliebten Person sagen: »Ich liebe dich [...], aber laß mich mit deinem Körper zufrieden!«[18] Die Verweigerung

---

gesellschaftliche Funktion für Sexualität angeben kann. Die Lustgewinnung, auf die es ihm ankommt, stellt anders als die Fortpflanzung bzw. Zeugung legitimer Nachkommen keine gesellschaftliche Funktion dar.

14. Hartmut Kreß, Im Prinzip Ja und Nein. Die EKD-Schrift zur Homosexualität hat keine klare Linie, in: EvKomm 5 (1996), 292–293, 292.
15. Vgl. Hans Ulrich Gumbrecht, »Sex ist auch nicht mehr das ...«, in: FAZ Blogs, http://blogs. faz.net/digital/2013/07/19/sex-ist-auch-nicht-mehr-das-314/. Zuletzt abgerufen am: 07.05.2014. Vgl. ausführlich zum Thema: Schnell, Sexualität und Emotionalität in der vormodernen Ehe.
16. Vgl. Fuchs, Liebe, Sex und solche Sachen, 24.
17. Vgl. a. a. O., 48.
18. A. a. O., 45.

von Sexualität deutet in der Regel auf eine Krise oder auch das Ende einer Liebesbeziehung hin.

Nicht zuletzt führt auch der Versuch einer Lustmaximierung über eine autonomisierte Sexualität in die Irre, weil auch sie trotz reduzierter Komplexitätsanforderungen nicht halten kann, was sie verspricht bzw. mit ganz neuen Belastungen einhergeht. So weist Gunter Schmidt darauf hin, dass vor allem Jugendliche und jüngere Erwachsene unter dem Stress stehen, möglichst viel Spaß beim Sex haben zu müssen und sich als sexuell möglichst versiert darzustellen. »Der neuen Freiheit, sexuelles Vergnügen um seiner selbst willen zu suchen, stehen ein gesteigerter Leistungs- und Profilierungsdruck, gar eine neue Ideologie der sexuellen Fitness und Selbstoptimierung entgegen.«[19] Die neue Freiheit macht also keineswegs nur frei, sondern führt in neue Zwänge und Abhängigkeiten. Paradoxerweise scheint es sogar so zu sein, dass die Unabhängigkeit von Sexualität von jeglicher Verpflichtung und Bindung zu neuer Unlust führt. Das jedenfalls ist die Beobachtung von Paartherapeuten. Litt man früher unter den vielen Verboten und Tabus, werde man heute therapiert, wenn man die sexuelle Selbstverwirklichung nicht erfolgreich in die Tat umsetze. Das Recht auf Sexualität und sexuelle Selbstverwirklichung ist »zur belastenden Pflicht geworden«.[20] Führte die Unterdrückung von Sexualität früher zu Erregungsstörungen aller Art, führt die sexuelle Pflichterfüllung nun vermehrt zu *sexueller Lustlosigkeit*.

In eine ähnliche Richtung gehen die Überlegungen von Hans Ulrich Gumbrecht, der, nicht ohne seine Irritation zu verbergen, darauf aufmerksam macht, dass Sexualität immer mehr als ästhetische Form der Existenz, als intensive Form des Körpererlebens analog zum Sport oder der neuen Ästhetik der Gastronomie gelebt werde, Sexualität als »wichtigstes Vergnügen«, als Ekstase und Leidenschaft aber auf dem Rückzug sei.[21]

---

19. Schmidt, Sexualleben heute – eine empirische Studie, 141.
20. Arnold Retzer, Lob der Vernunftehe. Eine Streitschrift für mehr Realismus in der Liebe, Frankfurt a. M. 2011 (2009), 241.
21. Vgl. Gumbrecht, Sex ist auch nicht mehr das ...

b) Veränderungen der Sexualmoral

Woher wissen wir, was Liebe ist? Man hat es uns gesagt. Wir haben es gelernt.[22] »Gesellschaftliche Sexualmuster stellen sexuelle Möglichkeitsräume bereit, in deren Grenzen sich individuelle Vorlieben und Karrieren entfalten können.«[23] Ohne gesellschaftliches *Wissen*, ohne soziale *Schemata*, ohne sexuelle *Skripte* ist es nicht möglich, einen eigenen individuellen Verhaltensstil zu finden, wobei ähnliche sozialisatorische Einflüsse durchaus zu unterschiedlichen Einstellungen und Handlungsmustern führen können. Der Mensch ist nicht instinktgebunden wie das Tier, deshalb ist Sexualität überwiegend ein sozialer Tatbestand. In der Sexualität orientiert sich der Mensch an kulturellen *Regeln* und *Konventionen*, damit die Interaktion mit dem Gegenüber gelingt.

In der Sexualitätsforschung besteht weitgehend Konsens darüber, dass nicht das triebhaft Sexuelle konkrete Formen gelebter Sexualität hervorbringt, sondern dass die Kultur Matrizen und Muster bereitstellt, »nach denen sexuell empfunden, gedacht und gehandelt werden kann und darf.«[24] Insbesondere die weite Verbreitung der Massenmedien, Buchdruck, Filme und das Internet spielen dabei eine zentrale Rolle. Über sie wird gelernt, wie Liebe und Sexualität zu erfahren und zu empfinden sind, wie Männer auf Frauen zugehen oder umgekehrt, welche Körperteile und Handlungen als erotisch gelten, welche nicht usw. »Sexuelle Begierden, sexuelle Phantasien und Phantasmata können nicht unabhängig von der Sexualität der jeweiligen Gesellschaft gedacht werden«,[25] sie sind ohne Bezug auf die Ebene des Sozialen nicht verständlich. Psychische Systeme sind durch die Gesellschaft tiefgreifend *imprägniert*, so formuliert es Peter Fuchs.[26] Es mag einen natürlichen Sexualtrieb geben, da er aber nur gesellschaftlich überformt auftritt, kann er nicht biologisch-normativ vorausgesetzt und können sexuelle Begierden nicht unmittelbar auf ihn zurückgeführt werden.

---

22. Vgl. Fuchs, Liebe, Sex und solche Sachen, 21.
23. Schmidt, Lebensthema Sexualität, 325
24. Schetsche/Schmidt, Gefühlte Gefahren, 11.
25. Lewandowski, Sexualität in den Zeiten funktionaler Differenzierung, 232.
26. Vgl. Fuchs, Liebe, Sex und solche Sachen, 23.

Das betrifft auch ein Klischee, das immer mehr als solches erkennbar wird: Die Vorstellung vom triebgesteuerten Mann und der leidenschaftslosen Frau. Diese kulturelle Konstruktion verdankt sich nicht etwa natürlichen Vorgaben, sondern einem gesellschaftlichen Muster, das sich insbesondere in der Neuzeit vollends durchsetzte und sehr wirkmächtig wurde. In der Gegenwart wird immer deutlicher, dass es sich bei der Vorstellung von bipolaren sexuellen Bedürfnissen um ein kontingentes Muster handelt. Auch Frauen begehren und wollen nicht nur begehrt werden. Vor allem junge Frauen bestehen darauf, in der Sexualität nicht nur eine passive Rolle zu spielen, sondern autonom und selbstbewusst auf einen Mann zuzugehen, eine Beziehung selbst zu initiieren und sexuelle Interaktionen aktiv mitzugestalten. Umgekehrt gibt es zunehmend Männer, die es zu schätzen wissen, dass sie nicht immer den Part der Eroberung übernehmen müssen, sondern sich passiv und rezeptiv verhalten dürfen. Die Realität stellt sich sehr vielgestaltig dar. Sexualität kann nicht mehr entlang der bipolaren Geschlechterachse definiert werden, wenngleich sich die Gesellschaft immer noch an den neuzeitlich-bürgerlichen Geschlechterstereotypen abarbeitet. So gilt eine sexuell sehr aktive Frau tendenziell immer noch als »Schlampe«, wohingegen ein Mann mit ähnlich vielen sexuellen Kontakten für seine vielen Eroberungen als Frauenheld bewundert wird.

Im Zuge dieser Entwicklungen wird *Moral* in puncto Sexualität nicht überflüssig, aber sie verändert sich. Der Fokus liegt nicht mehr auf der Bewertung der jeweiligen sexuellen Praxis, auch nicht auf der konkreten Sozialform, ob nun hetero-, homo- oder bisexuell, ehelich oder nicht-ehelich, entscheidend wird in der Gegenwart vielmehr der *Konsens*: Beide Beteiligten müssen dem Sexualakt freiwillig zustimmen. Das führt zugleich zu der Situation, dass sich auch im Bereich der Intimität nichts mehr von selbst versteht, dass auch hier intern ausgehandelt werden muss, was praktiziert werden soll und was nicht, was jeweils als Lust empfunden wird und was nicht. »Die Moral hat sich somit aus dem Bereich des Sexuellen und auf eine Position des formalen Konsenses zurückgezogen.«[27] Diese neue *Verhandlungsmoral* hat den Vorteil, dass sich Intimbeziehungen demokratisieren und sich das vormalige Geschlech-

---

27. Lewandowski, Sexualität in den Zeiten funktionaler Differenzierung, 322.

termodell mit der Suprematie des Mannes[28] auf der einen Seite und der duldenden Passivität der Frau auf der anderen Seite zunehmend auflöst. Sie hat allerdings auch den Nachteil, dass die sexuelle Begegnung durch Kommunikation belastet und verunsichert wird. Generell scheint Intimität nicht der beste Ort zu sein, um lange Verhandlungen zu führen und differenzierte Abstimmungen vorzunehmen.

Die Durchsetzung der Konsensmoral ist die Ursache dafür, dass das Recht zunehmend sensibel reagiert, wenn es diesen Konsens beim Zustandekommen eines sexuellen Aktes verletzt oder gefährdet sieht. In diesem Zusammenhang ist eigens hervorzuheben, dass die Vergewaltigung in der Ehe erst seit 1997 strafbar ist. Erst seither ist die Norm der sexuellen Selbstbestimmung rechtlich weitgehend verankert. Dabei wurden zugleich die Tatbestände der Vergewaltigung und der sexuellen Nötigung unter einen Tatbestand zusammengefasst und beträchtlich ausgedehnt. Die Strafbarkeit wurde überdies geschlechtsneutral auf »eine andere Person« erweitert – auch eine Frau kann demnach Täterin sein, wenngleich die männliche Dominanz nach wie vor eindeutig ist.[29] Sowohl innerhalb als auch außerhalb von Ehe und Familie werden sexuelle Nötigungen schärfer geahndet als dies in der Vergangenheit der Fall war.[30] Es ist demzufolge kein allgemeiner Sittenverfall zu beklagen, es

---

28. Zu diesem Begriff vgl. Karl Barth, Kirchliche Dogmatik Bd. III/1: Die Lehre von der Schöpfung, Zürich 1957 (1945), 344. Gerade bei Barth wird deutlich, dass die neuzeitliche Komplementaritätsvorstellung eine Asymmetrie im Verhältnis von Mann und Frau impliziert und von Gleichheit weit entfernt ist. Das belegt auch der Briefwechsel Barths mit Henriette Visser't Hooft. Vgl. Briefwechsel von Henriette Visser't Hooft mit Karl Barth und Charlotte von Kirschbaum (1934–1952), in: Karl Barth Gesamtausgabe V, 1, hrsg. von Hans-Anton Drewes, Zürich 2006, 325–393.

29. Nach dem Genderreport von 2005 sind die Täter bei sexueller Gewalt (bei Vergewaltigung, sexueller Nötigung und dem sexuellen Missbrauch von Kindern) zu 98,9 Prozent männlich. Opfer männlicher Gewalt können auch Jungen sein, es sind aber in der großen Mehrheit Mädchen und Frauen. Vgl. Gender Datenreport des Bundesministeriums für Familie, Senioren, Frauen und Jugend, München 2005, 609ff, online verfügbar unter: http://www.bmfsfj.de/doku/Publikationen/genderreport/01-Redaktion/PDFAnlagen/gesamtdokument%2cproperty%3dpdf%2cbereich%3dgenderreport%2csprache%3d-de%2crwb%3dtrue.pdf. Zuletzt abgerufen am: 07.05.2014.

30. Allerdings kommt es bei angezeigten Vergewaltigungen immer seltener zu einer Verurteilung. 2012 wurden nur 8,4 Prozent der angezeigten Täter verurteilt, vor 20 Jahren waren es noch 21,6 Prozent. Das liegt zum einen daran, dass Vergewaltigungen häufiger im Nahbereich angezeigt werden, dort aber schwerer nachweisbar sind. Zum anderen

sind gegenüber dem patriarchalen Sexualitäts- und Eheverständnis vielmehr signifikante Freiheitsgewinne und ein Zuwachs an Autonomie und Schutz vor allem auf Seiten der Frauen und Minderjährigen zu erkennen.

Die Kriterien der *Freiwilligkeit*, des *Konsenses* und der *Gleichheit* sind auch für eine evangelische Sexualethik konstitutiv.[31] So betont Siegfried Keil in genau diesem Sinn, dass »Variationen des Liebesspiels, die in gegenseitiger Übereinstimmung geschehen«, nicht als Perversionen zu begreifen seien, »sondern nur die zwanghaften, ohne Rücksicht auf den Partner vollzogenen Handlungen«.[32] Sexualität darf sich nur mit Respekt vor der anderen Person vollziehen, sie setzt Freiwilligkeit und Konsens voraus. Abhängigkeitsverhältnisse dürfen nicht ausgenutzt werden. Diese gesellschaftliche Entwicklung und »Moral« ist von evangelischer Seite zu begrüßen. Sie fördert das Recht auf sexuelle Selbstbestimmung, sie wirkt sexistischen und patriarchalen Reststrukturen und damit Ungleichheit, Abhängigkeit, Zwang und Gewalt entgegen.

4. Geschlechtsspezifisches Sexualverhalten

a) Komplementäre Geschlechterdualität

Sexualität und Liebe sind traditionell eng verknüpft mit kulturellen Vorstellungen über die Seinsweise von Männern und Frauen und der vermeintlich natürlichen Komplementarität und Verschiedenheit ihrer Denk- und Gefühlsmuster, die sich in unterschiedlichen Verhaltenscodes, in Sexualität, Liebe und Ehe niederschlagen. Nun hat die Genderforschung mit einer Fülle von Analysen und Studien in den vergangenen Jahrzehnten herausgearbeitet, dass sich die uns vertraute *komplementäre Geschlechter-*

---

liegt es an der Arbeitsüberlastung von Polizei und Staatsanwaltschaft. Die Befunde werden von den Forschern als problematisch eingestuft. Vgl. die Pressemitteilung vom 17.04.14 des Kriminologischen Forschungsinstituts Hannover unter Leitung von Christian Pfeiffer: http://www.kfn.de/versions/kfn/assets/Presseerklaerung_Vergewaltigung. pdf, zuletzt abgerufen am: 07.05.2014.

31. Vgl. auch Michael Haspel, Art. Sexualität, Sexualethik, in: Evangelisches Soziallexikon, Stuttgart 2001, Sp. 1393–1402, 1397.

32. Keil, Evangelische Sexualethik und Sexuelle Bildung, 172.

dualität erst mit der Neuzeit mit dem Aufkommen des Bürgertums konsequent durchgesetzt hat. Erst in der Moderne wurde die biologische Zweigeschlechtlichkeit streng bipolar gedacht und begründet. Intersexualität, fließende Übergänge zwischen beiden Geschlechtergruppen und Homosexualität wurden im Zuge dieser Entwicklung tendenziell ausgeblendet und geächtet. Zugleich wurden Männern und Frauen gegensätzliche *Geschlechtscharaktere* zugewiesen: dem Mann Aktivität, Öffentlichkeit und Rationalität und der Frau Passivität, Häuslichkeit und Emotionalität.

Während die antike und mittelalterliche Welt vor allem auf den sozialen Status Wert legte und die Frau als minderwertige Form des Menschseins im Vergleich zum Mann verstand, werden die Geschlechter neuzeitlich nicht mehr in ein hierarchisches, sondern in ein komplementäres Geschlechterverhältnis gebracht, allerdings mit asymmetrischen Folgen. Die konträren Geschlechtertugenden werden dabei auf den wissenschaftlich zu erforschenden, ganz anderen Körper der Frau respektive des Mannes zurückgeführt. »*Sex*« (körperliches Geschlecht) und »*Gender*« (soziales Geschlecht) werden dabei eng aufeinander bezogen: Gender, die soziale Geschlechterrolle, resultiert nun unmittelbar aus dem Körper, dem biologischen Geschlecht. Die gegensätzlichen Tugenden der Geschlechter werden zu Wesensmerkmalen, die Männer und Frauen jeweils ontologisch und unveränderbar prägen.

Diese »natürliche« Verschiedenheit bestimmt auch das geschlechtsspezifische Verhältnis zur Sexualität. Als Beispiel dafür sei aus einem vielfach aufgelegten Standardwerk, den »Psychopathia Sexualis«, aus dem Ende des 19. Jahrhunderts zitiert: »Ohne Zweifel hat der Mann ein lebhafteres geschlechtliches Bedürfnis als das Weib. Folge leistend einem mächtigen Naturtrieb, begehrt er von einem gewissen Alter an ein Weib. [...] Anders das Weib. Ist es geistig normal entwickelt und wohlerzogen, so ist sein sinnliches Verlangen ein geringes. Wäre dem nicht so, so müsste die ganze Welt ein Bordell und Ehe und Familie undenkbar sein. Jedenfalls sind der Mann, welcher das Weib flieht, und das Weib, welches dem Geschlechtsgenuss nachgeht, abnorme Erscheinungen.«[1] Für den

---

1. Richard von Krafft-Ebing, Psychopathia sexualis. Mit besonderer Berücksichtigung der konträren Sexualempfindung. Eine medizinisch-gerichtliche Studie für Ärzte und Juristen (1886), München 1984, 12f.

Autor ist evident, dass der Mann qua Natur ein ausgeprägtes sexuelles Bedürfnis hat, die Frau wiederum dem Geschlechtsverkehr distanziert gegenüber steht. Eine Frau sucht nicht von sich aus den »Geschlechtsgenuss«, es sei denn, sie ist nicht normal.

Nun wird neuerdings von verschiedener Seite eingewandt, dass sich die Kontrastierung einer männlichen und weiblichen Geschlechterrolle schon in der Antike beobachten lasse und sich die Sachlage sowohl in der Vormoderne als auch in der Moderne komplexer darstelle.[2] Zugleich konzedieren aber auch die Kritiker, dass sich die Neuzeit von einem solch breiten Angebot an sex/gender-Relationierungen, wie wir es vom Mittelalter her kennen, verabschiedet hat. »Das Spektrum an Geschlechtsidentitäten, das das mittelalterliche Schrifttum bietet, ist enorm groß.«[3] Die Abgrenzung zwischen dem Männlichen und Weiblichen kannte viele Abstufungen zwischen beiden Geschlechtern, wie sie neuzeitlich kaum mehr denkbar sind. Bärtige Frauen oder unbehaarte Männer konnten in einer Skala fließender Übergänge problemlos eingeordnet werden. »Jede ›Variante‹ von männlicher bzw. weiblicher Person konnte im weitgefaßten Feld der Geschlechtscharaktere untergebracht werden.«[4] Demgegenüber findet ab dem 18. Jahrhundert durch eine (vermeintlich) naturwissenschaftliche Weltbeobachtung eine *Vereindeutigung der Geschlechtscharakteristika* statt, die »zu einer immer strikteren Stigmatisierung abweichender Verhaltensformen«[5] führt.

Vor allem Thomas Laqueur hat die starke Kontrastierung zwischen Vormoderne und Moderne mit seiner viel beachteten medizinischen Körpergeschichte akzentuiert.[6] Seine These ist, dass die Vormoderne durch ein Eingeschlechtmodell und erst die Moderne durch ein Zweigeschlechtermodell bestimmt gewesen sei. Vormodern habe man die weiblichen Genitalien als nach innen gekehrte Variante der männlichen

---

2. Vgl. Schnell, Sexualität und Emotionalität in der vormodernen Ehe, 63. Zur Kritik von Voß an Laqueurs Abgrenzung der Geschlechtermodelle vgl. Voß, Making Sex Revisited, 15ff., 86f., 89f. u. ö.

3. Schnell, Sexualität und Emotionalität in der vormodernen Ehe, 64.

4. A. a. O., 65.

5. A. a. O., 66.

6. Vgl. Thomas Laqueur, Auf den Leib geschrieben. Die Inszenierung der Geschlechter von der Antike bis Freud, Frankfurt a. M./New York 1992.

Geschlechtsorgane gelesen. Noch die Renaissanceärzte haben beim Se-
zieren von Leichen die weiblichen Sexualorgane so wahrgenommen und
interpretiert. Das Eingeschlechtmodell entspricht im Übrigen der antiken Vorstellung, die Frau als defizitäre Variante des Mannes zu begreifen.
Erst in der Moderne habe man die Gegensätzlichkeit der Geschlechter
»entdeckt« und Differenzen in allen möglichen Hinsichten körperlich
aufzuspüren gesucht, um damit die komplementär-asymmetrische Dichotomie von Mann und Frau zu begründen.

Laqueurs Medizingeschichte, vor allem sein Gegensatz vom vormodernen Eingeschlechtmodell zum modernen Zweigeschlechtmodell,
scheint die Vormoderne vereinfachend darzustellen. Diese kannte eine
sehr viel größere Vielfalt an Körper- und Geschlechtsvorstellungen, u. a.
auch dualistische. Insofern sieht Rüdiger Schnell eher einen Wechsel
»von einer Epoche mit pluralen, z. T. unpräzisen Auffassungen hin zu
einer Epoche mit der Tendenz, eine bestimmte Auffassung vom Geschlechtskörper zur beherrschenden Lehrmeinung zu machen.«[7] Diese
Kritik dient der Präzisierung der Diskussion, ist aber nicht als Fundamentalkritik zu verstehen, denn die Kritiker unterstreichen wie Laqueur,
dass sich die Auffassung vom menschlichen Körper und von der
menschlichen Sexualität historisch enorm gewandelt hat und dass von
»einer durchgängigen, fest umgrenzten biologisch-ontologischen Kon-
stante«[8] im Hinblick auf das körperliche Geschlecht keine Rede sein
kann. So konnte man eine Person vormodern unabhängig von ihrem
biologischen Körper als Frau oder als Mann bezeichnen. Entscheidend
war die Rolle, die er oder sie in der Sexualität spielte, ob aktiv oder passiv, nicht seine Geschlechtsorgane.

In der griechischen Antike gab es z. B. Sexualverkehr von jungen
Männern, bei denen der Bartwuchs gerade anfing (die »Epheben«), mit
meist unwesentlich älteren Männern. Der Ephebe konnte in einer solchen Beziehung »bis zu einem gewissen Maß eine passive Rolle einneh-

7. Schnell, Sexualität und Emotionalität in der vormodernen Ehe, 72.
8. A. a. O., 74. Im Übrigen hat Laqueur mit dem vormodernen Eingeschlechtmodell durchaus
   Richtiges erkannt, es gab lediglich neben den medizinischen Geschlechtervorstellungen,
   die er untersuchte, noch andere Modelle, die im Alltag und in manch anderen Diskursen
   ihre Wirkung entfalteten. Vgl. Laqueur, Auf den Leib geschrieben, 350 u. ö.

men.«[9] Galt es normalerweise als männlich, in der Sexualität die aktive Rolle zu übernehmen, war es dem Epheben gestattet, tendenziell passiv zu sein. Die Sklaven und Sklavinnen, die, wie neuere Forschungen zeigen, in der römischen Antike sexuell extrem ausgebeutet wurden und oft noch sehr jung waren,[10] nahmen wiederum unabhängig von ihrem Geschlecht die passive Rolle ein – eine Rolle, die für einen männlichen römischen Bürger eine Schande gewesen wäre. Es wurde demnach nicht streng nach biologischen Geschlechtern differenziert, sondern nach *Aktivität oder Passivität*: »Aktiv sein hieß Mann sein, gleichgültig, welches Geschlecht der als passiv angesehene Partner besaß.«[11] Generell wurden Frauen aufgrund ihrer vermeintlichen Inferiorität und ihrer defizitären geistigen Leistungsfähigkeit als empfänglicher für Sex- und Alkoholexzesse betrachtet. Deshalb wurden ihnen sexuelle Kontakte außerhalb der Ehe untersagt, während Männer außerhalb der Ehe mit Hetären, Konkubinen oder Sklaven/Sklavinnen regelmäßig Sexualverkehr haben konnten.[12]

Die Geschlechtsidentität wurde vormodern ganz offensichtlich stärker mit bestimmten Handlungs- und Verhaltensweisen verknüpft als mit einer spezifischen Körperausstattung. »Dazu paßt auch, daß in der Vormoderne nicht in dem Ausmaße wie ab dem 18. Jahrhundert das sexuelle Verhalten bestimmend für die Zuweisung einer Identität wurde (Lesbe, Onanist, Transsexueller, bisexuelle Person u. a.). Während das Mittelalter eher einzelne sexuelle Handlungen bewertete, daraus aber keine sexuellen Identitäten herleitete, begründet für die Moderne ein

---

9.   Voß, Making Sex Revisited, 49.
10.   Vgl. Kyle Haper, From Shame to Sin. The Christian Transformation of Sexual Morality in Late Antiquity, Harvard 2013. Peter Brown schreibt in seiner ausführlichen Rezension: »The jolly free-for-all, which we like to imagine as forming a timeless human bond between us and the ancients, was based upon the existence of a vast and cruel ›zone of free access‹ provided by the enslaved bodies of boys and girls. Slavery, ›an inherently degrading institution‹, was ›absolutely fundamental to the social and moral order of Roman life.‹« Peter Brown, Rome: Sex & Freedom, in: The New York Review of Books, December 19/2013.
11.   Paul Veyne, Homosexualität im antiken Rom, in: Philippe Ariès/André Béjin (Hrsg.), Die Masken des Begehrens und die Metamorphosen der Sinnlichkeit. Zur Geschichte der Sexualität im Abendland, Frankfurt a. M. 1984, 40–50, 43f.
12.   Vgl. Voß, Making Sex Revisted, 86.

bestimmtes sexuelles Verhalten eine sexuelle Identität.«[13] Insofern wird
»gender« in der Moderne radikal sexualisiert und an die Körperbasis
zurückgebunden.

Wie kam es zu dieser neuen Interpretation? Ein Grund war sicher die
Verwissenschaftlichung der Weltbeobachtung. Sozialgeschichtlich erlaubte das moderne dichotome Geschlechtermodell aber vor allem,
Männer und Frauen im Gefolge der Aufklärung als prinzipiell gleich
und zugleich radikal verschieden zu denken. Aus der Verschiedenheit
resultierte faktisch eine neue Asymmetrie, die Männern mit der Differenzierung des Erwerbs- und Familienlebens den Bereich der Öffentlichkeit und Frauen den der Innerlichkeit und Privatheit zuwies. Frauen
wurden damit zu einer Zeit, als es durch die Ablösung ständischer durch
funktionale Strukturen eigentlich keine Gründe mehr für ihren Aus-
schluss aus der Gesellschaft gab, weiterhin relativ erfolgreich marginalisiert und von den Zentren der Macht ferngehalten. Jane Austen beschreibt das weibliche Verdammtsein zur Passivität und Marginalität
plastisch und einfühlsam in ihren Romanen.[14]

Das vormoderne hierarchische Muster des Geschlechterarrangements
wurde damit modifiziert und an neuzeitliche Begründungs- und Denkmuster angepasst. Zugleich wird die Geschlechterunterscheidung hete-
ronormativ überhöht, insofern sich in diesem Modell zwangsläufig immer Männer und Frauen gegenseitig brauchen, weil sie von Natur aus
ganz verschiedene Begabungen und Fähigkeiten haben, die der wechselseitigen Ergänzung bedürfen. Zu solcher Ergänzung sind zwei Männer oder zwei Frauen in einer schwulen oder lesbischen Liebesbeziehung
dementsprechend nicht in der Lage. Deshalb wird Homosexualität scharf
abgelehnt. Erst seit den letzten Jahrzehnten kommt es zu einer Revision
dieser Geschlechterpolitik.

Wie wenig sich das bürgerliche Geschlechterarrangement von selbst
verstand, zeigt sich einerseits an den aufwändigen wissenschaftlichen
Legitimierungsbemühungen, andererseits aber auch daran, dass die

---

13. Schnell, Sexualität und Emotionalität in der vormodernen Ehe, 74.
14. Vgl. von Jane Austen v. a.: Sense and Sensibility, hrsg. von Edward Copeland, Cambridge
u. a. 2006; Pride and Prejudice, hrsg. von Pat Rogers, Cambridge u. a. 2006; Mansfield
Park, hrsg. von John Wiltshire, Cambridge u. a. 2005; Emma, hrsg. von Richard Cronin,
Cambridge u. a. 2005.

nicht-bürgerlichen Schichten, der Adel auf der einen Seite und die Arbeiterklasse und der Bauernstand auf der anderen Seite, lange Zeit nicht der neuen »bürgerlichen Geschlechtermetaphysik«[15] folgten. Die Arbeiterinnen und Bäuerinnen konnten das schon aus rein ökonomischen und lebenspraktischen Gründen nicht. Der Adel wiederum dachte nicht daran, sein sexuell ausschweifendes Leben aufzugeben. Ehebruch und Mätressentum gehörten hier zum guten Ton. Erst im 20. Jahrhundert setzten sich die bürgerlichen Tugendideale von Mann und Frau gesellschaftsweit durch. Zugleich werden sie bis heute im Bürgertum besonders kultiviert.

b) Geschlechtsspezifisches Sexualverhalten vom Mittelalter bis in die Neuzeit

Wie haben sich die unterschiedlichen Gendervorstellungen auf das geschlechtsspezifische Sexualverhalten ausgewirkt? Wo genau liegen die Unterschiede zwischen Vormoderne und Moderne? Besonders überraschend dürfte sein, dass das Mittelalter bei aller Vielfalt der Genderkonzepte und der prinzipiellen Unterordnung der Frau unter den Mann eine höhere Wertschätzung des Orgasmus der Frau pflegte, als dies in der Neuzeit, insbesondere im 18. und 19. Jahrhundert, der Fall war. Das lag vor allem an der Überzeugung des antiken Mediziners Galen, der davon ausging, dass nicht nur der männliche, sondern auch der weibliche Samen Voraussetzung für die Empfängnis sei. Der wiederum werde nur ausgeschüttet, wenn die Frau zum Orgasmus komme.[16] Diese Auffassung konkurrierte zwar mit der aristotelischen, die nur vom männlichen Samenerguss ausging, aber sie findet sich in vielen Schriften des Mittelalters und war weit verbreitet. Besonders medizinische Schriften aus dem Hoch- und Spätmittelalter, die sich als Ratgeber verstanden, akzentuierten den *Stellenwert sexueller Lust* für Mann und Frau.[17] Der männliche und weibliche Samen müsse gleichzeitig ausgestoßen werden, damit es

15. Vgl. zu diesem Begriff: Hartmann Tyrell, Geschlechtliche Differenzierung und Geschlechterklassifikation, in: KZSS 38 (1986), 450–489, 480.
16. Vgl. Schnell, Sexualität und Emotionalität in der vormodernen Ehe, 71.
17. Vgl. dazu und zum Folgenden, a. a. O., 388ff.

zu einer Schwangerschaft komme. Dies gelinge aber nur, wenn der Orgasmus gleichzeitig erlebt werde. Die Männer werden deshalb erstaunlich konkret instruiert, wie sie ihre Frauen sexuell stimulieren sollten,
damit es soweit kommt. Dabei wird freilich vorausgesetzt, dass die
Frauen dieser sexuellen Stimulation auch bedürfen. Es gibt aber auch
medizinische Schriften, die die Dämpfung weiblicher Libido und die
Steigerung männlicher Potenz zum Thema haben. Je nach Situation wird
ein anderes Problem bearbeitet. So sollten im Einzelfall auch Frauen
sexuell initiativ werden, denn nicht jeder Mann entspreche dem Proto-
typen des libidinösen Mannes.[18]

Trotz der kirchlichen Restriktionen in Sachen Sexualität verteidigten
auch Moraltheologen des Mittelalters die sexuelle Lust in der Ehe und
dies zum Teil sogar unabhängig von der Kinderzeugung, weil sie die
emotionale Bindung zwischen den Eheleuten stärke. Sexuelles Begehren
wird als integraler Bestandteil ehelicher Liebe wahr- und ernstgenommen.[19] Ein besonderes Problem, mit dem sich auch die Reformatoren
beschäftigten, war die Frage, wie damit umzugehen sei, wenn eine Frau
mit einem impotenten Mann verheiratet ist. In diesem Fall, so Martin
Luthers sehr direkter Ratschlag, solle die Frau ihrem Mann erklären:
»Du [...] hast mich um meinen jungen Leib betrogen [...] und ist vor
Gott keine Ehe zwischen uns beiden. Vergönne mir, daß ich mit deinem
Bruder oder nächsten Freund eine heimliche Ehe habe und du den Namen habest, auf daß dein Gut nicht an fremde Erben komme, und laß
dich wiederum williglich betrügen durch mich, wie du mich ohn meinen
Willen betrogen hast.«[20] Für Luther ist evident, dass der Mann der Frau
diese Lösung des Problems nicht verweigern darf. Tut er es doch, soll
die Frau von ihm weglaufen und sich in einem anderen Land einen
Mann suchen. »Luther nimmt aber auch medizinische Argumente zu
Hilfe, wenn es um den Beweis dafür geht, daß es für die Menschen überhaupt, insbesondere aber für Frauen gesundheitsschädlich sei, ohne jeg-

---

18. Vgl. a. a. O., 395f.
19. Vgl. a. a. O., 221ff.
20. Martin Luther, Vom ehelichen Leben (1522), in: Martin Luther, Vom ehelichen Leben
    und andere Schriften über die Ehe, hrsg. von Dagmar C. G. Lorenz, Stuttgart 1978, 16f.
    (Original: WA, 10,2, 267–304, 278).

liche sexuelle Betätigung zu leben.«[21] So führt Luther aus, dass ein Leib, der auf Sexualität verzichtet, ungesund, schwach und stinkend werde. Denn das, was eigentlich der Fruchtbarkeit dienen solle, müsse der Leib nun selbst »verzehren«. Von Ausnahmen abgesehen, führe das zu einem ungesunden und siechen Zustand. Das sei auch der Grund dafür, dass fruchtbare Frauen viel gesünder und lustiger seien als unfruchtbare.[22]

Der Verzicht auf Sexualität ist insofern niemandem zu empfehlen, außer den ganz wenigen, »unter tausenden Menschen nicht einer«[23], die keine sexuelle Lust in sich verspüren. Analog zu gegenwärtigen Ratschlägen ist Luther davon überzeugt, dass Sexualität die *Gesundheit und Vitalität* fördert. Auffällig ist überdies, dass es Luther explizit nicht nur um männliche Sexualität geht, sondern auch um die Sexualität der Frau.[24] Luthers Überzeugung war, dass der Sexualtrieb von Gott gegeben ist. Gegen ihn zu kämpfen ist in den meisten Fällen ein vergebliches Unterfangen und führt in vielen Fällen zu Unzucht, sexueller Ausbeutung (der Ehefrauen und Töchter aus den Gemeinden) und zu sexuellem Missbrauch. Die weit verbreiteten Zölibatsbrüche der spätmittelalterlichen Kirche waren für Luther dafür ein anschaulicher Beleg.

Das Mittelalter war gewiss kein Paradies für weibliche Sexualität. Nicht wenige Frauen wurden in ihren Ehen geschlagen und misshandelt.[25] Generell hatten Frauen eine sehr viel schlechtere gesellschaftliche Position inne und konnten sich gegen sexuelle Übergriffe von männli-

---

21. Schnell, Sexualität und Emotionalität in der vormodernen Ehe, 220.
22. Vgl. Luther, Vom ehelichen Leben, 41 (Original: WA, 10,2, 301).
23. A. a. O., 18 (Original: WA, 10,2, 279). Neben denen, die sexuell aktiv werden können, aber nicht wollen, nennt Luther als Ausnahmen noch Menschen, die impotent und aus physischen Gründen nicht zur Sexualität in der Lage sind. Vgl. a. a. O., 14ff.
24. Gegen Ute Gause: dies., Durchsetzung neuer Männlichkeit, 332ff. Vgl. zum Thema insgesamt die Sammlung von Schriften Martin Luthers zu Ehe und Sexualität in: Luther, Vom ehelichen Leben und andere Schriften über die Ehe.
25. Vgl. Rainer Beck, Spuren der Emotion? Eheliche Unordnung im frühneuzeitlichen Bayern, in: Josef Ehmer/Tamara K. Hareven/Richard Wall (Hrsg.), Historische Familienforschung. Ergebnisse und Kontroversen. Michael Mitterauer zum 60. Geburtstag, Frankfurt a. M./New York 1997, 171–196. Beck untersucht Scheidungsbegehren von Tagelöhnerinnen und Bauersfrauen aus dem 17. Jahrhundert, also schon aus der frühen Neuzeit. Der Sachverhalt wird im Spätmittelalter aber vermutlich nicht anders gewesen sein. Vor dem Hintergrund einer ganz anderen Fragestellung beschreibt Beck das enorme Ausmaß an Gewalt, das es in diesen Ehen – die nicht zufällig geschieden werden sollten – regelmäßig und über lange Zeit hinweg gab.

cher Seite nur schwer zur Wehr setzen. Auch wird der Frau nicht erst in
der Neuzeit das Attribut der Schamhaftigkeit und Keuschheit zugeschrieben. Solche Zuschreibungen lassen sich schon im Mittelalter finden, allerdings deutlich inkonsequenter als in der Neuzeit. Das Mittelalter ist durch eine *Pluralität und Widersprüchlichkeit* von Aussagen über
die sexuellen Dispositionen, Veranlagungen und Wünsche von Frau und
Mann gekennzeichnet. Die Frau, deren Wert ganz an ihre sexuelle Integrität gebunden war, sollte einerseits schamhaft sein. Andererseits sollte
sie den Mann mit sexuellen Initiativen beglücken. Einerseits sollte sie
eine gute Sexualpartnerin sein, andererseits durfte sie nicht zu viel Aktivität entwickeln, um nicht in den Verdacht zu geraten, schamlos oder
gar eine Hure zu sein.[26] Einerseits wurde vor der sexuellen Unersättlich-
keit der Frau gewarnt, andererseits wurden ihre sexuell-erotischen Qualitäten gepriesen. Einerseits schien der Mann durch seine unkontrollierbare Begierde sexuell und moralisch gefährdeter zu sein als die Frau,
andererseits sollte der Mann mit seiner höheren Vernunft sittliches Vorbild für die Frau sein und diese disziplinieren.[27] »Daß die Frauen als das
angeblich körperlich, geistig und moralisch schwächere Geschlecht den
eigenen Begierden, Trieben und Launen stärker ausgeliefert seien, war
in Antike, Mittelalter und Früher Neuzeit eine allgemein akzeptierte
Auffassung.«[28] Ist die Frau nun besonders keusch oder sexuell lüstern?
Ist der Mann sexuell besonders aggressiv oder sittlich-diszipliniert? Im
Ergebnis zeigen sich *konträre Frauen- und Männerbilder*, die jeweils miteinander gekoppelt waren.

Rüdiger Schnell erklärt sich diese Widersprüchlichkeit aus den unterschiedlichen Kontexten, Diskursen und Adressaten. Dabei geht es nicht
so sehr um eine Unterscheidung nach Disziplinen, sondern vorrangig um
die Unterscheidung von spekulativ-theoretisch und pragmatisch-alltags-
weltlich. Die Theologie konnte auf beiden Seiten vorkommen. Während
in den spekulativen Diskursen die Gegensätzlichkeit von Mann und Frau
in der einen oder anderen Variante dominiert, löst sich die Geschlechterdifferenz in den pragmatisch-alltagsweltlichen Texten nahezu auf.

---

26. Vgl. Schnell, Sexualität und Emotionalität in der vormodernen Ehe, 296.
27. Vgl. a. a. O., 352.
28. A. a. O., 353.

Letzteres zeigen nochmals eindrücklich volkssprachliche Texte, die die Hochzeitsnacht beschreiben. Hier ist die allgemein geforderte männliche Aktivität und weibliche Passivität überhaupt kein Thema, auch nicht, dass Sexualität auf Fortpflanzung abzielen solle oder die sexuelle Lust zu mäßigen sei. Die Texte sind vielmehr von einer großen Freude an der sexuellen Vereinigung des Ehepaars gekennzeichnet.»Beide Gatten begehren gleichermaßen die körperliche Vereinigung und die damit verbundene Lust; beide kosten alle möglichen Formen der Lust, die die sexuelle Vereinigung bereithält, aus; beide sehen in der Befriedigung von Lust den einzigen Zweck der körperlichen Vereinigung; deshalb bemühen sich beide Gatten, dem andern möglichst große Lust zu schenken.«[29] Das sexuelle Tun ist eingebettet in die Liebe beider Gatten. Emotionale Zuwendung und sexuelles Handeln durchdringen sich wechselseitig.

Die Texte illustrieren, dass nicht erst im 17. Jahrhundert die Sexualität als essenziell für die Liebe betrachtet wurde, sondern bereits im Mittelalter. Der Liebes- und Ehediskurs war vormodern keineswegs konsequent getrennt.[30] Sexualität, Liebe und Ehe werden durchaus aufeinander bezogen, wenngleich dieser Zusammenhang in der Moderne mit dem Konzept der romantischen Liebe nochmals eine eigene Akzentuierung erfährt.[31]

Fazit: Das Mittelalter ist durch eine sehr vielfältige und zum Teil widersprüchliche Deutungspraxis im Hinblick auf das genderdifferenzierte Sexualverhalten gekennzeichnet. Zugleich hat sich gezeigt, dass im Mittelalter, anders als im 19. Jahrhundert, die Überzeugung weit verbreitet war, dass die sexuelle Lust der Frau unentbehrlich für eine *gelingende Sexualität*, eine gelingende Liebesbeziehung und eine aus ihr resultierende Empfängnis ist:»Eine befriedigende Sexualität scheint im Mittelalter durchgehend, in weltlichen Dichtungen wie in theologischen Texten, als entscheidende Voraussetzung einer gelingenden Ehe gesehen worden zu sein. Deren Fehlen zog nach Auffassung vieler Zeitgenossen

---

29. A. a. O., 428, vgl. zu den zitierten Beispielen: a. a. O., 428ff.
30. So a. a. O., 447, gegen Niklas Luhmann, Liebe als Passion. Zur Codierung von Intimität, Frankfurt a. M. 1988, 52f und 137ff.
31. Das gilt im Übrigen auch für den reformatorischen Ehediskurs, vgl. ausführlich Kapitel III, 3, insbes. 3c).

unweigerlich Ehebruch oder Ehestreit nach sich.«[32] Generell wird Sexualität in den mittelalterlichen Schriften unterschiedlicher Provenienz deutlich höher bewertet als weithin angenommen. Demgegenüber delegiert die Neuzeit mit ihrer strikten Geschlechterdichotomie das sexuelle Begehren und die sexuelle Aktivität ganz an den Mann und weist insbesondere der bürgerlich-tugendhaften Frau im Gegensatz dazu die Aufgabe zu, zart, zurückhaltend, passiv, schamhaft und mehr oder weniger leidenschaftslos zu sein. Frauen sollen Begehren wecken, aber nicht selbst begehren. Sie erleiden die Sexualität (des Mannes) eher als dass sie sie genießen. »Die alten Wertigkeiten wurden [damit] auf den Kopf gestellt. Der Gemeinplatz einer heute weitverbreiteten Psychologie – daß Männer Sex wollen, Frauen aber Beziehungen – ist die exakte Umkehrung der voraufklärerischen Vorstellungen, die, bis in die Antike zurückreichend, Freundschaft mit Männern gleichsetzten und Sinnlichkeit mit den Frauen.«[33] Selbst Teile der frühen Frauenbewegung übernahmen dieses Modell, das Vernunft und Aggressivität dem Mann und Gefühl und Schamhaftigkeit der Frau zuweist, um Sexualität und Leidenschaft abzuwerten, Weiblichkeit aufzuwerten und Frauen eine größere moralische Integrität, Fürsorglichkeit und Menschlichkeit zuzuschreiben.

Bis heute arbeiten wir uns an diesen neuzeitlichen Geschlechterstereotypen ab. Die empirischen Studien zeigen, dass es sich dabei um kulturelle Konstrukte handelt, die keinerlei Überzeitlichkeit oder Objektivität beanspruchen können. Wir wissen heute, dass auch Frauen abstrakt denken, Macht ausüben und *last but not least* sexuell aktiv sein und selbstbewusst begehren können. Umgekehrt können Männer auch mitfühlend sein, sich kompetent und fürsorglich um Kleinkinder kümmern und sexuell desinteressiert oder zurückhaltend sein. Deshalb hat sich die Genderforschung von der Begrifflichkeit »der Mann« und »die Frau« verabschiedet: Die Pluralität innerhalb der Gruppe der Frauen und der Männer ist viel zu groß, um noch verallgemeinernd von einem weiblichen oder männlichen Prototyp im Singular sprechen zu können. Und doch ist die Auffassung von der quasi-natürlichen bipolaren Kom-

---

32. Schnell, Sexualität und Emotionalität in der vormodernen Ehe, 223.
33. Laqueur, Auf den Leib geschrieben, 16.

plementarität der Geschlechter immer noch tief in unserer Kultur verwurzelt, so dass sie nicht nur die Wahrnehmungsmuster des alltäglichen
Lebens, sondern auch die Auslegung biblischer Erzählungen und Texte
nachhaltig bestimmt. Da diese wiederum im geschlechterpolitischen
Diskurs, sowohl im Hinblick auf das Verständnis der Sexualität als auch
der Bewertung von Homosexualität, eine große Rolle spielen, wende ich
mich ihnen im Folgenden ausführlich zu.

5. Sexualität und Gender – biblische Perspektiven

a) Problemanzeigen

Die Analyse der Geschlechterkonfiguration zeigt, dass sich die Vorstellung von der dichotomen Komplementarität der Geschlechter erst im
Zusammenhang einer bestimmten gesellschaftsstrukturellen Entwicklung im 18. und 19. Jahrhundert konsequent durchsetzt. Sie ist damit
verhältnismäßig jungen Datums. Es lassen sich weder zeitübergreifend
noch interkulturell Konstanten im Hinblick auf die Definition von Weiblichkeit und Männlichkeit, der geschlechtsspezifischen Rollen und Verhaltenscodes, ja nicht einmal der Zweigeschlechtlichkeit selbst ausmachen.[1] Schon vor der naturwissenschaftlichen Untersuchung des
Phänomens Intersexualität haben nicht wenige Kulturen die Einrichtung
von drei oder mehreren Geschlechtern gekannt und gepflegt.[2] Die Re-
lationierungen von *sex* und *gender* waren nicht nur im Mittelalter und
in der Antike, sie sind auch global und interkulturell betrachtet äußerst
vielfältig. Gleichwohl hat sich die Auffassung von der natürlichen Komplementarität und Gegensätzlichkeit der Geschlechter tief in die neuzeitliche Theologie eingeschrieben und zwar sowohl in die dialektische
als auch in die liberal-neuprotestantische Tradition. Selbstverständlich
setzen beide Denkrichtungen unterschiedliche Akzente und versuchen
insbesondere zeitgenössische Sozialethiken die Gegensätzlichkeit der

1. Vgl. Tyrell, Geschlechtliche Differenzierung und Geschlechterklassifikation, und ausführlich: Karle, Da ist nicht mehr Mann noch Frau.
2. Vgl. Karle, Da ist nicht mehr Mann noch Frau, 95ff.

Geschlechter in der Regel etwas abzumildern und in diesem Zusammenhang auch zu einer irgendwie gearteten Würdigung von Homosexualität zu kommen. Doch fällt insgesamt die Selbstverständlichkeit auf, mit der nach wie vor von einer physiologischen Zweigeschlechtlichkeit auf psychologische Unterschiede zwischen den Geschlechtern rückgeschlossen wird, die mehr oder weniger direkt aus der körperlichen Differenz abgeleitet werden.[3]

Zwei besonders markante Beispiele seien hier erwähnt: Karl Barth hat in der Mitte des 20. Jahrhunderts in seiner Auslegung der Schöpfungserzählungen großen Wert auf die Relationalität menschlichen Daseins gelegt, allerdings immer orientiert am komplementär-dichotomen Geschlechtermodell. So versteht er die Mann-Frau-Beziehung in Analogie zum Verhältnis von Gott-Mensch und Christus-Gemeinde. Dies weist auf ein asymmetrisches Geschlechterverhältnis hin, das durch die Komplementaritätsthese lediglich abgemildert werden soll. In Barths Interpretation von Gen 2 wird dies vor Augen geführt. Barth erklärt, dass die Frau vom »Mannmenschen« genommen und zu seiner Vollendung erschaffen worden sei. Das begründe die *Suprematie des Mannes*: »Sie ist Ich, indem sie sein Du ist. Sie ist Mensch als die Vollendung seiner Menschlichkeit. [...] Real ist nur die Menschlichkeit, die für die

---

3. Wilfried Härle setzt sich immerhin mit der konstruktivistischen Genderforschung auseinander, verkennt aber, wie stark die Kultur sich in unsere Körper einschreibt und sie verändert. Nicht nur baut die Kultur auf dem objektiven Körper auf, es gibt zugleich signifikante Rückwirkungen von der Kultur auf den Körper und die Körperwahrnehmung und -empfindung (siehe dazu ausführlich Kapitel I). Überdies übersieht Härle, dass die These, dass uns unser Geschlecht nur in kultureller Überformung zugänglich ist, keineswegs bedeutet, dass wir darüber frei verfügen oder es jederzeit verändern könnten. Mit Beliebigkeit (vgl. Wilfried Härle, Ethik, Berlin/New York 2011, 316) hat der Zusammenhang von Körper und Kultur nichts zu tun. Das zeigt die Habitustheorie von Bourdieu hinlänglich (vgl. Karle, Da ist nicht mehr Mann noch Frau, 66ff.). Härle rekurriert seinerseits, obwohl er eigentlich nur physiologische Unterschiede geltend machen will, ganz selbstverständlich auf vermeintliche Wesensunterschiede »als Frau oder Mann mit unweigerlich typisch weiblichen oder männlichen Eigenschaften« (Härle, Ethik, 331). Sind die geschlechtsspezifischen Eigenschaften »unweigerlich«, sind sie fest mit dem Geschlechtskörper verbunden. Das aber, das zeigen alle soziologischen Studien, ist mit der Empirie nicht mehr in Einklang zu bringen. Jede Festlegung einer Eigenschaft als »typisch weiblich« ruft sofort Protest hervor und erweist sich als Klischee, selbst wenn Tendenzen eines weiblichen/männlichen Habitus (siehe dazu auch Kapitel II, 6) immer noch auszumachen sind. Vgl. zu Härle: ders., Ethik, 314ff.

Frau nun eben darin besteht, dem Manne seine Frau, aber eben damit des Menschen Frau zu sein.«[4] Ihr Wesen ist es, neben ihm zu sein. Sie wählt nicht, sondern wird erwählt. Sie ist passiv, er aktiv. Vor diesem Hintergrund konnte Barth nicht zuletzt auch sein eigenes Sexualleben legitimieren und neben der Ehefrau, die den Haushalt und die Kinder versorgte, eine Liebesbeziehung zu seiner Mitarbeiterin Charlotte von Kirschbaum im selben Haus über 35 Jahre lang pflegen – eine Ménage à trois, unter der in jedem Fall die beiden Frauen, die in jeweils unterschiedlicher Weise »Du« für das »Ich« Karl Barths waren, litten.[5]

Dietrich Korsch legt in seiner Dogmatik noch ein halbes Jahrhundert später eine frappierend prinzipialisierende Interpretation des Geschlechterduals vor. Mann und Frau werden dabei typisch neuzeitlich als Gegensätze gefasst. Die Zweiteilung des Menschen in Mann oder Frau hält nach Korsch »nichtreduzierbare Unterschiede«[6] fest. So stelle die Mann-Frau-Differenz den extremsten Fall von Differenz dar. Deshalb sei die Gemeinschaft von Mann und Frau auch eine Gemeinschaft »elementar Gegensätzlicher«[7], die sich komplementär zueinander verhielten. Anschaulich wird die bürgerliche Geschlechtermetaphysik des 19. Jahrhunderts beschworen und zugleich ausgeblendet, dass sich nach den Individualisierungs- und Pluralisierungsprozessen der letzten Jahrzehnte weder die Gruppe der Männer noch die der Frauen mit einem solch strikt binären, bipolaren Muster erfassen lässt. Überdies werden die Unterscheidungen nach Alter, Ethnie, Schicht oder Milieu dabei radikal unterschätzt. So zeigt eine Studie unter weißen und schwarzen Pfarrerinnen und Pfarrern in den USA, dass Unterschiede von »race« und »ethnic group« eine viel größere Rolle für das jeweilige Selbstverständnis und den Habitus der Pfarrerinnen und Pfarrer spielten als »sex differences«.[8]

4. Karl Barth, Kirchliche Dogmatik Bd. III/1, 353.
5. Vgl. Eberhard Busch, Karl Barths Lebenslauf. Nach seinen Briefen und autobiografischen Texten, Zürich 2005, 198ff. Siehe dazu auch: http://de.wikipedia.org/wiki/Charlotte_von_Kirschbaum und: http://zeitzeichen.net/archiv/religion-kirche-theologie/charlotte-kirschbaum-und-karl-barth. Beides zuletzt abgerufen am: 07.05.2014.
6. Dietrich Korsch, Dogmatik im Grundriß. Eine Einführung in die christliche Deutung menschlichen Lebens mit Gott, Tübingen 2000, 98.
7. A. a. O., 99.
8. Vgl. Edward C. Lehman, Gender and Work. The Case of the Clergy, New York 1993, 108.

Korschs vermeintlich biologisch vorgegebene, bipolar konzipierte Geschlechterordnung ist konsequenterweise mit einer Abwertung homosexueller Beziehungen verbunden, die das aus seiner Sicht entscheidende Kriterium der Ehe – nämlich partnerschaftlich mit einem »kategorial anderen« verbunden zu sein – nicht erfüllen könnten. Denn die Ehe ziele auf »die Realisierung von Komplementarität und Gegenseitigkeit«.[9] Beides sei nur in der heterosexuellen Beziehung möglich.

Viele Sozialethiker und Dogmatiker beziehen sich mit ihrer Interpretation der Hetero- wie der Homosexualität auf die Schöpfungserzählungen der Bibel.[10] Dabei ist auffallend, dass sich bei den Themen Sexualität und Gender nicht selten ein merkwürdiger Biblizismus Bahn zu brechen scheint. So wird die Schöpfungserzählung in Genesis 1 dazu verwandt, um entweder die Ehe als Schöpfungsordnung zu begründen[11] oder darauf hinzuweisen, dass hier eine natürliche bipolare Geschlechterdualität ontologisch grundgelegt sei, die zugleich besage, dass der Mensch in der Komplementarität von Mann und Frau füreinander geschaffen sei und sich Sexualität direkt auf den Fortpflanzungsauftrag (Gen 1,28) beziehe.[12] Weil die Schöpfungserzählungen immer wieder als Begründungstexte angeführt werden, um die neuzeitliche Geschlechterkonstellation als biblisch zu erweisen und sie überdies bei jeder kirchlichen Trauung zitiert werden, gehen die folgenden Überlegungen der Frage nach, welche Probleme, Absichten und Diskurse sich hinter diesen Texten denn tatsächlich verbergen bzw. historisch rekonstruieren lassen und was sie für das theologische Nachdenken über Sexualität – sowohl im Hinblick auf die Frage nach der sexuellen Identität als auch im Hin-

9. Korsch, Dogmatik im Grundriß, 102.
10. Neben den bereits genannten vgl. vor allem noch Martin Honecker, Grundriß der Sozialethik, Berlin/New York 1995, 198ff.
11. Vgl. a. a. O., 154.
12. So die Deutung in einem Papier der Kongregation für die Glaubenslehre: »Die gleiche Würde der Personen verwirklicht sich als physische, psychologische und ontologische Komplementarität, die eine auf Beziehung angelegte harmonische ›Einheit in der Zweiheit‹ schafft.« Kongregation für die Glaubenslehre, Schreiben an die Bischöfe der Katholischen Kirche über die Zusammenarbeit von Mann und Frau in der Kirche und in der Welt, 31. Juli 2004, Nr. 8. Und ferner: »Mannsein und Frausein sind so als ontologisch zur Schöpfung gehörend offenbart und deshalb dazu bestimmt, über die gegenwärtige Zeit hinaus Bestand zu haben.« Deshalb bleibe die Unterscheidung von Mann und Frau bis in alle Ewigkeit bestehen. A. a. O., Nr. 12.

blick auf die Sexualität als zwischenmenschliche Begegnung – hermeneutisch reflektiert austragen.

b) Gender und Sexualität in den Schöpfungserzählungen

Der Text mit der größten Wirkungsgeschichte ist zweifellos Gen 1,27. In der Lutherübersetzung heißt es dort: »Gott schuf den Menschen zu seinem Bilde, zum Bilde Gottes schuf er ihn; und schuf sie als Mann und Frau.« Hier werden gleich zwei Themen angesprochen, die in der christlichen Theologie zu eigenständigen großen Dogmen geworden sind: Die Gottebenbildlichkeit des Menschen und die menschliche Geschöpflichkeit in der Dualität von Mann und Frau. Tatsächlich besteht ein Problem schon allein darin, beide Aussagen auseinander zu reißen. Werden beide Aussagen zusammengelesen und im historischen Kontext reflektiert, ergibt sich eine ganz andere Pointe als die der Begründung der ontologischen Dualität und Polarität von Mann und Frau.[13]

Zunächst zur *Gottebenbildlichkeit*: Die Vorstellung von der Gottebenbildlichkeit geht auf die altorientalische Königsideologie zurück, nach der der Pharao Abbild Gottes war. Der Pharao ließ sich auf Bildwerken und Statuen abbilden, um während seiner Abwesenheit seine Präsenz vor Gott sicherzustellen und zugleich die Präsenz Gottes in der Welt zu symbolisieren. Gottesbilder wurden zwar im Alten Israel scharf abgelehnt, aber in Gen 1,27 kehrt das Gottesbild in erstaunlicher Verwendung wieder: Lebendige Menschen, keine leblose Materie, sollen das wahre Bild Gottes sein und Gott und seinen Willen in der Welt repräsentieren. Es gilt dabei zu beachten, dass Mann und Frau nicht *nach*, sondern *zum* Bild Gottes geschaffen sind. Es geht demnach nicht um eine äußerliche Entsprechung mit Gott, sondern um eine Entsprechung der *Funktion*: Nicht nur der Pharao, sondern alle Menschen, männlich wie weiblich, sollen die Welt nach Gottes Willen gestalten und verantwortlich handelnd mit der Schöpfung umgehen. Deshalb folgt der Auftrag zur Mehrung und zum »dominium terrae« direkt danach, wobei zu bedenken ist, dass der »Herrschaftsauftrag« in der weithin unzivilisier-

---

13. Vgl. zu den exegetischen Ausführungen im Folgenden ausführlich: Karle, Da ist nicht mehr Mann noch Frau, 217ff. und 201ff.

ten Welt, in der wilde Tiere eine echte Bedrohung darstellten, einen ganz anderen Sinn hatte als in einer Welt, in der ein radikaler Anthropozentrismus die Schöpfung bedroht.

Die Pointe der Stelle ist mithin, dass die Übertragung des Gottesbildes nicht nur dem König, sondern unterschiedslos *allen* Menschen zukommt.[14] Der Akzent liegt nicht auf der Zweigeschlechtlichkeit des Menschen, sondern darauf, dass im Hinblick auf die Gottebenbildlichkeit nicht zwischen männlichen und weiblichen Menschen unterschieden werden kann und darf. »Hier ist der Sachverhalt, daß es keinen Rangunterschied zwischen Mann und Frau gibt [...], eindeutig dargestellt.«[15] Alle sind gemeint, nicht nur Israeliten, nicht nur der König, nicht nur Männer, sondern *alle*. Die Formulierung zielt auf die Beteiligung einer Gesamtheit ab, nicht auf die Betonung der Geschlechterpolarität, die man erst von modernen Wahrnehmungskonventionen her in sie hineingelesen hat. Es erscheint insofern völlig absurd, Menschen (Intersexuelle, Hermaphroditen und andere *In-Betweens*), die keine zweifelsfreie geschlechtliche Identität vorweisen können oder sich mit einer nicht-heterosexuellen Identität nicht fraglos dem Raster der Geschlechterdichotomie fügen, unter Bezugnahme auf diese Stelle als Abweichung von der Norm zu diskriminieren.[16]

Die Schöpfungserzählung aus Gen 1 hat in einer menschenleeren Welt ein Interesse an der sexuellen Fortpflanzung und setzt damit Heterosexualität selbstverständlich voraus. Sie ist aber weit davon entfernt, eine ontologisch zu verstehende Differenz zwischen den Geschlechtern zu markieren und für alle Zeiten festzuschreiben. Letzteres ist eine typisch neuzeitliche Sicht der Dinge.

Anders als in der Gegenwart wurde im Alten Orient nicht eindeutig zwischen *sex* und *gender*, zwischen Körper und Kultur oder zwischen

---

14. Vgl. Erich Zenger, Die Schöpfungsgeschichten der Genesis im Kontext des Alten Orient, in: Welt und Umwelt der Bibel 2 (1996), 20–33, 27.

15. Manfred Weippert, Tier und Mensch in einer menschenarmen Welt. Zum sog. dominium terrae in Genesis 1, in: Hans-Peter Mathys (Hrsg.), Ebenbild Gottes – Herrschaft über die Welt. Studien zu Würde und Auftrag des Menschen, Neukirchen-Vluyn 1998, 35–55, 47.

16. Vgl. Karle, Da ist nicht mehr Mann noch Frau, 224f.

Leib und Seele unterschieden.[17] Der Körper ist vielmehr ein »symbolisches Phänomen. Er gehört mindestens ebenso in den Bereich der Imagination wie in den der Biologie.«[18] Statt mit dieser Stelle die »natürliche« Gegensätzlichkeit der Geschlechter zu begründen, erscheint es viel sachgemäßer, die Inklusionsabsicht von Gen 1,27 aufzunehmen und die Bezeichnungen »männlich« und »weiblich« sowohl körperlich als auch psychisch als Pole mit vielen fließenden Übergängen dazwischen zu verstehen.

Damit kommen wir zur zweiten Schöpfungserzählung in Gen 2–3. Es spricht viel dafür, dass sie erst in Reaktion auf Gen 1 entstanden ist.[19] Die Weisheit, der diese Erzählung zugeschrieben wird, hegte ernsthafte Zweifel daran, dass die Schöpfung »sehr gut« ist, wie es in Gen 1 immer wieder heißt. Sie geht vielmehr von der *Erfahrung der Lebensminderung* und damit einer tief empfundenen Ambivalenz des Lebens aus, die sowohl sozial und kulturell in der Härte der Arbeit und der Unterdrückung von Frauen, als auch in der Natur, vor allem hinsichtlich der enormen Schmerzen, die Frauen bei der Geburt von Kindern erleiden, wahrgenommen wird (vgl. Gen 3,16ff.). Im Hinblick auf Letzteres ist nicht zuletzt auch an die hohe Müttersterblichkeit zu denken. Ganz anders als in Gen 1 ist die sexuelle Fortpflanzung für die Erzählung in Gen 2–3 eine ambivalente Angelegenheit. Deshalb kommt sie auch erst als Folge der Gebotsübertretung in den Blick.

Nun sind in der zweiten Schöpfungserzählung gleich mehrere Gesichtspunkte aufschlussreich. Zunächst ist der erste Mensch nicht einfach der Mann mit dem Eigennamen Adam, sondern wörtlich übersetzt ein »Erdwesen«, das von der *adamah*, dem Erdboden, entnommen ist. Adam wird dann zwar später tatsächlich zum Eigennamen des Man-

17. Vgl. ausführlich zum biblischen Verständnis von Leib und Seele: Kapitel I, 3b), c) und e).
18. Friedhelm Hartenstein, Das »Angesicht JHWHs«. Studien zu seinem höfischen und kultischen Bedeutungshintergrund in den Psalmen und in Exodus 32–34, Tübingen 2008, 18.
19. Die Datierung der beiden Schöpfungsberichte ist nach wie vor umstritten. Aus der Sicht der neueren Forschung spricht aber viel dafür, Gen 2f. als jünger als Gen 1 zu betrachten. Vgl. ausführlich: Karle, Da ist nicht mehr Mann noch Frau, 202ff. und neuerdings: Andreas Schüle, Die Urgeschichte (Genesis 1–11). Zürcher Bibelkommentare Altes Testament, Zürich 2009.

nes – das hat eine androzentrische Lesart gefördert –, aber zunächst ist
dieses Erdwesen noch ungeschlechtlich oder auch androgyn und vor
allem einsam. Genau darunter leidet Adam. Deshalb schafft Gott zuerst
die Tiere, aber diese sind kein adäquates Gegenüber. Dann lässt Gott
einen Tiefschlaf auf sein Erdwesen fallen und baut einen zweiten Menschen aus ihm. Erst danach erfolgt die Differenzierung in Mann (*isch*)
und Frau (*ischah*). Die Übersetzung »Gehilfin« von Martin Luther legt
zwar Inferiorität nahe, aber das hebräische Wort *ezer* wird ansonsten
nur von der Hilfe Gottes ausgesagt und trägt insofern keinerlei inferiore
Konnotationen mit sich. Die Pointe der Stelle ist, dass der Mensch andere Menschen braucht, um Mensch sein zu können, einen Menschen,
der ihm auf Augenhöhe gegenüber tritt und seine Einsamkeit beendet.
Dabei betont der zum Mann gemachte Adam die große Ähnlichkeit
zwischen ihm und seiner Gefährtin: »Das ist doch Bein von meinem
Bein und Fleisch von meinem Fleisch, man wird sie Männin nennen,
weil sie vom Manne genommen ist.« (Gen 2,23) Hier drückt sich die
große Freude Adams über die Ebenbürtigkeit der Gemeinschaft von
Mann und Frau aus. Adam wirkt geradezu verdutzt ob der frappanten
Ähnlichkeit seines Gegenübers. Nicht die Differenz oder Gegensätzlichkeit der Geschlechter wird akzentuiert, sondern ihre unwahrschein-
liche Gleichheit.

Dass Gen 2 als utopischer Gegenentwurf zur patriarchalen Wirklichkeit, die das Alte Israel wie insgesamt den Alten Orient bestimmte, gelesen werden kann, macht nicht zuletzt Gen 2,24 deutlich: »Darum wird
ein Mann seinen Vater und seine Mutter verlassen und seiner Frau anhangen und sie werden sein *ein* Fleisch.« Hier wird der im Alten Orient
tatsächlich existierenden Patrilokalität eine *utopische Matrilokalität* gegenübergestellt. Damit wird der Grundpfeiler der Ungleichheit der Geschlechter umgekehrt: Nicht mehr verlässt eine Frau Vater und Mutter,
um ganz von der Familie der männlichen Seite vereinnahmt und von
ihr subordiniert zu werden, sondern ein Mann verlässt Vater und Mutter, um an seiner Frau zu hängen und sich an sie zu binden. Mit dieser
Umkehrung macht die Erzählung deutlich, dass das patriarchale Zusammenleben der Geschlechter einen Rückschritt gegenüber der Schöpfungsintention Gottes darstellt. Als Alternativmodell wird eine denkbar
enge Beziehung zwischen Mann und Frau imaginiert, die von einer gro-

ßen Hingabe *des Mannes* (nicht nur der Frau) ausgeht und Gleichheit intendiert.[20]

Die Strafsprüche in Gen 3,16, die eine lebensmindernde patriarchale Wirklichkeit beschreiben, drücken insofern nicht den Willen Gottes aus, sondern vielmehr dessen Leiden am patriarchalen Alltag. Der ursprüngliche Wille Gottes zielte auf eine Gemeinschaft ab, in der sich Mann und Frau wechselseitig aneinander freuen, aneinander hängen und sich ganz ohne Scham lieben. Zugleich wird in der Utopie von Gen 2,24 deutlich, was dem Menschen prinzipiell möglich ist: »Der Mensch lebt nicht mehr im Garten Eden, aber was dort galt, ist nicht nur einfach verschwunden, es ist nach wie vor als Möglichkeit vorhanden, überdeckt freilich und gebrochen durch Anderes, Negatives.«[21]

Für die Fragestellung hier ist entscheidend, dass mit der Erzählung von Gen 2–3 nicht die Asymmetrie oder Gegensätzlichkeit von Mann und Frau begründet werden sollte. Eher ist das Gegenteil der Fall. Überdies geht Gen 2,24 von einer bemerkenswert positiven Bewertung von Sexualität aus. Das Motiv der Nacktheit in Gen 2,25 weist darauf hin, dass sich Mann und Frau in jeder Hinsicht entsprechen und dieselbe Würde besitzen. Dass sie sich nicht voreinander schämen, ist »Ausdruck ungestörter Gemeinschaft – noch ohne jeden Bruch oder Riss«,[22] ohne jede Bloßstellung oder Beschämung. Erst mit der Gebotsübertretung wird die Trennung der Geschlechter akzentuiert (sie schämen sich voreinander), erst jetzt agiert jeder für sich alleine.[23]

---

20. Vgl. zu dieser Auslegung u. a.: Eckart Otto, Die Rechtsgeschichte von Familie und Ehe im antiken Judentum der hebräischen Bibel. Die Dialektik genealogischer und religiöser Normenbegründung im Familienrecht, in: Andreas Holzem/Ines Weber (Hrsg.), Ehe – Familie – Verwandtschaft. Vergesellschaftung in Religion und sozialer Lebenswelt, Paderborn 2008, 65–88, 81f. Ganz ähnlich auch: Hermann Spieckermann, Ambivalenzen. Ermöglichte und verwirklichte Schöpfung in Gen 2f, in: ders., Gottes Liebe zu Israel. Studien zur Theologie des Alten Testaments, Tübingen 2001, 49–61. Zu den Implikationen von Gen 2,24 vgl. ausführlich: Kapitel III, 2.

21. Frank Crüsemann, » ... er aber soll dein Herr sein« (Gen 3,16). Die Frau in der patriarchalischen Welt des Alten Testamentes, in: ders./Hartwig Thyen (Hrsg.), Als Mann und Frau geschaffen. Exegetische Studien zur Rolle der Frau, Gelnhausen u. a. 1978, 13–106, 55f.

22. Friedhelm Hartenstein, »Und sie erkannten, dass sie nackt waren...« (Gen 3,7). Beobachtungen zur Anthropologie der Paradieserzählung, in: EvTh 65/4 (2005), 277–293, 286.

23. Vgl. ebd. und ausführlich: Karle, Da ist nicht mehr Mann noch Frau, 214ff.

Noch ein letzter Hinweis: Im Neuen Testament wird in Galater 3,27f. eine urchristliche Tauformel zitiert:»Denn ihr alle, die ihr auf Christus getauft seid, habt Christus angezogen. Hier ist nicht Jude noch Grieche, hier ist nicht Sklave noch Freier, hier ist nicht Mann noch Frau; denn ihr seid allesamt einer in Christus Jesus.« Während die Auslegungsgeschichte mit den Dualen Jude-Grieche und Sklave-Freier keine Probleme hatte, löste die Relativierung des Duals »Mann-Frau« erhebliche Irritationen aus, ging es bei ihm doch um die unverrückbaren natürlichen Geschlechterunterschiede und die bleibende Andersheit von Mann und Frau.[24] Die neueren exegetischen Forschungen betonen nun aber, dass dieser Dual durch die Neuschöpfung in Christus genauso transzendiert werde wie die beiden anderen Größen: Die Geschlechtsunterschiede zwischen Mann und Frau werden in der Gemeinschaft Jesu Christi bedeutungslos[25] oder doch stark relativiert.

Diese Interpretation wird gestützt durch die Tatsache, dass die Septuagintaversion von Gen 1,27 in Gal 3,28c direkt – und zwar in der Verneinung – zitiert wird: Wer Christus angezogen hat, für den gilt »nicht mehr männlich und weiblich« (in Gen 1,27 hieß es: »Gott schuf sie männlich und weiblich«). In der neuen Schöpfung in Christus sind nicht mehr die Grenzen von Ethnie, Herkunft, Schicht und Geschlecht die bestimmenden Parameter. Hier dürfen Menschen nicht mehr diskriminiert und dazu gezwungen werden, sich gesellschaftlich vorgegebenen Erwartungen der Über- und Unterordnung, des Ein- und Ausschlusses zu fügen.

Die Gemeinschaft in Christus stellt als neue Schöpfung vielmehr eine inklusionsorientierte, schöpferisch-vielfältige Gemeinschaft mit vielen individuellen Charismen und Persönlichkeiten dar und bezeugt gerade so den Geist der Freiheit, der den ganzen Galaterbrief bestimmt, denn »zur Freiheit hat uns Christus befreit!« (Gal 5,1) Dieses Ethos entspricht auch der Verkündigung Jesu, seinen inkludierenden Mahlfeiern, seinen Krankenheilungen und Dämonenaustreibungen, seiner Botschaft vom Reich Gottes, bei der Jesus die Randständigen und Marginalisierten be-

---

24. Vgl. zu Beispielen: a. a. O., 228f.
25. Vgl. Hans D. Betz, Der Galaterbrief. Ein Kommentar zum Brief des Apostels Paulus an die Gemeinde in Galatien, München 1988, 344.

sonders im Blick hatte, sie heilte, aufrichtete, tröstete und ihnen neue
Lebensperspektiven eröffnete.

Diese Deutungen und Erkenntnisse blenden den Androzentrismus
der biblischen Überlieferungen nicht aus. Auch die Tatsache, dass Paulus den Spitzensatz von Galater 3,28 vielfach unterbot, soll keineswegs
geleugnet werden. Aber die Überlegungen zeigen, dass die biblischen
Überlieferungen im Hinblick auf die Frage des (auch sexuellen) Zusammenlebens der Geschlechter sehr viel mehr an Anregungen und Denkanstößen zu bieten haben als nur das überkommene komplementäre
Geschlechterklischee zu bestätigen, das neuzeitlich in sie hineingelesen
wird. Insbesondere die wechselseitige innige Anhänglichkeit von Mann
und Frau und die selbstzweckliche Freude an der Sexualität (Gen 2,24f.)
sind hervorzuheben. Die biblischen Schöpfungserzählungen sind weit
davon entfernt, die neuzeitlich-bipolare Ehe als Schöpfungsordnung zu
begründen. Aus ihnen abzuleiten, dass allein eine Beziehung zwischen
Mann und Frau schöpfungsgemäß sei, ist eine biblizistische Überhöhung
der Stelle, die weder der Intention der Schöpfungserzählungen noch
dem gegenwärtigen fachwissenschaftlichen Diskussionsstand gerecht
wird und überdies durch die Neuschöpfung in Christus eine grundlegende Relativierung erfährt.[26]

c) Homosexualität

Während die römisch-katholische Kirche und die orthodoxen Kirchen
von einer öffentlichen Anerkennung homosexueller Lebensführung
weit entfernt sind, wird über dieses Thema in den protestantischen
und anglikanischen Kirchen derzeit heftig diskutiert.[27] Insgesamt
zeichnet sich in vielen protestantischen Kirchen eine Veränderung der
Diskussionslage ab. Innerhalb der EKD gibt es inzwischen etliche Landeskirchen, die Homosexualität offiziell als anthropologischen Grundtatbestand anerkennen und offensiv einer Diskriminierung von Ho-

---

26. Bernd Oberdorfer bemerkt zu einer exklusiv heterosexuellen Normierung von Sexualität,
    die sich auf Gen 1 und 2 bezieht: »Dass Männer üblicherweise Frauen heiraten, muss [...]
    nicht notwendig bedeuten, dass dies nur so und nicht anders sein kann.« Oberdorfer,
    Homosexualität als hermeneutische Herausforderung, 479.
27. Vgl. dazu ausführlich: A. a. O.

mosexuellen entgegentreten. In diesen Kirchen ist es inzwischen auch schwulen oder lesbischen Pfarrerpaaren offiziell gestattet, im Pfarrhaus zu leben. In anderen Kirchen ist insbesondere Letzteres noch umstritten. Ebenso uneindeutig stellt sich das Bild im Hinblick auf die Frage der Segnung gleichgeschlechtlicher Paare oder der eheanalogen Trauung dar.[28] Insgesamt wird in offiziellen kirchlichen Papieren der EKD Homosexualität nicht mehr als Sünde bezeichnet, wenngleich die EKD-Orientierungshilfe »Mit Spannungen leben« aus dem Jahr 1996 diesbezüglich einen Rückschritt hinter ältere theologische und kirchliche Voten darstellt.[29] Die EKD-Orientierungshilfe »Zwischen Autonomie und Angewiesenheit« aus dem Jahr 2013 geht demgegenüber ganz selbstverständlich von der Analogie homosexueller und heterosexueller Paarbeziehungen aus, hat damit aber gesellschaftsweit kontroverse Debatten ausgelöst.[30]

Die Gründe, die traditionellerweise für die Ablehnung oder Abwertung von Homosexualität im Christentum angeführt wurden und noch werden, sind folgende: Erstens sind nach der neuzeitlichen Komplemen-

28. Kirchliche Ordnungen und Liturgien für die Segnung gleichgeschlechtlicher Paare finden sich u. a.: Ordnung des kirchlichen Lebens in der Evangelischen Kirche in Hessen und Nassau (Lebensordnung) vom 15. Juni 2013, Abschnitt V. Die Trauung (Segnung einer standesamtlichen Eheschließung) und die Segnung einer eingetragenen Lebenspartnerschaft, 52ff., online: http://www.ekhn.de/fileadmin/content/ekhn.de/download/presse/NeueLebensordnung_2013.pdf. Ferner: Segnung von Paaren in eingetragener Lebenspartnerschaft. Materialien für den Gottesdienst, hrsg. vom Landeskirchenamt der EKKW, Kassel 2013, online: http://www.ekkw.de/media_ekkw/downloads/131025_segnung_von_paaren.pdf. Darüber hinaus: Zentrum Verkündigung der EKHN, Liturgisches Material für einen Gottesdienst anlässlich der Segnung eines gleichgeschlechtlichen Paares, 2004, online: http://www.zentrum-verkuendigung.de/fileadmin/content/Zentrum_allgemein/News-Downloads/Segnung_gleichgeschlechtlicher_Lebenspartnerschaften.pdf. Schließlich: Kirchenleitung der EKvW, Andacht für Lebenspartnerschaften. Eine Arbeitshilfe, 2003, online: http://www.evangelisch-in-westfalen.de/fileadmin/ekvw/dokumente/arbeitshilfen/arbeitshilfe_2003_andacht_lebenspartnerschaften.pdf. Alle zuletzt abgerufen am: 07.05.2014.
29. Vgl. Mit Spannungen leben. Eine Orientierungshilfe des Rates der EKD, Hannover 1996, 19, 20, 41. Die homosexuelle Praxis widerspreche angesichts der »allgemeinen biblischen Aussagen zum Menschenbild und zur Sexualität« dem Schöpferwillen Gottes. A. a. O., 21.
30. Zwischen Autonomie und Angewiesenheit. Familie als verlässliche Gemeinschaft stärken. Eine Orientierungshilfe des Rates der EKD, Gütersloh 2013. Zur Diskussion über die Orientierungshilfe siehe auch Kapitel III, 1c).

taritätsthese Männer und Frauen prinzipiell verschieden. Deshalb stelle nur die Einheit von Mann und Frau eine sinnvolle Ergänzung (in der Ehe) dar. Daraus folgt, dass ein homosexuelles Paar, das aus zwei »Gleichen« besteht, als defizitär oder gar schöpfungswidrig zu betrachten ist. Nicht weniger gewichtig ist zweitens, dass die wenigen biblischen Textstellen, die auf homosexuelle Praktiken Bezug nehmen, dies ausschließlich in negativer Weise tun. Drittens wird in den meisten Sozialethiken, die sich um eine Würdigung gleichgeschlechtlicher Liebe und Partnerschaft bemühen, die Vorrangstellung der heterosexuellen Ehe vor der homosexuellen Partnerschaft mit der Fortpflanzungsfähigkeit allein des heterosexuellen Paares verteidigt. Aufgrund mangelnder Fortpflanzungsfähigkeit könnten homosexuelle Partnerschaften keinen besonderen staatlichen Schutz (wie die Ehe) genießen und deshalb auch keine Ehe eingehen.[31] Vor diesem Hintergrund wird die rechtliche Möglichkeit, die sich in nicht wenigen europäischen Nachbarstaaten abzeichnet, die Ehe für gleichgeschlechtliche Paare zu öffnen, mit dem Hinweis auf die biologische Zeugungsunfähigkeit abgelehnt.

Der Konstruktcharakter des komplementären, keineswegs überzeitlichen oder biblischen, sondern vielmehr neuzeitlichen Geschlechtermodells wurde bereits erörtert. Die folgenden Überlegungen gehen deshalb auf die beiden anderen Begründungsmuster ein. Zunächst zum biblischen Befund: Die wenigen Stellen, an denen sich die Bibel auf homosexuelle Praktiken bezieht, sind in hohem Maß vom kulturellen und sozialen Kontext ihrer Zeit abhängig. So geht es in Gen 19 um die Ver-

---

31. Vgl. die jüngste, durch ihren unverhohlenen Biologismus auffällige Stellungnahme von Gunter Wenz, Abraham und Jakob sind keine Vorbilder. Zur ethischen Orientierung für das Zusammenleben in Ehe und Familie, in: Nachrichten der Evangelisch-Lutherischen Kirche in Bayern 68/10 (2013), 317–321, 320f. Vgl. darüber hinaus Trutz Rendtorff, Ethik. Grundelemente, Methodologie und Konkretionen einer ethischen Theologie, Bd. 2, Stuttgart/Berlin/Köln/Mainz 1981, 59; Ulrich H. J. Körtner, Evangelische Sozialethik. Grundlagen und Themenfelder, Göttingen ³2012, 284 und Wilfried Härle, Ethik, 360f. Anders optieren Hartmut Kreß, Gleichgeschlechtliche Partnerschaften ohne und mit Kindern. Persönlichkeits- und Kinderrechte als Maßstab der Ethik – Probleme der Kirchen, in: EvTh 73/5 (2013), 364–376, 365; Johannes Fischer, Homosexualität und Kirche – eine unendliche Geschichte, in: ders., Handlungsfelder angewandter Ethik. Eine theologische Orientierung, Stuttgart/Berlin/Köln 1998, 95–105, 103f. und Siegfried Keil und Martin Haspel (Hrsg.), Gleichgeschlechtliche Lebensgemeinschaften in sozialethischer Perspektive. Beiträge zur rechtlichen Regelung pluraler Lebensformen, Neukirchen-Vluyn 2000.

urteilung der Verletzung des Gastrechts sowie der sexuellen Gewalt. An anderen Stellen dient das Verbot homosexueller Praktiken der Abgrenzung gegenüber fremdreligiösen Kultpraktiken. Insgesamt fällt auf, dass es bei der biblischen Verurteilung gleichgeschlechtlicher Praktiken immer um den Gesichtspunkt der Promiskuität als Folge der Abkehr von Gott geht. Diese wird verurteilt. So stehen sowohl in Lev 18,22 und 20,13 als auch in Röm 1,26ff. die Aussagen über sexuelle Promiskuität in einem unmittelbaren kausalen Zusammenhang mit dem Götzendienst des Unglaubens. Die Möglichkeit einer sexuellen Disposition, die Menschen nicht selbst zu verantworten haben, und ein verantwortlicher Umgang mit dieser Disposition in einer partnerschaftlichen Beziehung liegen nicht im Horizont der biblischen Schriften.[32]

Der heutige Begriff »Homosexualität« wurde – wie der Begriff Sexualität – erst im 19. Jahrhundert geprägt und im 20. Jahrhundert üblich. Homosexualität wurde in der Antike nicht einer bestimmten Kategorie von Personen zugeordnet, sondern als Laster angesehen, dem (meist heterosexuelle) Männer nachgingen. Dabei spielte die Päderastie eine große Rolle. So war es dem freien römischen (auch verheirateten) Bürger erlaubt, mit Knaben und Epheben sexuell zu verkehren und sie vor allem als Sklaven sexuell auszubeuten. Paulus prangert dieses Sexualverhalten in 1 Kor 6,9 an (er spricht dort von »Lustknaben« und »Knabenschändern«). Von dieser Praxis sollten sich die Christen distanzieren. Insgesamt ist die Sexualität biblisch ein Bereich, der besonderer Verantwortlichkeit unterworfen ist. Da der Mensch eine leib-seelische Einheit ist, ist es alles andere als gleichgültig, mit wem er sexuell verkehrt. Für Paulus ist entscheidend, dass Sexualität in eine partnerschaftliche Beziehung eingebettet ist und in wechselseitigem (!) Respekt vor den Bedürfnissen der anderen Person (vgl. v. a. 1 Kor 7,2ff.) gelebt wird.[33]

Doch selbst wenn man Röm 1,26ff. grundsätzlicher interpretieren will, ist es unabdingbar, biblische Aussagen hermeneutisch zu reflektieren und damit auch der innerkanonischen Kritik zu unterziehen. Paulus bezeichnet homosexuellen Verkehr in Röm 1,26f. als widernatürlich.

---

32. Zur biblischen Verurteilung von Homosexualität vgl. Holger Tiedemann, Die Erfahrung des Fleisches. Paulus und die Last der Lust, Stuttgart 1998, 233–274.

33. Vgl. dazu ausführlich Kapitel I, 3b).

Dazu ist zum einen zu bemerken, dass der Naturbegriff, den Paulus verwendet, kulturell stark imprägniert ist. So hielt es Paulus auch für naturgemäß, dass Frauen lange und Männer kurze Haare tragen (vgl. 1 Kor 11,14f.). Natur liegt nicht als objektives Faktum vor, sondern tritt immer nur kulturell überformt in Erscheinung.[34] Zum andern, und das ist das hermeneutisch tragende Argument, ist der Geist des Neuen Testaments ein Geist der Freiheit und der Nächstenliebe. Menschen, die sich zu Christus bekennen und sich auf seinen Namen taufen lassen, stehen im Machtbereich dieses Geistes. Sie sind Teil der Neuschöpfung, die die Grenzen von Herkunft, Schicht und Geschlecht transzendiert, die aus Unterdrückung und Repression befreit und der Freiheit charismatischer Individualität und Vielfalt Raum gibt (Gal 3,27f.). Widersprechen aus gegenwärtiger Perspektive zeitgebundene Aussagen diesen sozialethischen und ekklesiologischen Leitvorstellungen, sind sie als nicht evangeliumsgemäß zu kritisieren.

Im Hinblick auf viele andere biblische Bewertungen und kulturell abständige Vorstellungen ist diese Kritik auch längst erfolgt. So hat sich die evangelische Kirche in einem langen theologischen Diskussions- und Erkenntnisprozess in der zweiten Hälfte des 20. Jahrhunderts dazu durchgerungen, die Aussage, dass Frauen in der Gemeinde schweigen und sich unterordnen sollen (1 Kor 14,33ff.), als überholt und nicht evangeliumsgemäß zu betrachten. Die evangelische Kirche hat Frauen in der Konsequenz rechtlich gleichgestellt und zur Ordination für das Pfarramt mit allen Rechten und Pflichten zugelassen. Den Befürwortern der Frauenordination wurde damals – wie denjenigen, die sich gegenwärtig für die volle Akzeptanz nicht-heterosexueller Menschen einsetzen – Zeitgeistanfälligkeit und Bibelvergessenheit vorgeworfen. Doch war ihre Argumentation theologisch fundiert und differenziert. Deshalb konnten sie sich schließlich auch in den Synoden *aller* Landeskirchen durchsetzen. Heute ist die Frauenordination selbst in konservativen Kreisen kein Thema mehr und kann sich keiner mehr vorstellen, Frauen qua Geschlecht nicht auf die Kanzel zu lassen. »Der Buchstabe tötet, der Geist aber macht lebendig« – dieser Satz des Paulus (2 Kor 3,6) ist eine innerbiblische hermeneutische Lektüreanweisung zum Verständnis der

---

34. Vgl. dazu auch Körtner, Evangelische Sozialethik, 277 und ausführlich Kapitel I, 1.

Schrift, die darauf abzielt, den Sinn des gesamtbiblischen Zeugnisses zu eruieren, ihm zu folgen und nicht unhistorisch Einzelanweisungen aus dem Kontext zu isolieren und zu verabsolutieren.

Homosexualität kommt in der Tier- und Menschenwelt vor. Sie ist eine Grunddisposition menschlicher Sexualität.[35] Inwieweit die sexuelle Orientierung schon vor der Geburt festgelegt ist oder erst durch unterschiedliche Faktoren in der Kindheit und Jugend ausgeprägt wird, lässt sich nicht mit Sicherheit sagen. Das ist aber auch nicht weiter von Belang. Menschen erleben sich subjektiv als hetero-, homo-, trans- oder auch bisexuell empfindend. Dieses Empfinden hat nichts mit einer subjektiven Willensentscheidung zu tun. Selbst wenn es lebensgeschichtlich zu einer Revision der sexuellen Orientierung kommt, spielen kognitive Willensprozesse dabei nicht die entscheidende Rolle. Sexuelles Empfinden ist viel zu komplex, um es willentlich über Entscheidung steuern oder herbeiführen zu können.

Die sexuelle Identität ist Teil der Personalität des Menschen und als solche zu würdigen und zu achten. Homosexualität gehört wie Heterosexualität in den Kontext einer verantwortlich gelebten Sexualität. Die »kirchliche Verweigerung der Anerkennung einer solchen Partnerschaft marginalisiert, diskriminiert und kriminalisiert homosexuell veranlagte Menschen in einer Weise, welche die auch ihnen schöpfungsgemäß zukommende Würde der personalen Identität abspricht und sie für etwas verantwortlich macht, was ihnen in ihre Natur gelegt ist.«[36] Wie sehr Homosexuelle noch in der Gegenwart unter Diskriminierung leiden, zeigt eine Studie der Universität Zürich, nach der jeder fünfte Schwule schon einen Suizidversuch hinter sich hat. »33 % derjenigen Schwulen, die sich mit Suizidgedanken plagen, tätigen tatsächlich den Versuch, sich umzubringen. Bei Heterosexuellen sind es lediglich 3 %.«[37] Beson-

---

35. Vgl. Udo Rauchfleisch, Art. Homosexualität I. Anthropologisch/II. Soziologisch, in: LThK V, Freiburg u. a. ³1996, Sp. 254–255, 254.
36. Jens Herzer, »Der Buchstabe tötet« (2. Kor 3,6). Exegetische und hermeneutische Überlegungen zur aktuellen Debatte um die Homosexualität, unveröffentlichtes Manuskript.
37. http://g-blick.de/Homosexualitaet-3/Suizidversuch_bei_jedem_fuenften_Schwulen. Vgl. auch Jen Wang/Michael Häusermann/Hans Wydler/Meichun Mohler-Kuo/Mitchell G. Weiss, Suicidality and sexual orientation among men in Switzerland. Findings from 3 probability surveys, in: Journal of Psychiatric Research 46/8 (2012), 980–986.

ders gefährdet sind junge Homosexuelle zum Zeitpunkt des Coming Out. Deshalb ist es unabdingbar, sexuelle Vielfalt schon in der Schule zu thematisieren und sie mit Heterosexualität gleichwertig zu behandeln.

Das Leiden von Homosexuellen rührt nicht aus der Neigung oder Orientierung selbst, »sondern aus den gesellschaftlichen und kirchlichen Konventionen, die Homosexuellen ein Leben in Würde und Bejahung ihrer Persönlichkeit versagt, sie stigmatisiert und unterdrückt und letztlich in Milieus abdrängt, in denen sie keine Möglichkeit für einen verantwortungsvollen Umgang mit ihrer Sexualität haben. Das bedeutet aber auch, dass eine Gesellschaft und eine Kirche, die homosexuell veranlagte Menschen ausgrenzt und ihnen dadurch die Möglichkeit zu einer verbindlichen und verantworteten Lebensgemeinschaft verweigert, an diesen Menschen und ihrer Würde vor Gott schuldig wird. Um dies zu verhindern, muss gerade die Kirche alles tun, damit homosexuell veranlagte Menschen nicht in eine Subkultur verdrängt werden und damit der Promiskuität geradezu ausgeliefert werden.«[38]

Nicht die Unterscheidung Hetero- oder Homosexualität ist entscheidend, sondern die Frage nach den grundlegenden ethischen Kriterien einer verantwortlich gelebten Sexualität und Partnerschaft. Selbstverständlich kann homosexuelle Praxis zur Sünde pervertieren, aber dies gilt in gleicher Weise für heterosexuelle Liebe. Im Übrigen sind gleichgeschlechtliche wie heterosexuelle Paare auf eine förderliche kulturelle Umgebung angewiesen, um Partnerschaften dauerhaft und verbindlich leben zu können. Das Lebenspartnerschaftsgesetz aus dem Jahr 2001 war ein erster wichtiger Schritt in diese Richtung. Zugleich stellte sich mit diesem Gesetz in Kirche und Theologie noch einmal die Frage nach der Analogie oder Nichtanalogie homo- und heterosexueller Paarbeziehungen.

Damit sind wir beim dritten Einwand gegen eine völlige Gleichstellung von gleichgeschlechtlichen Lebenspartnerschaften: Homosexuelle Paare sind, so das Argument, nicht wie die Ehe auf Fortpflanzung hin orientiert und könnten deshalb auch nicht mit der Ehe gleichgestellt werden. Vor diesem Hintergrund insistiert z. B. auch Ulrich Körtner auf dem *Abstandsgebot* zwischen heterosexueller (Ehe) und homosexu-

---

38. Jens Herzer, Der Buchstabe tötet.

eller Lebenspartnerschaft (Nichtehe). Körtner betont zwar, dass Sexualität nicht auf die biologische Funktion der Fortpflanzungsfähigkeit beschränkt werden dürfe, sondern konstitutiv zur personalen Identität jedes Menschen gehöre: »Sexualität hat daher unabhängig von ihrer sozialen Funktion für das Personsein des Menschen ihr eigenes Recht und ihren eigenen Wert. [...] Mit der Würde der Person ist auch deren sexuelle Orientierung grundsätzlich zu achten.«[39] Aber zugleich schränkt er den Leitbildercharakter der Ehe auf die heterosexuelle Paarbeziehung ein, weil nur diese fortpflanzungsfähig sei und nur ihr die Möglichkeit der Familienbildung inhärent sei.[40]

Diese Argumentation ist in mehrfacher Hinsicht nicht stichhaltig. So gibt es eine wachsende Anzahl ungewollt und gewollt kinderloser Ehepaare, denen man vor dem Hintergrund ihrer womöglich schon bekannten oder geplanten Kinderlosigkeit das Recht auf die Ehe nicht wird absprechen können und wollen. Im ersten Fall ist es Paaren trotz Heterosexualität biologisch nicht möglich, Kinder zu bekommen, im zweiten Fall entscheidet sich das Paar bewusst gegen eine Familiengründung, obwohl sie biologisch möglich wäre. Da es erst seit einigen Jahrzehnten durch zuverlässige empfängnisverhütende Methoden möglich ist, eine Schwangerschaft sicher zu verhindern, stellt insbesondere die letztere (wachsende) Gruppe, historisch betrachtet, eine neue Lebensform dar. Darüber hinaus gehen viele Menschen eine Ehe erst in einem Alter ein, in dem es nicht mehr möglich ist, Kinder zu zeugen bzw. zu bekommen. Gleichwohl erkennt unsere Verfassung selbstverständlich all diesen Ehen eine besondere Schutzwürdigkeit zu. Warum sie dafür gute Gründe hat, wird im letzten Kapitel ausführlich zu diskutieren sein.

Doch es gibt nicht nur eine wachsende Zahl kinderloser Ehen. Es gibt zunehmend auch gleichgeschlechtliche Lebenspartnerschaften, in denen Kinder erzogen werden. Meist geht es dabei um leibliche Kinder aus vorherigen Beziehungen. Seit 2004 ist die *Stiefkindadoption* möglich, die es dem Partner des leiblichen Elternteils erlaubt, seine Beziehung zum Kind auf eine rechtlich tragfähige Grundlage zu stellen. Seit 2013 ist überdies die *Sukzessivadoption* für gleichgeschlechtliche Paare möglich.

---

39. Körtner, Evangelische Sozialethik, 276.
40. Vgl. a. a. O., 284.

Damit kann ein Partner ein Kind, das sein Partner adoptiert hat, ebenfalls adoptieren. Im Jahr 2013 hat das Bundesverfassungsgericht darüber hinaus entschieden, dass das *Ehegattensplitting* auch für eingetragene Lebenspartnerschaften gelten soll. Vorher gab es schon Korrekturen hinsichtlich des Erbschaftsrechts und bei der Hinterbliebenenrente. Eine endgültige Gleichstellung von homosexuellen Paaren, die heiraten wollen, steht indes noch aus. Damit würden in Deutschland letzte Rechtsunsicherheiten, die derzeit noch für gleichgeschlechtliche Partnerschaften und ihre Kinder bestehen, ausgeräumt. Das betrifft vor allem das volle Adoptionsrecht für gleichgeschlechtliche Paare, aber auch familiale Selbstbeschreibungen als »mein Mann« oder »meine Frau«, an denen manchen sehr viel liegt, weil sie eine innige Zusammengehörigkeit ausdrücken und zugleich für einen anerkannten Status sorgen, der speziell im Trauerfall den Verlust sozialer Identität (als Witwer oder Witwe) abmildert.[41]

Viele europäische Nachbarstaaten wie Spanien, Belgien, Norwegen, Schweden und die Niederlande haben die Ehe für gleichgeschlechtliche Paare geöffnet. Im Jahr 2013 sind Frankreich und Großbritannien nachgezogen. So hat Frankreich die »Ehe für alle« beschlossen. Dazu gehört auch das gemeinsame Adoptionsrecht für gleichgeschlechtliche Ehepaare. In Großbritannien verabschiedete das Parlament im selben Jahr unter der konservativ geführten Regierung von Premierminister David Cameron ebenfalls ein Gesetz, das Eheschließungen von homosexuellen Paaren in England und Wales legalisiert. Wenige Monate später hat auch das schottische Parlament die Öffnung der Ehe für gleichgeschlechtliche Paare beschlossen. Das Gesetz tritt 2014 in Kraft.

Entscheidend ist bei allen Veränderungen im Hinblick auf einen erweiterten Familienbegriff das Kindeswohl, das Beachtung finden muss. Hier werden nicht selten Bedenken in Bezug auf gleichgeschlechtliche Eltern geäußert. Kinder seien sowohl auf einen Vater als auch eine Mutter angewiesen. Doch Befürchtungen, dass die kindliche Entwicklung negativ beeinflusst wird, wenn Kinder mit lesbischen oder schwulen

---

41. Vgl. dazu ausführlich: Traugott Roser, Trauer, Stress und die Sehnsucht nach Segen. Erfahrungen eines schwulen Witwers, in: Praktische Theologie 43 (2008), 262–267.

Eltern aufwachsen, bestätigen sich nicht.[42] Entscheidend ist für Kinder, dass ihre Eltern sie lieben und sich um sie sorgen. Das Geschlecht der Eltern und deren sexuelle Orientierung sind nicht entscheidend, im Übrigen auch nicht im Hinblick auf die sexuelle Orientierung der Kinder, die sich völlig unabhängig von der der Eltern entwickelt. Ein Problem ist allerdings noch, dass sich Kinder aus sogenannten Regenbogenfamilien in der Schule nicht selten gegen Vorurteile wehren müssen.[43] Es steht zugleich zu erwarten, dass sich Diskriminierungserfahrungen mit der Normalität dieser Lebensform erübrigen, jedenfalls minimieren.

Allein schon die Grundrechte, so Hartmut Kreß, weisen darauf hin, dass gleichgeschlechtliche Lebenspartner mit heterosexuellen gleichzustellen sind. Kreß nennt die Menschenwürde, die sich auch auf den Schutz der sexuellen Identität bezieht, das Recht auf Selbstbestimmung und Selbstentfaltung, das Recht auf Achtung des Privat- und Familienlebens und das Nichtdiskriminierungsprinzip, das im Gleichheitsgrundsatz verankert ist. »Falls gleichgeschlechtliche Partnerschaften schlechtergestellt werden sollen als Ehepaare, bedarf dies einer sachlich besonders durchschlagenden, triftigen Begründung.«[44] Das »Abstandsgebot« zwischen hetero- und homosexueller Partnerschaft ist aber auch rein lebensweltlich nicht mehr aufrechtzuerhalten. Denn die »tradierte Anschauung, Erzeugung und Erziehung von Kindern seien der heterosexuellen Ehe und nur ihr zuzuordnen, [trifft] auf die heutige soziokulturell veränderte Realität nicht mehr zu.«[45] Gerade weil Theologie und Kirche an Verantwortung und Verlässlichkeit in Ehe und Familie viel liegt, sollten sie sich dafür einsetzen, dass gleichgeschlechtliche Paare den vollen ehelichen Status

---

42. Vgl. Kreß, Gleichgeschlechtliche Partnerschaften ohne und mit Kindern, 373f. Vgl. darüber hinaus Bernd Eggen, Gleichgeschlechtliche Lebensgemeinschaften ohne und mit Kindern. Soziale Strukturen und künftige Entwicklungen, in: Dorett Funcke/Petra Thorn (Hrsg.), Die gleichgeschlechtliche Familie mit Kindern. Interdisziplinäre Beiträge zu einer neuen Lebensform, Bielefeld 2010, 37–60.

43. Vgl. dazu die Studie der Humboldt-Universität zu Berlin: Uli Streib-Brzic/Christiane Quadflieg (Hrsg.), School is Out?! Vergleichende Studie »Erfahrungen von Kindern aus Regenbogenfamilien in der Schule« durchgeführt in Deutschland, Schweden und Slowenien. Teilstudie Deutschland, Berlin 2011.

44. Kreß, Gleichgeschlechtliche Partnerschaften ohne und mit Kindern, 365.

45. A. a. O., 372. Vgl. dazu auch: Funcke/Thorn (Hrsg.), Die gleichgeschlechtliche Familie mit Kindern, Bielefeld 2010.

erlangen können. Das stärkt das Modell der Ehe und zeigt, wie stabilisierend, erwartungsbildend und hilfreich diese Institution ist – auch für andere Konstellationen als die traditionelle Beziehung zwischen einem Mann und einer Frau.

Insofern erweisen sich alle drei Argumentationslinien, die eine verantwortliche homosexuelle Lebensführung als zweitrangig oder Homosexualität generell als defizitär betrachten, als nicht stichhaltig. Sie wurzeln in der neuzeitlich-bürgerlichen Geschlechtermetaphysik, die durch die Individualisierung der Frauen überholt ist.[46] Sie basieren auf einer ahistorischen, biblizistischen Bibellektüre, die dem Geist des Evangeliums widerspricht. Schließlich erweist sich auch der Zusammenhang von heterosexueller Ehe und Fortpflanzung keineswegs als der Ehe inhärent und werden zugleich in (wenigen) gleichgeschlechtlichen Partnerschaften Kinder erzogen, bei lesbischen Paaren zuweilen sogar geboren.[47] Es ist kein exklusives Signum der Ehe mehr, an Generativität gekoppelt und für Familie offen zu sein.

Mit Friedrich Schleiermacher ist nicht zuletzt hervorzuheben, dass der wahren Liebe keine Absichten wie die Kinderzeugung inhärent sind. Schleiermacher schreibt in den »Vertrauten Briefen über Friedrich Schlegels Lucinde«: »Absicht soll nirgends sein in dem Genuß der süßen Gaben der Liebe, weder irgend eine sträfliche Nebenabsicht, noch die an sich unschuldige Menschen hervorzubringen.«[48] Die wahre Liebe kennt keine Zwecksetzung. Schleiermacher grenzt sich damit von den Aufklärern ab, die die Liebeshingabe durch die Zeugung rechtfertigen wollten. »Schleiermacher empfindet solche Absicht als ›anmaßend, weil

46. Vgl. Elisabeth Beck-Gernsheim, Vom »Dasein für andere« zum Anspruch auf ein Stück »eigenes Leben«. Individualisierungsprozesse im weiblichen Lebenszusammenhang, in: Soziale Welt 34 (1983), 307–340.
47. Hartmut Kreß weist darauf hin, dass die Rechtsprechung für heterologe Insemination im Hinblick auf lesbische Paare erweitert werden müsse. Bislang habe der Gesetzgeber nur heterosexuelle Eltern bei der heterologen Insemination vor Augen. Dadurch sei die Elternschaft in den ersten Monaten, bis es zu einer Stiefkindadoption kommt, bei lesbischen Paaren/Eltern ungeklärt. Vgl. Kreß, Gleichgeschlechtliche Partnerschaften mit und ohne Kindern, 372ff. und: Hartmut Kreß, Lebenspartnerschaftsgesetz: Rechtspolitischer Fortschreibungs- und Reformbedarf, in: ZRP 45/8 (2012), 234–237.
48. Friedrich Schleiermacher, Vertraute Briefe über Friedrich Schlegels Lucinde (1800), in: KGA I, 3, hrsg. von Günter Meckenstock, Berlin/New York 1988, 139–216, 164.

man es doch eigentlich nicht kann, und zugleich niedrig und frevelhaft, weil dadurch etwas in der Liebe auf etwas Fremdes bezogen wird‹‹.[49] Die Vorstellung, dass eine Liebe defekt ist, weil sie nicht auf der Fortexistenz der menschlichen Gattung beruht,[50] hätte Schleiermacher mit aller Entschiedenheit zurückgewiesen. Die Liebe hat keinen Zweck, sie ist das größte aller menschlichen Gefühle und deshalb mit der Religion eng verwandt.

Hinter der Abwehr einer völligen Gleichstellung gleichgeschlechtlicher Paare steckt vermutlich die Angst vor dem Bedeutungsverlust von Ehe und Familie, der sich gesamtgesellschaftlich abzeichnet. Zugleich identifizieren sich gerade gleichgeschlechtliche Paare, die eine Ehe eingehen und kirchlich getraut werden wollen, mit der Bedeutung von Ehe und Familie. Sie treten ein für die Werte der Verlässlichkeit, der Kontinuität, des wechselseitigen Respekts voreinander und der innigen Liebe zueinander in guten wie in schlechten Tagen. Damit stützen sie das Ethos der Ehe, wie es die Kirche vertritt. »Indem Menschen mit gleichgeschlechtlicher Neigung die mit der heterosexuellen Ehe verbundenen Rechte und Pflichten und deren Ideal der wechselseitigen Verantwortung aufgreifen und aus eigenem Entschluss auf ihre Lebensführung übertragen, erhält das tradierte abendländische, auf den Konsens der Partner gestützte Verständnis der Ehe eine Neubelebung und Ausweitung.«[51] Wie wenig selbstverständlich dies in der Optionsgesellschaft ist, zeigen die folgenden Überlegungen.

49. Paul Kluckhohn, Die Auffassung der Liebe in der Literatur des 18. Jahrhunderts und in der deutschen Romantik, Tübingen ³1966, 442, das Zitat im Zitat ist von Schleiermacher, Vertraute Briefe über Friedrich Schlegels Lucinde, 164f.

50. So Matthias Matussek im Anschluss an ein Zitat von Robert Spaemann: http://www.welt. de/debatte/kommentare/article124792188/Ich-bin-wohl-homophob-Und-das-ist-auch-gut-so.html. Instruktiv sind die »Gegenreden« von Lucas Wiegelmann: http://www.welt. de/kultur/article124823003/Warum-Homophobie-unchristlich-ist.html und Stefan Anker: http://www.welt.de/debatte/kommentare/article124812792/Ich-liebe-also-bin-ich-Und-das-ist-auch-gut-so.html. Alle zuletzt abgerufen am: 07.05.2014.

51. Kreß, Lebenspartnerschaftsgesetz, 234.

6. Romantische Liebe in der Krise (Eva Illouz)

Die bekannte israelische Soziologin Eva Illouz hat sich mit der Frage auseinandergesetzt, inwiefern gesellschaftliche Einflüsse, insbesondere die Konsumkultur, die seit dem 20. Jahrhundert immer mehr alle Lebensbereiche durchdringt, unsere Verhaltensmuster und Vorstellungen hinsichtlich von Sexualität und Liebe prägen und bestimmen.[1] Sie zeigt dabei, dass die »sexuelle Befreiung« nicht nur Freiheiten und Gewinne mit sich brachte, sondern auch neue Zwänge, Abhängigkeiten und emotionale Ungleichheiten schuf. Es ist aus Illouzs Perspektive dabei weniger die romantische Liebe, die die dauerhafte, bindungsbereite Liebe gefährdet. Vielmehr ist die romantische Liebe in der zweckrationalen Welt mit ihren utilitaristischen Denkmustern selbst in die Krise geraten. Ich werde im Folgenden Eva Illouzs Analysen, die sich mit den Paradoxien moderner Liebe und Sexualität befassen, darstellen, diskutieren und mit eigenen Überlegungen anreichern.

a) Akzentverschiebungen: Ein Vergleich mit Jane Austen

Die romantische Liebe wird gegenwärtig aufgrund ihres mangelnden Realitätssinns vielfach kritisiert. Sie wird für das häufige Scheitern der Liebesehe verantwortlich gemacht, weil es einen Widerspruch in sich selbst darstelle, Leidenschaft und Dauer über Jahrzehnte hinweg miteinander zu verbinden. Peter Fuchs bringt die Paradoxien der romantischen Liebe mit der reziproken »Komplettberücksichtigung des Anderen«, der »Komplettzugänglichkeit des Anderen«, der »Höchstrelevanz des Anderen« und der geforderten »Daueraufmerksamkeit des Bewusstseins« feinsinnig auf den Punkt.[2] Es ist in der funktional differenzierten Gesellschaft nicht möglich, einen Menschen »total« zu inkludieren, nicht einmal in der Liebe, obgleich genau dies das Ziel der romantischen Liebe ist. Der Verlust einer einheitlichen, hierarchisch strukturierten Welt, in

---

1. Vgl. Eva Illouz, Warum Liebe weh tut. Eine soziologische Erklärung, Berlin 2011. Ergänzend siehe auch: Eva Illouz, Die neue Liebesordnung. Frauen, Männer und Shades of Grey, Berlin 2013.
2. Vgl. Fuchs, Liebe, Sex und solche Sachen, 24f., 44, 48, 51 u. ö.

die sich eine Person eingebettet weiß, soll damit kompensiert werden. Moderne Liebe reagiert mithin auf »den Verlust der EINS«: »Plötzlich geht es um die Totalität des Anderen«, die »in schamloser Rigidität und auf seltsame Weise zu einem Scheitern verurteilt«[3] ist, weil sie die Intransparenz und das Inkommunikable, das immer auch zur Liebe gehört, nicht zu würdigen weiß, weil sie zu viel enthemmte Kommunikation provoziert,[4] weil sie keine Schutzzonen erlaubt und schließlich: weil auch in der Liebe eine Person nicht »komplett« berücksichtigt werden kann. Es ist nicht möglich, »am anderen die volle Bestätigung der eigenen Welt zu gewinnen«.[5] Auch die Liebe kann nicht alles Erleben und Handeln umgreifen.

Eva Illouz würde dieser Analyse prinzipiell zustimmen, führt aber an Hand der Werke Jane Austens vor Augen, dass die frühe Form der romantischen Liebe die genannten Schwächen durchaus zu umgehen wusste und sehr viel differenzierter angelegt war. So ist bei Jane Austen die Liebe nicht nur ein Gefühl, sondern zugleich durch Realismus, Vernunft, feinsinnigen Humor und damit auch die Fähigkeit zur Selbstdistanz bestimmt. Niemals hätte Austen vorgeschlagen, dass in der Liebe alles »authentisch« zu kommunizieren sei. Zwar plädiert sie für eine individuelle Wahl und damit dafür, die Liebe unabhängig von Standesschranken zu betrachten, aber es ist eine Liebe, die nicht auf reine Individualität oder Innerlichkeit setzt, für die vielmehr Tugend, Vernunft und Charakter entscheidend sind. Deshalb ist die Liebe bei Austen auch keine Liebe auf den ersten Blick. Sie setzt vielmehr wachsende Vertrautheit voraus: »Weil sie vom Charakter abhängig ist, ist die Liebe kein eruptives Ereignis, eher ein kumulatives, eines der longue durée.«[6]

Anschaulich wird dieses Liebesverständnis in Austens Roman »Emma«. Emma Woodhouse und der 16 Jahre ältere John Knightley kennen sich schon seit vielen Jahren, längst bevor es zu einer Anbahnung der Liebes-

---

3. A. a. O., 25.
4. Die Ausschließlichkeit beanspruchende Kommunikation ist »immer gefährdet und gefährlich, vor allem durch ihre Radikalität. Sie lässt keine Lauheiten und Mittelmäßigkeiten zu. Sie erscheint daher bei genauerem Hinsehen auch unmenschlich und ist es oft genug auch.« Retzer, Lob der Vernunftehe, 33.
5. Luhmann, Liebe als Passion, 222.
6. Illouz, Warum Liebe weh tut, 50.

beziehung kommt. Vor allem aber ist die Beziehung zwischen Knightley und Emma keineswegs verklärend und wirklichkeitsblind. Im Gegenteil: Knightley liebt Emma uneingeschränkt, obwohl er sie heftig kritisiert und ihre Tendenz zu Arroganz und Selbstgerechtigkeit deutlich wahrnimmt. Emma wiederum kann mit dieser Kritik souverän umgehen, weil sie mit Knightley einen Moralkodex teilt, der sie beide übersteigt.»Von Knightley geliebt zu werden heißt, von ihm in Frage gestellt zu werden und sich der Herausforderung gewachsen zu zeigen, seine und ihre eigenen moralischen Standards aufrechtzuerhalten. Jemanden zu lieben heißt, das Gute in ihm und durch ihn zu lieben.«[7] Das Herz bildet bei Jane Austen insofern keinen Gegensatz zur Vernunft, sondern ist eng mit Moral und einem differenzierten Urteilsvermögen verknüpft.

Die verblüffende Souveränität von Jane Austens Frauengestalten fällt auch in ihren anderen Romanen, wie in »Stolz und Vorurteil«, auf. Hier ist es Elizabeth Bennet, die gesellschaftlich deutlich schlechter gestellt ist als Oberst Fitzwilliam Darcy. Als dieser ihr schließlich einen missratenen Heiratsantrag macht, der statt des Liebeswerbens vor allem deutlich macht, was für einen Abstieg eine Verbindung mit ihr für ihn bedeuten würde, reagiert sie zwar zornig, aber zugleich kühl und beherrscht und weist ihn mit viel Ironie und Selbstbewusstsein zurück – und dies obwohl sie ihn liebt. Elizabeth hält ihre Gefühle für Darcy unter Kontrolle und lässt sie erst in dem Moment zum Ausdruck kommen, als sich Darcy nach vielen Irrungen und Wirrungen in ihre Vision und Definition von Liebe fügt, wobei sie im Zuge dieses schmerzvollen Prozesses auch ihre eigenen Vorurteile korrigieren muss.

Die Partnersuche war im 19. Jahrhundert von einer Vielzahl unsichtbarer Regeln und Rituale strukturiert. Das Liebeswerben vollzog sich in subtilen Abstufungen. Gefühle folgten auf Handlungen und Erklärungen, sie bildeten nicht – wie in der Gegenwart – deren Voraussetzung. Gefühle wurden durch ritualisierte Handlungen ausgelöst. Obwohl wir Gefühle heute in hohem Maß uns selbst zurechnen, gilt nach wie vor, dass Gefühle durch andere ausgelöst werden – sie entsteigen nicht einfach der Psyche.[8] Im 19. Jahrhundert war es die Rolle des Mannes, diese

---

7. A. a. O., 49.
8. Vgl. a. a. O., 61.

Gefühle durch ritualisierte Abläufe und codifizierte Verhaltensweisen zu wecken. Das bedeutete zugleich, dass beim Liebeswerben nicht so sehr die Frau beobachtet und geprüft wurde, sondern der Mann. Er musste sich zuerst festlegen und sich stärker exponieren. Wie riskant das sein konnte, zeigt der Heiratsantrag von Darcy. Frauen hatten zwar wenig gesellschaftliche Macht, aber als Umworbene eine relativ starke Position im Prozess der Liebeswerbung. Das Selbst der Frau wurde dabei lange Zeit geschützt: Eine Frau musste ihre Gefühle erst dann preisgeben, wenn die ordnungsgemäße Abfolge der Liebeswerbung durchlaufen war und aufgrund der vielen verbalen und non-verbalen Zeichen ihr Ja als wahrscheinlich gelten konnte. Zugleich war es für eine Frau nicht einfach, den Antrag eines Mannes abzulehnen, vor allem, wenn dieser begütert war.[9]

Ganz anders als in der Gegenwart waren es im 19. Jahrhundert die Männer, die intensive Gefühle kommunizieren und ihre Bindungswilligkeit demonstrieren mussten. Sie waren bei der Liebeswerbung die Verletzlicheren: »Sie mussten ihre Inbrunst und die Stärke ihres Gefühls unter Beweis stellen, zugleich aber eine gewisse Selbstkontrolle walten lassen, um im Falle einer Zurückweisung nicht zu ungeschützt zu sein.«[10] So gehörte es zur Definition von Männlichkeit, starke Gefühle empfinden und zum Ausdruck bringen zu können, Versprechen machen und halten zu können und sich entschlossen an jemanden zu binden. »Entschiedenheit und Zielstrebigkeit waren männliche Qualitäten«.[11]

In Jane Austens Welt verstärken sich *Liebe und Vernunft* wechselseitig. Es geht bei Austens Partnerwahl insofern nie nur um die Frage von romantischen Gefühlen, sondern immer auch und zugleich um die Frage,

---

9. In Jane Austens Roman »Mansfield Park« wird in doppelter Weise deutlich, wie prekär bis unmöglich es für mittellose Frauen war, eine »gute Partie« auszuschlagen: Die Mutter von Fanny Price schlug das Angebot eines vermögenden Mannes aus und heiratete aus Liebe einen armen Mann, der sich dann aber als Alkoholiker erwies und sie und ihre Familie ins Elend stürzte. Fanny meint gerade deshalb, den Antrag des gut gestellten Henry Crawford nicht ausschlagen zu dürfen, kann sich aber aufgrund seines unsteten Charakters am Ende nicht zu einem »Ja« durchringen. Zunächst erscheint ihre Ablehnung desasträs. Am Ende zahlt sich ihre Willensstärke allerdings aus. Dieses »happy end« dürfte allerdings eher dem Ideal Jane Austens als der Wirklichkeit entsprochen haben.
10. Illouz, Warum Liebe weh tut, 124.
11. A. a. O., 125.

was jemand tun und wer er oder sie sein soll und will – oder in Austens Diktion: Es geht um »Charakter«. »Dieses Regime steht im Gegensatz zu einem Regime emotionaler Authentizität, von dem die modernen Beziehungen durchdrungen sind.«[12] Das Regime emotionaler Authentizität geht davon aus, dass es eine *emotionale Ontologie* gibt, die dem Ausdruck von Gefühlen vorausgeht. Liebe wird in der Gegenwart als etwas ganz Innerliches vorgestellt, das vermeintlich völlig unabhängig von aller vorausgehenden Sozialität und Interaktivität ist. An die Stelle von ritualisierten Handlungsmustern und Verbindlichkeiten tritt die permanente Selbstprüfung: Man versucht über eine nach innen gerichtete Selbstreflexion zu ergründen, ob man den anderen denn nun tatsächlich liebt. Alternativ zur Selbstreflexion verbürgt die »Liebe auf den ersten Blick«, die als »wahre« Epiphanie erlebt wird, die Echtheit von Gefühlen.

Paradoxerweise macht diese Verschiebung weg von der öffentlichen Welt der Rituale und Rollen hin zur Innerlichkeit das Selbst besonders abhängig vom bewundernden Blick des bzw. der anderen. Gefühle stellen sich nicht mehr als Folge von sozialen Mechanismen im Kontext fein austarierter Rollen und Verhaltensmuster ein, sie müssen vielmehr ständig neu von innen heraus erzeugt werden und Bestätigung finden. Die auf emotionaler Authentizität beruhende Ehe oder Partnerschaft »lebt von dem Versuch, zwei unabhängige emotionale Identitäten unter einen Hut und in Einklang zu bringen, und muß unentwegt die emotionalen Umstände und Gründe, aus denen man überhaupt zusammenfand, erzeugen«.[13] Das Selbstwertgefühl gründet nicht mehr – wie bei Jane Austen – in einer überindividuellen Moral oder in »Charakter«, sondern wird von der geliebten Person verliehen. Es lebt von der Resonanz, die jemand findet und ist damit äußerst fragil.

Der Vergleich mit dem frühen 19. Jahrhundert zeigt, dass sich die Bedingungen, unter denen Liebesentscheidungen getroffen werden, signifikant verändert haben. Das betrifft auch das Selbstverständnis der Geschlechter. Im 18. und 19. Jahrhundert mussten Frauen ihre sexuellen Wünsche und Gefühle deutlich zurückhaltender zum Ausdruck bringen als Männer. Dadurch wurden die Frauen zwar tendenziell um ihre Sexu-

---

12. A. a. O., 62f.
13. A. a. O., 78.

alität gebracht, doch war die neue Zuschreibung zugleich eine Quelle von Macht und Selbstachtung. Ein Mann hatte sich zuerst mit großer Gefühlsintensität zu offenbaren, die Frau konnte abwarten und wusste bei ihrer (positiven) Antwort, dass sie nicht mehr zurückgewiesen werden konnte. Allerdings konnte eine Frau in der Regel nicht von sich aus aktiv werden. Heute ist Letzteres zwar eine Selbstverständlichkeit, aber zugleich ist der Heirats- oder Partnerwahlmarkt von neuen Standardisierungen und emotionalen Ungleichheiten geprägt.

b) Sexyness als Statusmerkmal – Genderasymmetrien

Schon im 19. Jahrhundert war die romantische Wahl des Partners individualistisch, aber sie war noch eingebettet in ein moralisches und soziales Gewebe. Das ändert sich im 20. Jahrhundert radikal. *Sexualität, Sexyness und physische Anziehungskraft* gewinnen eine nie gekannte Bedeutung. Eva Illouz sieht einen unmittelbaren Zusammenhang zur Konsumkultur. Die Konsum- und Modeindustrie, die Schönheits- und Fitnesskultur, die Kommerzialisierung von Sex und die ständige Betonung attraktiver Körperlichkeit kosten bzw. bringen Geld. »Wer ›sexy‹ sein will, muß permanent Sport treiben, Geld in Kosmetikartikel und Klamotten investieren usw. Wer einen Partner kennenlernen will, muß sich regelmäßig in der Vergnügungssphäre von Bars und Restaurants bewegen.«[14] Die moderne Konsumkultur hat das individuelle Begehren und die sexuelle Attraktivität ins Zentrum gestellt. Mode, Film, Werbung, Musik und Kosmetik schaffen ein auf *erotischer Körperlichkeit* basierendes Selbst. Ganz anders als im 19. Jahrhundert werden Frauen durch das Ideal der Sexyness dabei als »sexuelle Akteurinnen in die Konsumkultur integriert«.[15] Ihr Körper wird immer mehr zum sinnlichen Körper. »Die Konstruktion erotisierter Körper war somit eine der eindrucksvollsten Leistungen der Konsumkultur des frühen 20. Jahrhunderts. Die beiden Signifikanten Jugend und Schönheit verwandelten sich in Signifikanten von Erotik und Sexualität.«[16]

---

14. Illouz, Die neue Liebesordnung, 38.
15. Illouz, Warum Liebe weh tut, 86.
16. Ebd.

Sexuelle Attraktivität wird zu einer eigenen kulturellen Kategorie. Zugleich wird Sexualität unabhängig von Fortpflanzung, Ehe und Bindung. Sie koppelt sich zunehmend von Moral ab. Sexualität gerät »mitten ins Zentrum des Projekts, ein gutes Leben mit einem gesunden Selbst zu führen.«[17] Sexyness wird dabei zu einem allgemeinen Merkmal, um eine attraktive Persönlichkeit zu beschreiben. Illouz betont, dass dies ein kulturelles, kein natürliches Phänomen sei.[18] Waren Jane Austens Frauenfiguren gerade mal »ansehnlich« und betont Austen oft genug deren durchschnittliches Aussehen, werden im 20. Jahrhundert das äußere Erscheinungsbild und die Sexyness von Frauen, zunehmend auch von Männern, zum entscheidenden Merkmal bei der Partnerwahl. Sexyness macht die individuelle Anziehungskraft immer mehr zu einer visuellen Frage. Eine Konsequenz davon ist, »daß Sexyness durch die weite Verbreitung und Standardisierung der Bilder von Schönheit und Sex-Appeal eine zunehmende *Uniformierung* des physischen Aussehens und Erscheinungsbildes nach sich zieht.«[19]

Der Heirats- oder Beziehungsmarkt ist ein hochgradig wettbewerbsorientierter Markt. Der Wettbewerb steht, anders als in der nach Schichten differenzierten Gesellschaft, jedem und jeder offen. Die Kriterien der Partnerwahl werden durch die Dominanz erotischer Attraktivität – im Vergleich zu den Partnerwahlkriterien im 19. Jahrhundert – dabei erheblich transformiert. Wie jeder Wettbewerb wird auch dieser durch die Gesetze von Angebot und Nachfrage, von *Knappheit* und *Überangebot* geregelt. Dabei kommt es, wie Eva Illouz meint, zu einem neuen Ungleichgewicht zwischen Männern und Frauen, da Frauen tendenziell ein »Knappheitsangebot«, Männern hingegen ein »Überangebot« gegenüberstehe.[20] Wie kommt Eva Illouz zu dieser erstaunlichen These bei der relativen Hälftigkeit der männlich-weiblichen Population?

Die Gründe sind folgende: Zum einen ist der Fortpflanzungsdruck für Männer heute geringer als früher. Gehörte es früher zum Selbstverständnis eines Mannes, in jedem Fall eine Familie zu gründen, ist es für

---

17. A. a. O., 89.
18. Vgl. a. a. O., 93.
19. A. a. O., 98. Hervorhebung I. K.
20. Vgl. a. a. O., 113; 121ff., 160ff.

Männer der Gegenwart wichtiger, beruflich erfolgreich und psychisch autonom zu sein. Frauen hingegen fällt weiterhin die Rolle zu, Kinder zu bekommen oder doch mindestens bekommen zu wollen.[21] Überdies stehen Frauen mehr unter Zeitdruck als Männer: Während Männer in der Mitte ihres Lebens noch problemlos Väter werden können, ist es Frauen in der Regel nicht mehr möglich, dann noch Mutter zu werden. Die biologische Uhr sorgt ab einem gewissen Alter für Unruhe und Unsicherheit. Die Partnerwahl von Frauen findet insofern in einem wesentlich engeren Zeitrahmen statt. Hinzu kommt, dass Frauen dazu neigen, nur Männer als Partner in Betracht zu ziehen, die mindestens ebenso gut gebildet und situiert sind wie sie selbst. Da Frauen durch die Emanzipation tendenziell eher besser als schlechter ausgebildet sind als Männer, verringert sich der Pool ihrer Wahlmöglichkeiten einmal mehr, zumal Männer umgekehrt keine Probleme zu haben scheinen, Frauen mit einem niedrigeren Einkommen oder einer geringeren Bildung zu wählen. Männer haben auch keine Scheu, jüngere Frauen zu heiraten, während der umgekehrte Fall immer noch als auffällige Abweichung von der Konvention wahrgenommen wird. Das traditionelle Geschlechterarrangement wirkt noch immer auf eine asymmetrische Rollenaufteilung hin, ganz besonders, wenn aus einem Paar eine Familie wird.

Während also Männer aus einem großen Angebot wählen können, wird für Frauen, vor allem, wenn sie über 30 Jahre alt sind, der Markt signifikant kleiner. Der Eindruck, dass die Optionen schwinden, führt bei vielen Frauen wiederum zu dem Wunsch, sich möglichst rasch zu binden, während es auf Seiten der Männer gerade umgekehrt zu sein scheint: Ihnen fällt es aufgrund der Optionenvielfalt schwer, sich dauerhaft festzulegen. Insofern können Männer Frauen auf dem Beziehungsmarkt psychisch und sexuell dominieren. Diese Dynamik, die Eva Illouz in vielen Interviews ihrer Studie feststellt, wird auch in der Literatur[22] und den Massenmedien reflektiert. Ein Beispiel: Ein Mann mittleren Alters beschreibt in einem Onlinemagazin selbstironisch seine neuerlichen Beziehungserfahrungen. Während er als junger Mann

---

21. Vgl. a. a. O., 147.
22. Vgl. z. B.: Sven Hillenkamp, Das Ende der Liebe. Gefühle im Zeitalter unendlicher Freiheit, Stuttgart ²2012.

schöne Mädchen kaum je erobern konnte und eine Niederlage nach der anderen zu verkraften hatte, verkehre sich das Defizit seiner Jugend nun ins Gegenteil. Während die Frauen, die in der Schulzeit heiß begehrt gewesen seien, nun unglückliche Singles seien, lebe er im Paradies: Ihm stehe ein vorher unbekanntes Reservoir an Möglichkeiten, sich sexuell zu verwirklichen, zur Verfügung.[23]

Frauen zeigen sich vor dem Hintergrund der Ungleichheit von Angebot und Nachfrage emotional und sexuell leichter zugänglich und provozieren gerade so wiederum die Distanzierung der Männer, die mit Bindungsängsten und Vermeidungsstrategien auf das »Überangebot« reagieren: »Ein Übermaß macht es schwierig, Wert beizumessen.«[24] Umgekehrt haben diejenigen, die mehr begehrt werden, mehr Macht. Insofern sorgt paradoxerweise gerade das Überangebot dafür, dass die Nachfrage abnimmt und sich eine *emotionale Ungleichheit* einstellt, die Frauen tendenziell zu den Verletzlicheren macht. Sie sind diejenigen, die »zu sehr lieben«,[25] die sich permanent selbst hinterfragen und von der Ratgeberindustrie mit psychologischen Strategien der Selbstveränderung bombardiert werden. Insofern bringt die sexuelle Freiheit eine neue Form des Leidens und der Ungleichheit mit sich, die aber »unsichtbar geworden sind, weil das romantische Leben der Logik des unternehmerischen Lebens gehorcht, der zufolge jeder Partner seinen Freiheiten Priorität einräumt und seine Nöte einem mangelhaften *Selbst* zuschreibt.«[26]

Illouz beobachtet insbesondere in den Vereinigten Staaten eine verbreitete Bindungsangst unter Männern der oberen Mittelschicht. Menschen heiraten später, viele unterlassen es ganz. Es etablieren sich neue Beziehungsformen mit nicht-monogamen Verhaltensmustern. Intensive, lebenslange Bindungen geraten tendenziell unter Druck. Die Optionen sind so vielfältig, auch über das Internet, dass es einiger Willensstärke

---

23. Vgl. Best of Playboy: Späte Genugtuung im goldenen Sex-Alter, abrufbar unter: http://www.focus.de/panorama/welt/best-of-playboy/menschen-und-storys/tid-29746/best-of-playboy-spaete-genugtuung-im-goldenen-sex-alter_aid_927978.html. Zuletzt abgerufen am: 07.05.2014.
24. Illouz, Warum Liebe weh tut, 160.
25. Vgl. den Titel des Ratgeberbestsellers von Robin Norwood/Sabine Hedinger: Wenn Frauen zu sehr lieben: Die heimliche Sucht, gebraucht zu werden, Reinbek bei Hamburg 1991.
26. Illouz, Warum Liebe weh tut, 120.

bedarf, um sich selbst noch ein für alle Mal festzulegen, sich auf eine Beziehung emotional einzulassen, Verletzlichkeit zu riskieren und andere Möglichkeiten bewusst nicht länger in Betracht zu ziehen.

Dass Sexualität als Statusmerkmal für Männer an Bedeutung gewonnen hat, liegt nach Illouz auch daran, dass die traditionellen Säulen der Männlichkeit – zu Hause, am Arbeitsplatz und in Männergesellschaften – zunehmend fragil geworden sind. Zu Hause gilt die Autorität von Männern nicht mehr uneingeschränkt. Am Arbeitsplatz müssen sie mit der Konkurrenz von anderen Männern, aber auch von Frauen zurechtkommen. Männergesellschaften wie Rotaryclubs und Stammtische öffnen sich zunehmend für Frauen. Damit verschwinden die letzten homosozialen Sphären der Entspannung.[27] »Die männliche Unabhängigkeit, Autorität im Haushalt und gegenseitige Solidarität wurden allesamt geschwächt [...]. Genau dieser Kontext ist es, in dem sich die Sexualität zu einem der wichtigsten Statusmerkmale für Männlichkeit entwickelte.«[28] Überdies ist es für Männer heute sehr viel einfacher, sexuellen Zugang zu verschiedenen Frauen zu gewinnen, »ohne dafür bezahlen zu müssen, ohne sich eine moralische Mißbilligung von ihresgleichen zuzuziehen und ohne zur Heirat gezwungen zu werden.«[29] Ein hedonistisches Leben ist nicht mehr nur einer kleinen Gruppe von (adligen) Männern an der Spitze der Gesellschaft vorbehalten, sondern für viele »ganz gewöhnliche« Männer möglich. Da Sexualität ein Statusmerkmal geworden ist, gilt es manchen Männern, Illouz bezeichnet sie als »sexuelle Kapitalisten«, gar als Auszeichnung möglichst viele sexuelle Erlebnisse zu akkumulieren.[30] Frauen können dieses Verhalten zwar nachahmen, müssen dabei aber viel eher als Männer damit rechnen, als »Schlampe« und damit negativ beurteilt zu werden.

27. Vgl. dazu ausführlich: Michael Meuser, Männerwelten. Zur kollektiven Konstruktion hegemonialer Männlichkeit, in: Schriften des Essener Kollegs für Geschlechterforschung, hrsg. von Doris Janshen/Michael Meuser, Jg. 1/2 (2001), 4–32.

28. Illouz, Warum Liebe weh tut, 141.

29. A. a. O., 142.

30. So hat Jack Nicholson einst damit geprahlt, mit mehr als 2000 Frauen geschlafen zu haben. Vor kurzem distanzierte er sich von dieser Zahl, sie sei übertrieben. http://www.usmagazine.com/celebrity-news/news/jack-nicholson-im-uncomfortable-with-sex-legend-rumors-2012611. Zuletzt abgerufen am: 07.05.2014.

c) Liebe und Utilitarismus

Die Individualisierungsprozesse im 20. Jahrhundert befreiten nicht nur von traditionellen Verboten und Tabus, sondern führten zugleich zu einem Übermaß an (auch sexuellen) *Wahlmöglichkeiten*, das es schwer macht, sich noch für jemanden verbindlich zu entscheiden.[31] Der große Pool an interessanten Personen, der sich durch die Internetkontaktbörsen nochmals deutlich erweitert hat, untergräbt die Fähigkeit, sich zu binden und die »Suchfunktion« einzustellen. Denn eine Bindung einzugehen setzt voraus, den Prozess des Suchens zu beenden und sich zu begrenzen. Die spätmodernen Techniken der Entscheidungsfindung schwächen überdies die Willensbildung, weil sich zu viele Vergleichsperspektiven und Rationalisierungsstrategien in sie eingenistet haben. Evaluationen lassen die Fähigkeit zu starken emotionalen Bindungen verkümmern. Hätte John Knightley Emma Woodhouse nach ihren Schwächen beurteilt, hätte er sich gewiss nicht für sie entschieden. Genauso ist es mit Elizabeth Bennet und Fitzwilliam Darcy. Die rationale Beurteilung eines Menschen, die abwägende Aufzählung seiner Attribute und Eigenschaften, wie sie in Internetkontaktbörsen üblich ist,[32] schwächt die positive Würdigung ab, sie verstärkt die Negativität des Eindrucks und untergräbt die kulturelle Praxis der *Intuition*.

»Auf Intuition beruhende Entscheidungen fallen schneller, kommen ohne Gefühle nicht zustande; auch beinhalten sie eine gewisse Risikobereitschaft.«[33] So setzt die Intuition keine umfassende Informationsansammlung voraus. Sie führt vielmehr zu spontanen Entscheidungen vor dem Hintergrund von Lebenserfahrung und basiert damit auf einem kognitiv nicht verfügbaren Wissen, das nicht kontrolliert und auch nur ansatzweise verbalisiert werden kann. Eine intuitive Entscheidung setzt die direkte Begegnung unter körperlich Anwesenden und damit eine *authentische sinnliche Wahrnehmung* voraus. Das gesamte Erscheinungs-

---

31. Vgl. Illouz, Warum Liebe weh tut, 174.
32. Vgl. den Artikel von Dialika Neufeld vom 02.04.2012: it (wert 1 = = wert 2){, abrufbar unter: http://www.spiegel.de/spiegel/print/d-84631754.html. Zuletzt abgerufen am: 07.05.2014. »Parship« hat einen Algorithmus entwickelt, mit dem die Persönlichkeit berechnet werden soll. Liebe wird damit mathematisch kalkulierbar, vgl. a. a. O., 55.
33. Illouz, Warum Liebe weh tut, 177.

bild, nicht nur einzelne Informationen, ist für sie entscheidend und damit die gefühlsmäßige Seite der Erkenntnis, die viel zu komplex ist, um sie digitalisieren zu können. Während die Beurteilung eines Menschen über seine Eigenschaften und Vorlieben via Internet der Sprache ein deutliches Übergewicht verleiht und Begegnungen entkörperlicht und textualisiert, ist die direkte Begegnung »ganzheitlich« und *körperbezogen*.[34] Es sind Körperbewegungen, Gesten, der Tonfall der Stimme, die Art des Lächelns, die romantische Gefühle auslösen. Intuitive Urteile auf der Basis der direkten Begegnung können zwar nicht verbal begründet werden, sie sind aber keineswegs irrational.[35] Nicht zuletzt deshalb bestehen die klassischen Professionen (im Medizin-, Religions- und Rechtssystem) in existenziellen Situationen auf der direkten Interaktion. Der Eindruck, der in einer Begegnung *face to face* gewonnen wird, ist realistischer, authentischer und nachhaltiger als bei medialen Formen der Kommunikation.[36]

Zu viele Wahlmöglichkeiten rufen Entscheidungsschwäche und Apathie hervor, »weil der Wunsch, die eigenen Optionen zu maximieren, sowie die vorweggenommene Reue über entgangene Möglichkeiten die Willensenergie und die Fähigkeit auszuwählen, beeinträchtigen.«[37] Das ist schon bei der ganz banalen Produktauswahl der Fall. Die Ambivalenz rührt aber nicht nur aus der Optionenvielfalt, sondern ist auch und nicht zuletzt darin begründet, dass die *Kapazität und Flexibilität* endlicher Menschen *begrenzt* ist, insbesondere wenn es um die Liebe geht. Ein Mensch kann zweimal, dreimal, vielleicht viermal intensiv lieben, aber irgendwann sind seine Kapazitäten erschöpft. Dann kann er nur noch sexuelle Erregungen und Erlebnisse sammeln, bleibt aber emotional auf Distanz.

Liebe heißt in gewissen Grenzen auch lieben zu wollen. Das Buffet der Partnerwahl nötigt uns hingegen, ständig nach weiteren Optimierungen zu suchen und uns für weitere Möglichkeiten offen zu halten. Gehörten Zielstrebigkeit und Entschlossenheit noch zur Definition von Männlichkeit im 19. Jahrhundert, geraten beide Eigenschaften zuneh-

34. Vgl. a. a. O., 415.
35. Vgl. a. a. O., 412f.
36. Vgl. Karle, Der Pfarrberuf als Profession, 59ff.
37. Illouz, Warum Liebe weh tut, 181f.

mend unter Druck. Versprechen sind zu einer Bürde für das Selbst geworden, denn das »kulturelle Ideal der Selbstverwirklichung erfordert, daß die eigenen Optionen für immer offengehalten werden.«[38] Ich könnte morgen jemand sein, der ich heute nicht bin.

Die rationalen Strategien der Partnerwahl schwächen die romantische Liebe, sie schwächen überdies die Sphäre des Erotischen, weil eine leidenschaftliche Selbstaufgabe und rationale Modelle der Selbstregulierung miteinander in Konflikt stehen. Leidenschaft setzt Hingabebereitschaft voraus und Hingabe vergleicht und bewertet nicht. Wenn jemand liebt, ist er oder sie sich eines Eigeninteresses nicht bewusst, er oder sie vergisst sich selbst.

Diese *Selbstvergessenheit* gerät in einer Kultur in Verdacht, in der das Individuum alles autonom steuern und hervorbringen soll, sogar die eigenen Gefühle. »In der neuen therapeutischen Kultur sind Selbstaufgabe und Selbstaufopferung höchst suspekt geworden, weil die Fähigkeit, die eigenen Interessen zu wahren, zum Synonym für geistige Gesundheit geworden ist.«[39] Es geht um Wohlbefinden und Glück, darum, Leiden möglichst zu vermeiden. Deshalb tendieren nicht wenige Menschen nach einigen enttäuschenden Erfahrungen dazu, Singles zu bleiben, sich nicht mehr den Zumutungen einer intensiven Beziehung, der Kritik am Selbstbild und dem Schmerz, den jede Liebe mit sich bringt, auszusetzen. Anschaulich bringt die Journalistin Katrin Kuntz diese Perspektiven ihrer Singlefreunde auf den Punkt: »Für ihr Beziehungsverhalten folgt daraus, dass sie sich gern Kurzzeitpartner zulegen, die sie von Mal zu Mal noch kritischer auswählen. Sie nehmen Liebe als eine planbare Sache wahr [...]. Sie tragen ihr Zaudern mit seltsamem Stolz vor sich her. So, als wäre ein Lieben im Konjunktiv eine Auszeichnung wert. [...] Ihre Geschichten handeln von Männern, die beim ersten Treffen erklären, dass sie ihre künftige Freundin nur alle fünf Tage sehen möchten. Sie handeln von Frauen, die Sätze über Kinder nicht ohne ›aber‹ bilden können [...]. Kurz gesagt: Meine Freunde haben aufgehört, etwas zu wagen, sie wägen nur noch ab. Sie begeistern sich nicht für die Realität, sondern eher für eine Idee davon. Wenn sie jemanden wiedersehen, haben sie ihn vorher ge-

---

38. A. a. O., 189.
39. A. a. O., 296.

googelt und ahnen, was er auf ihre Fragen antworten wird. Statt Liebe leisten sie sich bloß eine Sehnsucht danach – es ist das freieste, verheißungsvollste und feigste Gefühl, das ein Mensch sich leisten kann: ein Gefühl ohne Konsequenz.«[40]

Die Orientierung am Eigeninteresse und das Prinzip der Reziprozität werden zuweilen so weit getrieben, dass jede Form des *Altruismus* als therapiebedürftig erscheint. Die Feministin Illouz kritisiert in diesem Zusammenhang aber nicht nur die therapeutische Kultur, die ständig darauf bedacht ist, dass der Klient seine Bedürfnisse adäquat zu formulieren und deren Erfüllung einzufordern weiß, sondern auch den Feminismus, der dazu tendiere, jedes selbstlose Verhalten, jedes Risiko, sich selbst zu verschwenden, als falsche Form der Anhänglichkeit bzw. mangelnde Autonomie zu verstehen.[41] Selbstverständlich sollte eine Liebesbeziehung grundsätzlich reziprok angelegt sein. Doch ist es nicht möglich, eine Liebesbeziehung permanent nach Symmetriegesichtspunkten zu bewerten und das Ausmaß des sich Kümmerns akribisch zu messen: Stimmt am Ende des Tages die Gesamtbilanz? Was sagt die Checkliste – haben sich beide Seiten gleich viel am Haushalt beteiligt? Wer investiert mehr Energie (mehr Zeit, mehr Geld, mehr Nerven) in die Beziehung? Werden die emotionalen Bedürfnisse von beiden Beteiligten adäquat artikuliert und befriedigt? Illouz zitiert als Beispiel eine Frau aus den Interviews ihrer empirischen Studie: »Mein Mann ist in vielerlei Hinsicht der ideale Ehemann, verantwortungsbewußt, attraktiv, ein toller Vater, aber er war mir gegenüber nie so warmherzig, wie ich das wollte. Während all dieser Jahre habe ich mir gesagt, daß ich nicht versuchen sollte, meine und seine Wärme, meine und seine Liebe zu vergleichen, aber am Ende schaffte ich es nicht mehr. Ich hatte alles, und doch gab er mir so viel weniger, als ich wollte, und schließlich verließ ich ihn.«[42] Aus der Sicht der zitierten Frau war die Symmetrie an einem Punkt ihrer langen Vergleichsliste nicht mehr gegeben. Deshalb reichte sie die Scheidung ein.

40. Katrin Kuntz, Feiglinge. Warum ich so viele Singles kenne, in: Der Spiegel vom 06.01.2014, 57.
41. Vgl. Illouz, Warum Liebe weh tut, 342.
42. A.a.O., 318.

Der *Anspruchsindividualismus* sorgt, nicht nur in Liebesdingen, erwartungssicher für *Enttäuschung*. »Eine funktional differenzierte Gesellschaft kann den Anspruch des Individuums, Ansprüche zu haben und Ansprüche als Abtastinstrument für individualisierende Erfahrungen zu benutzen, nicht widerlegen. Sie kann ihm nichts anderes entgegenhalten. Sie kann nur enttäuschende Erfahrungen bieten und eine entsprechende Justierung der Ansprüche nahelegen.«[43] Luhmann formuliert deshalb pointiert: »Individualität ist Unzufriedenheit.«[44] Dabei spielen die Bilder, die Individuen über die Massenmedien im Kopf haben, eine nicht zu unterschätzende Rolle: Sie zeigen, wie Liebe funktioniert, was Liebe sein soll. Die Filmwelt führt dabei ständig ideale und aufregende Liebesbeziehungen mit hoch attraktiven Partnern vor Augen. Im Vergleich dazu erscheint die eigene, reale Liebesbeziehung als langweilig und mittelmäßig. Die massenmediale Verbreitung von Liebesgeschichten erschwert eine Bejahung der Realität, sie hat »extrem trivialisierende Wirkungen«[45] und sorgt für eine Kluft zwischen Realität und Erwartung. Das Individuum, dem, anders als in der stratifizierten Gesellschaft, prinzipiell keine Grenzen mehr gesetzt sind, ist leicht enttäuschbar: Es kennt keine unverrückbaren Grenzen mehr. Die Ansprüche steigen ins Unermessliche. Moderne Beziehungen operieren deshalb stets am Rande der Enttäuschung.[46] Sven Hillenkamp kommentiert ironisch: »Die freien Menschen verlassen nicht, weil sie begonnen haben zu hassen. Sie verlassen, weil sie *unzufrieden* sind. Sie sagen: ›Es gibt andere, mit denen ging es mir besser.‹«[47] Hoffnungsvoll und ängstlich suchen sie immer weiter und sind darauf bedacht, alles auszuschließen, was nicht dem Gesuchten entspricht. Auf diese Weise werden sie zu »Meister[n] der prä-amourösen Diagnostik, des frühzeitigen Leidenschaftsabbruchs«.[48]

---

43. Niklas Luhmann, Individuum, Individualität, Individualismus, in: ders., Gesellschaftsstruktur und Semantik. Studien zur Wissenssoziologie der Moderne, Bd. 3, Frankfurt a. M. 1989, 149–258, 246.
44. A. a. O., 243.
45. Fuchs, Liebe, Sex und solche Sachen, 68.
46. Vgl. Illouz, Warum Liebe weh tut, 388.
47. Hillenkamp, Das Ende der Liebe, 68.
48. A. a. O., 70.

Die Rationalisierung der Liebe hat die Liebe entzaubert. Kosten-Nutzen-Kalküle mögen im Bereich der Ökonomie, des Tauschhandels, hilfreich sein, aber nicht im Bereich der Liebe. Das Eindringen von Marketingtechniken in den Kommunikationszusammenhang der Liebe und nutzenorientierte »Bewertungspraktiken stehen im Widerspruch zu einer Auffassung der Liebe, für die der andere mittels rationaler Methoden nicht erfaßt oder erkannt werden kann«.[49] Das Nutzen orientierte Denken unterspült das romantische Begehren, das sich auf Intuition stützt und das Unausgesprochene zu schätzen weiß. Denn die Liebe »gehört zu jener Sphäre nichtnutzenorientierten Verhaltens, in der das Selbst sich nicht nur aufgibt, sondern das Risiko eingeht, sich zu verschwenden, verletzt zu werden.«[50]

d) Plädoyer für die leidenschaftliche Liebe

Eva Illouz macht durch den historischen Vergleich deutlich, wie stark die Art und Weise, wie wir fühlen und lieben, von kulturellen Normen und Denkmustern geprägt ist. Man mag gegen Illouz einwenden, dass der Duktus ihrer Analyse etwas zu kulturpessimistisch geraten ist. Die empirischen Ergebnisse der Sexualforschung spiegeln keineswegs einen allgemeinen Sittenverfall oder einen allgemeinen Trend zur Promiskuität. Die Mehrheit der Bevölkerung wünscht sich nach wie vor intensive und dauerhafte Liebesbeziehungen, auch die jungen Erwachsenen. Allerdings gibt es auch Forscher wie Sven Lewandowski, die eine zunehmende Verselbstständigung der Sexualität beobachten und mit Illouzs Analyse an diesem Punkt konvergieren.[51]

Man kann Illouz auch dafür kritisieren, dass sie tendenziell zu verallgemeinernd von Männern, die Sexualität als Statusmerkmal benutzen, und von Frauen, die sich Bindung wünschen, spricht. Vermutlich würde Illouz gegen beide Einwände geltend machen, dass es ihr lediglich um eine Tendenz geht, die sie in der ökonomisierten Gesellschaft

---

49. Illouz, Warum Liebe weh tut, 331.
50. A. a. O., 342.
51. Allerdings bewertet Lewandowski diese Entwicklung anders als Illouz. Vgl. dazu Kapitel II, 3.

mit Sorge beobachtet, eine Tendenz, die in keinem prinzipiellen Widerspruch zu den formulierten Einwänden steht. So macht Illouz, weit davon entfernt, Männer und Frauen ontologisch verschieden zu denken, deutlich, dass das moderne Liebesleid nicht individualpsychologisch-pathologisch, sondern *soziologisch* zu verstehen ist. Nicht die Frauen sind schuld daran, dass sie zu sehr lieben. Es sind deshalb auch nicht ihre psychischen Defizite, die das Liebesleid provozieren. Es sind aber auch nicht die Männer, die quasi von Natur aus »sexuelle Kapitalisten«[52] sind und Frauen damit brüskieren und verletzen. Es sind vielmehr bestimmte *kulturelle Dynamiken*, die Frauen erneut in eine schwächere Position rücken und die es Männern umgekehrt schwerer macht als ihren Geschlechtsgenossen im 19. Jahrhundert, entschlossen und beherzt langfristige Bindungen einzugehen. Gerade der Vergleich mit dem 19. Jahrhundert zeigt, wie tiefgreifend sich das Denken und Verhalten der Geschlechter verändert hat.

Die kulturelle Dynamik, die im Wesentlichen auf einen reziproken Tauschhandel setzt, hat mit der Rationalität der Marktgesellschaft zu tun, die sich in den letzten hundert Jahren immer stärker auch in jene Bereiche hineindrängt, in denen sie eigentlich nichts zu suchen hat. Denn nicht nur die Liebe, auch die Religion gerät durch die utilitaristischen Denkmuster unter Druck. So wird mit dem Glauben zunehmend Marketing getrieben: Er muss von Nutzen sein, gesünder machen und ein längeres oder zumindest besseres Leben versprechen.[53] Die »Entzauberung« der Religion und der Liebe gehen insofern Hand in Hand. Beiden wird eine Rationalität aufgedrückt, die ihnen zutiefst fremd ist. Damit soll nicht bestritten werden, dass es Menschen dienlich ist zu glauben und zu lieben. Aber der Nutzen muss im Feld der Religion und der Liebe *latent* bleiben. Ich kann nicht jemanden lieben, weil er mir nützt. Glaube und Liebe haben keinen zweckrationalen Charakter, sie tragen ihren Sinn in sich selbst, in ihrem Vollzug. Beide sind deshalb durch ein paradoxales Verhältnis zur Nützlichkeit gekennzeichnet: Sie

---

52. »Sexuellen Kapitalisten« dient eine möglichst große Anzahl von sexuellen Eroberungen als Quelle des Selbstwertgefühls. Vgl. Illouz, Warum Liebe weh tut, 109f.
53. Zu den Paradoxien des Kosten-Nutzen-Kalküls in religiösen Zusammenhängen vgl. Karle, Kirche im Reformstress, 106ff.

nützen nur dann etwas, wenn sie nichts nützen bzw. wenn ihnen kein Nutzen-Kalkül zugrunde liegt, sondern sich der Nutzen quasi beiläufig als Implikat des Vollzugs einstellt.[54]

Zur kulturpessimistischen Perspektive erklärte Illouz in verschiedenen Gesprächen und Interviews, dass sie selbstverständlich wisse, dass es viele glückliche Ehen und Partnerschaften gebe und damit auch viele Männer (und Frauen), die bindungsfähig und -bereit sind. Sie selbst lebe in einer solchen Ehe. Da diese aber nicht Gegenstand ihres Interesses sind,[55] habe sie sich auf die andere Hälfte konzentriert: Diejenigen, die gern lieben würden, es aber im Kontext des propagierten sexuellen und emotionalen Autonomiestrebens verlernt haben. Dass darunter nicht nur Frauen, sondern auch Männer leiden, liegt auf der Hand. Es gibt auch Frauen, die auf Distanz großen Wert legen und nicht fähig oder willens sind, eine dauerhafte Bindung einzugehen. Und doch trifft das Problem aufgrund bestimmter sozialer Dynamiken mehr auf Frauen als auf Männer zu.

»Gleichheit, Freiheit, die Suche nach sexueller Erfüllung, Menschen, die Fürsorglichkeit und Autonomie beweisen, ohne auf die Geschlechtszugehörigkeit zu achten – all dies ist Ausdruck der erfüllten Versprechen moderner Liebe und Intimität.«[56] Die Entwicklungen des letzten Jahrhunderts sind deshalb keinesfalls gering zu schätzen. Illouz legt den Fokus in ihrer Analyse gleichwohl auf die problematischen Aspekte des neuen Liebes- und Freiheitsverständnisses, die in einer Gesellschaft, die sich der Optionenvielfalt verschrieben hat, tendenziell ausgeblendet werden. Sie wird darin durch Beobachtungen aus der Paartherapie bestätigt. So formuliert Arnold Retzer: »Leid erwächst nicht mehr länger aus dem Übermaß an Verboten, aus der Repression, sondern aus dem Übermaß an gebotenen Möglichkeiten. Die Unzulänglichkeit, sich selbst etwas

---

54. Glaube und Liebe sind nicht käuflich. »Die Vernunft des Tauschhandels besteht darin, den Nutzen für sich zu erhöhen und die Kosten zu senken. All das ist möglich und, so sei betont, vernünftig, wenn es nicht um intime Beziehungen und menschliche Bindungen geht.« Geht es um diese, ist die Vernunft des Marktes schädlich. Retzer, Lob der Vernunftehe, 244.

55. »Ich habe nicht über sie [die glücklichen Formen der Liebe] geschrieben, weil das Glück sehr gut auch ohne die Bemühungen der Wissenschaft auskommt, was sich vom Unglück vielleicht nicht unbedingt sagen läßt.« Illouz, Warum Liebe weh tut, 426.

56. Ebd.

schuldig geblieben zu sein, setzt den Einzelnen ununterbrochener Anstrengung und erniedrigenden Selbstvorwürfen aus.«[57]

Die sexuelle Revolution ist deshalb einerseits im Blick auf die enormen Fortschritte, die sie auf dem Terrain der sexuellen Freiheit und Selbstbestimmung mit sich brachte, zu würdigen, sie ist andererseits aber auch realistisch hinsichtlich der neuen Abhängigkeiten, die mit ihr einhergehen, in den Blick zu nehmen. Sexyness und Körperkult sind bedeutsame Marker für das Selbstwertgefühl geworden und haben die moderne Liebe entromantisiert. Durch eine distanzierte, von Liebe abgekoppelte Sexualität wird die Bereitschaft und Fähigkeit, intensiv zu lieben, beeinträchtigt. Die »unvernünftigen Abhängigkeitsphobien« sind deshalb zu überprüfen, denn: »Das autonom gestaltete Leben ist [...] von permanenter Selbstunzufriedenheit begleitet. Es gibt ja niemanden mehr, an den man seine Beschwerden richten könnte.«[58]

Nun ist der Liebeskummer ein altes Motiv der Weltliteratur. Es ist insofern nichts Neues, an der Liebe zu leiden. Doch haben sich in den modernen Schmerz neue kulturelle Erfahrungen eingelagert – und um diese geht es Eva Illouz. »Eben weil wir zahlreiche Strategien entwickelt haben, um mit der Zerbrechlichkeit und Austauschbarkeit von Beziehungen umzugehen, rauben viele Aspekte der zeitgenössischen Kultur dem Selbst die Fähigkeit, sich auf die volle Erfahrung der Leidenschaft einzulassen und sie zu leben – sowie den Zweifeln und Unsicherheiten zu widerstehen, mit denen der Prozess des Liebens und sich Bindens einhergeht.«[59] Über dieses neue Leiden an der Liebe will Illouz aufklären und es gleichzeitig relativieren, damit Frauen (und Männer) es nicht nur ihrer vermeintlich defizitären Psyche zuschreiben.

Vor allem aber will Illouz beide Geschlechter zu tiefen und belastbaren Liebesbeziehungen ermutigen. Denn der Verlust der Leidenschaft und der Gefühlsintensität ist »ein kulturell gravierender Verlust.«[60] Die Abkühlung der Gefühle macht zwar weniger verletzlich, sie erschwert aber zugleich, »uns mit anderen in leidenschaftlichem Engagement zu ver-

57. Retzer, Lob der Vernunftehe, 241.
58. A. a. O., 242.
59. Illouz, Warum Liebe weh tut, 428.
60. A. a. O., 437.

binden.«[61] Leidenschaftliche Liebe ist ohne *Verletzlichkeit* und damit ohne Schmerz nicht zu haben. Dieser Schmerz ist Indikator des Lebendigseins in einer widerständigen Welt und sollte deshalb nicht nur vermieden werden. Starke und leidenschaftliche Gefühle empfinden zu können, eine Person so zu lieben, dass »das Selbst in seiner Gänze mobilisiert«[62] wird, ist eine tiefe Bereicherung des Lebens, auch wenn sie manchmal weh tut.

Aus intensiven Beziehungen, die es uns ermöglichen, uns selbstvergessen auf eine geliebte Person einzulassen, beziehen wir nicht nur Sinn, sie ermöglichen uns auch eine ganz neue Form der Freiheit – die Freiheit von Ungewissheit und Unsicherheit. Sie helfen uns, uns selbst besser zu verstehen. »Diese Art von Liebe strahlt vom Innersten unseres Selbst aus«, sie »hilft der Charakterbildung und ist letztlich die einzige, die uns einen Kompaß an die Hand geben kann, um unser Leben zu leben.«[63]

Friedrich Schleiermacher sprach in diesem Sinn vom *bildenden Charakter* der Liebe, weil nur sie zu wahrer Individualität – und zwar durch Hingabe – verhilft.[64] Liebe und Weisheit gehen für Schleiermacher deshalb Hand in Hand – ein Aspekt, den er bei Kant und den Aufklärern vermisst.[65] Nur die Liebe vermag die Eigentümlichkeit eines Individuums zu verstehen. Dabei denkt Schleiermacher sinnliche und geistige Liebe engstens aufeinander bezogen: Sinnlichkeit, Lust, Freude und die »Vermischung der Körper« sind »Eins mit dem tiefsten und heiligsten Gefühl« der Liebe.[66] »Es läßt sich hier Eins vom Andern nicht trennen; im Sinnlichsten siehst Du zugleich klar das Geistige, welches durch seine lebendige Gegenwart beurkundet, daß jenes wirklich ist wofür es sich ausgiebt, nemlich ein würdiges und wesentliches Element der Liebe«.[67]

---

61. Ebd.
62. A.a.O., 438.
63. A.a.O., 439.
64. Vgl. Kluckhohn, Die Auffassung der Liebe in der Literatur des 18. Jahrhunderts und in der deutschen Romantik, 428.
65. Vgl. a.a.O., 456.
66. Schleiermacher, Vertraute Briefe über Friedrich Schlegels Lucinde, 194. Vgl. auch Kluckhohn, Die Auffassung der Liebe in der Literatur des 18. Jahrhunderts und in der deutschen Romantik, 441.
67. Schleiermacher, Vertraute Briefe über Friedrich Schlegels Lucinde, 150.

Schleiermacher geht es zum einen darum, die sinnliche Liebe gegen alle Prüderie und falsche Scham zu verteidigen, aber auch darum, aus der Sinnlichkeit nicht eine Genusslehre »wie eine Kochkunst«[68] zu machen. Im ersten Fall wird die sinnliche, im zweiten die geistige Dimension der Liebe ignoriert bzw. verdrängt. Es liegt im Bestreben wahrer Liebe, dass sich Sinnliches und Geistiges ständig wechselseitig durchdringen und auf diese Weise Gemeinschaft, Bindung und Verschmelzung hervorbringen.[69]

Doch auch aus einer weniger romantischen Perspektive haben Beständigkeit und Hingabe ihre Vorzüge: Man muss nicht ständig wieder von vorn anfangen. Man muss sich nicht immer wieder neu erfinden und sich in der intimen Situation der Sexualität empfindlichen Risiken aussetzen. Man muss den vielen Optionen nicht mehr hinterherlaufen. Die langfristige Beziehung mildert die Dauerveränderung und Kontingenz modernen Lebens ab und macht sie erträglicher. Nicht zuletzt setzt sie Zeit und Kraft für eine ganz andere Art von Genuss frei, denn: »Wer seine Angst davor, abhängig zu werden, und seine Anstrengungen, autonom zu bleiben, nicht länger aufrechterhalten muss, kann stattdessen etwas anderes tun. Er kann seiner Sehnsucht nach Bindung Raum geben und sie auch noch genießen.«[70]

7. Sozialethisches und praktisch-theologisches Fazit

Die Kirche hat es in der Seelsorge und in Bildungsprozessen mit Menschen zu tun, die sich angesichts der Vielfalt der Möglichkeiten, sich sexuell zu verhalten und intime Beziehungen zu leben, zu orientieren versuchen, die nicht selten von Beziehungserfahrungen enttäuscht und verunsichert sind, die sich womöglich für ein Beziehungsversagen anklagen, das seine Ursachen nicht in Defiziten der eigenen Psyche, sondern in überindividuellen Dynamiken hat. Die Analyse von Eva Illouz

---

68. Kluckhohn, Die Auffassung der Liebe in der Literatur des 18. Jahrhunderts und in der deutschen Romantik, 440.
69. Vgl. a. a. O., 443, 453, 455 und 458.
70. Retzer, Lob der Vernunftehe, 251.

kann hier hilfreich sein. Sie dient der »soziologischen Aufklärung«[1] und ermöglicht Distanz zu Erfahrungen und Gefühlen, die wir in der Regel als unser Ureigenstes betrachten und damit uns selbst zurechnen, die aber mindestens *auch* Ausdruck von kulturellen Denk- und Verhaltensmustern sind, die sich der individuellen Steuerung entziehen.

Für eine sexualethische, sexualpädagogische und poimenische Orientierung ist es deshalb elementar, empirisch informiert und soziologisch aufgeklärt, aber auch theologisch reflektiert die Realität wahrnehmen, deuten und zur biblisch-christlichen Tradition in Beziehung setzen zu können.

a) Sexualethische Überlegungen

Die Reformatoren haben Sexualität als Teil menschlicher Geschöpflichkeit bejaht und gewürdigt und die Intimkommunikation signifikant aufgewertet. Sexualität galt ihnen als beinahe ebenso elementar wie essen und trinken. Dieses *sexualitätsfreundliche Erbe* sollte die evangelische Kirche in den derzeitigen ökumenischen Diskursen über Sexualität profilierter zur Geltung zu bringen. Sexualität sollte weder verdrängt, abgewertet, geleugnet und tabuisiert noch überbewertet, idealisiert und zum Fetisch werden. Steht die Kirche und ihre Tradition noch bis ins 20. Jahrhundert und teilweise bis in die Gegenwart hinein für Ersteres, sind in der säkularen Kultur neben erfreulichen Entwicklungen im Hinblick auf eine wachsende Gleichheit der Geschlechter und im Hinblick auf eine an Liebe gebundene Sexualität auch Tendenzen eines warenförmigen sexuellen Freiheitskultes zu erkennen. Beides sind Extremformen, die dem Menschen nicht gerecht werden.

Sexualität ist *unabhängig von ihrer Fortpflanzungsfunktion* zu würdigen. Sie ist eine intime und lustvolle Begegnung zweier Liebender, die eine Beziehung immens bereichern, vertiefen und beglücken kann. In

---

1. Der Begriff stammt von Niklas Luhmann, siehe seine Bände zur Soziologischen Aufklärung 1–6. Zugleich skizziert die »soziologische Aufklärung« meine Herangehensweise an Problemstellungen der Praktischen Theologie. Siehe dazu schon: Isolde Karle, Seelsorge in der Moderne. Eine Kritik der psychoanalytisch orientierten Seelsorgelehre, Neukirchen-Vluyn 1996, 1 u. ö., aber auch dies., Der Pfarrberuf als Profession; dies., Da ist nicht mehr Mann noch Frau; dies., Kirche im Reformstress u. ö.

diesem Zusammenhang ist an Bonhoeffers schöpfungstheologisches Diktum von der selbstzwecklichen »Freude am leiblichen Leben« zu erinnern: Auch Sexualität hat als gute Schöpfungsgabe ihren Sinn zunächst in sich selbst, in der Lust und Liebe zueinander, nicht in der Funktion der Fortpflanzung. Sexualität ist weder prinzipiell mit der Fortpflanzungsfunktion zu verbinden noch ist der Bestand einer Ehe umgekehrt zwanghaft an den Vollzug der Sexualität gebunden. Der Apostel Paulus führt in seinen Überlegungen zur Ehe in 1 Kor 7 aus, dass es in einer Ehe eine legitime Differenz der Bedürfnisse und die Möglichkeit der Distanznahme geben könne und müsse. Wenn beide es wollten, könnten sich die Eheleute eine Zeit lang einander entziehen, also auf Sexualität verzichten (1 Kor 7,5). Die Ehe ist zwar eine das ganze Leben betreffende, aber keine totale Gemeinschaft.[2]

Sozialethisch sind *Freiwilligkeit*, der *Konsens* der beiden Partner, die *Gleichheit* der beiden Beteiligten und damit zugleich die *Achtung* vor der sexuellen Selbstbestimmung des anderen Mindestanforderungen einer verantwortlich gelebten Sexualität. Jede Form der Gewalt, der Nötigung, der warenförmigen sexuellen Instrumentalisierung ist grundsätzlich abzulehnen und verletzt die geschöpfliche Würde des Menschen. Körperliche Aktivitäten, zumal so intime wie die sexuellen, können nicht von der Seele und dem Geist eines Menschen abgespalten werden. Das zu zeigen, war Paulus' Anliegen in seinem Konflikt mit der korinthischen Gemeinde und deren dualistischen Vorstellungen.[3] Gerade weil der Leib zentral ist für die Identität des Menschen, verfügt der Mensch nicht über seinen Körper wie über ein Objekt. Das bedeutet zugleich, dass eine ausufernde Praxis sexueller Freiheit nicht nur ein Problem für den Partner darstellen kann, der sich dadurch verletzt und nicht angemessen respektiert sieht, sondern im Zweifelsfall auch für den eigenen Leib bzw. die eigene Identität, der bzw. die davon nicht unberührt bleibt. Nach christlichem Verständnis sollte Sexualität in eine *Liebesbeziehung* eingebunden sein. In Gen 2,24 wird dieser Aspekt poetisch beschrieben: Sexualität, das »Einssein im Fleisch«, wird mit dem »Anhängen« an die

2. Vgl. dazu auch: Kristian Fechtner, Kirche von Fall zu Fall. Kasualien wahrnehmen und gestalten, Gütersloh 2003, 132.
3. Vgl. Kapitel I, 3b).

geliebte Person assoziiert. Sexualität wird als Ausdruck einer tiefen Intimität, einer innigen Verbundenheit und reziproken Anhänglichkeit vorgestellt. Das »Einssein« impliziert dabei auch, wechselseitig füreinander Verantwortung zu übernehmen.

Wenn Sexualität nicht per se als auf Fortpflanzung hin orientiert zu begreifen ist, sondern ihren Sinn in sich selbst hat, dann sind die unterschiedlichen *Lebensformen*, ob nun homo- oder heterosexuell, in denen Sexualität in Achtung voreinander und in Liebe zueinander gelebt wird, gleichermaßen zu würdigen. Zugleich ist im Religions- und Konfirmandenunterricht über die *Vielfalt sexueller Orientierungen* aufzuklären, der Homophobie entgegenzuwirken und sind Toleranz und Respekt gegenüber Minderheiten (wie sie Homosexuelle, aber auch Asexuelle darstellen) zu fördern. Die entscheidende Differenz ist in der Gegenwart nicht entlang der sexuellen Orientierung zu treffen, sie ist vielmehr eine Frage des *ethischen Maßstabs*: Wird Sexualität in promiskuitiver oder monogamer Form gelebt, verselbstständigt sich Sexualität oder ist sie in eine von Liebe und Vertrauen getragene Beziehung eingebettet? Der Kirche, der ansonsten so viel an der Einbindung von Sexualität in eine dauerhafte und verlässliche Beziehung liegt, müsste vor diesem Hintergrund die vollständige rechtliche Gleichstellung von gleichgeschlechtlichen Paaren ein großes Anliegen sein.

b) Sexuelle Sozialisation und Bildung

Da Jugendliche von einer sexuellen Verwahrlosung weit entfernt zu sein scheinen und insgesamt verantwortlich mit ihrer Sexualität umgehen, hat die Kirche allen Grund, der *Jugendsexualität* mit mehr Gelassenheit zu begegnen und zugleich dazu anzuregen, mit Jugendlichen im Religions- und Konfirmandenunterricht offen über ihre Wünsche und Ängste auch hinsichtlich von Liebe und Sexualität zu sprechen.[4] Dabei

---

4. Ganz eindeutig ist das Bild allerdings nicht. So fragt Georg Neubauer: »Wird sich das romantische Liebesideal von Treue und Verbindlichkeit, an dem sich die Mehrheit aller von Forschern befragten Jugendlichen bis heute orientieren, behaupten können? Oder wird sich eine Sexualmoral durchsetzen, die den Sexualakt von dem, was wir ›Liebe‹ nennen, abkoppeln wird?« Vgl. Georg Neubauer, Jugendsexualität im Spiegelbild empirischer Sexualforschung, in: Angela Ittel/Ludwig Stecher/Hans Merkens/Jürgen

ist es nicht sinnvoll, von Sexualität umstandslos auf lebenslange Treue zu schließen. Jugendliche brauchen für ihre Persönlichkeitsentwicklung den Raum und die Zeit für Lern- und Reifungsprozesse – auch im Hinblick auf die Erkundung ihrer eigenen Sexualität, der eigenen Beziehungsvorstellungen und ihrer sexuellen Identität. Die *Unterscheidung von Ehe und Sexualität* muss deshalb auch von der Kirche offensiv vertreten werden. Alles andere geht an der Realität vorbei und stellt keine hilfreiche ethische Orientierung für Jugendliche und junge Erwachsene dar. Sonst sind nur vorschnelle Eheschließungen, das schale Gefühl etwas verpasst zu haben oder spätere Ehekrisen aufgrund mangelnder Erfahrung und Reife die bittere Folge, in der Regel aber vor allem eine wachsende Indifferenz gegenüber einer als gänzlich lebensfern und sexualfeindlich empfundenen Kirche.[5] Eine Umfrage, die Papst Franziskus 2013 unter katholischen Gläubigen initiierte, bestätigt diesen Eindruck: Die Katholiken wissen nicht mehr, was an vorehelicher Sexualität oder an einer zweiten Eheschließung falsch sein soll. Selbst Gläubige aus dem Inneren der katholischen Kirche können mit den lehramtlichen Aussagen ihrer Kirche zu Sexualität und Ehe nichts mehr anfangen.[6] Die evangelische Kirche hat insofern allen Grund, die Differenz zur römisch-katholischen Kirche in sexualethischen Fragen deutlich zu machen. Zugleich bleibt zu hoffen, dass die katholische Kirche, die durch die genannte Umfrage immerhin ein neues Interesse an der Praxis und den Einstellungen ihrer Gläubigen bekundet, ihre strikte Sexualethik korrigiert und realistischere und lebensförderlichere Orientierungen entwickelt.

Zinnecker (Hrsg.), Jahrbuch Jugendforschung. 7. Ausgabe 2007, Wiesbaden 2008, 19–32, 30.

5. Noch in dem Beitrag von Ferdinand Koch von 2009 tauchen die Kirchen ausschließlich als Institutionen auf, die das Sexualtabu aufrechterhalten wollen, die Sexualität dämonisieren, sie nur im Hinblick auf die Zeugung von Nachkommenschaft als legitim erachten und eine sexuelle Enthaltsamkeit bis zur Eheschließung verlangen. Vgl. ders., Sexualität und Erziehung. Zwischen Tabu, repressiver Entsublimierung und Emanzipation, in: Jahrbuch für Pädagogik 2008. 1968 und die neue Restauration, Frankfurt a. M. 2009, 117–134, 118. Es ist höchste Zeit, dieses Bild zu korrigieren.

6. Vgl. u. a. http://www.sueddeutsche.de/panorama/umfrage-der-katholischen-kirche-zur-sexualmoral-paepstlich-verordnete-selbsterkenntnis-1.1874521, ein Artikel von Matthias Drobinski vom 29.01.14 in der Süddeutschen Zeitung. Zuletzt abgerufen am: 07.05.2014.

Die Theologie der Romantik hat die »Lehrjahre« und damit die *vor-läufigen Liebesversuche* junger Erwachsener einfühlsam und mit Reali-tätssinn verteidigt. So hat Friedrich Schleiermacher die erste Liebe re-lativiert, gerade weil er so hoch von der Liebe dachte: »Soll etwa sie [die Liebe], die das Höchste im Menschen ist, gleich beim ersten Versuch von den leisesten Regungen bis zur bestimmtesten Vollendung in einer einzigen That gedeihen können? [...] Auch in der Liebe muss es vorläu-fige Versuche geben, aus denen nichts Bleibendes entsteht, von denen aber jeder etwas beiträgt, um das Gefühl bestimmter und die Aussicht auf die Liebe größer und herrlicher zu machen. [...] Hier Treue fordern und ein fortdauerndes Verhältnis stiften wollen, ist eine ebenso schäd-liche als leere Einbildung«.[7] Das gilt bei Schleiermacher im Übrigen nicht nur in Bezug auf Männer, sondern für beide Geschlechter, so spricht er auch von »ihren [den weiblichen] Lehrjahren«.[8] Als akzep-tierte Lebensweise für junge Frauen hat sich das im Bürgertum lange nicht durchsetzen können.

Sexualität lässt sich nicht mehr auf die Ehe begrenzen, sie wird in vielen unterschiedlichen Partnerschaften verantwortlich gelebt. Es ist dabei die Sehnsucht der meisten Menschen, in einer Liebesbeziehung zu leben, in der Sexualität Ausdruck von Liebe ist, in der sie sich »*tief*« *adressiert* und »*ganz*« gemeint fühlen und nicht nur Teilselbste von ihnen gefragt sind, eine Beziehung, in der sie eine emotionale und vertrauens-volle Bindung eingehen können.

Weil Heranwachsende heute schon früh mit einer immensen Vielfalt medialer Muster und Bilder konfrontiert werden und sie vor allem über das Internet auch irritierenden Botschaften durch die Pornographie aus-gesetzt sind, ist eine differenzierende *Sexualpädagogik* und *Sexualerzie-hung* elementar.[9] Eine sexuelle Bildung in der Schule hat sich in Nach-

---

7. Schleiermacher, Vertraute Briefe über Friedrich Schlegels Lucinde, 186.
8. A.a.O., 200.
9. Sexualpädagogik ist eine Teildisziplin der Pädagogik, die sowohl die sexuelle Sozialisation als auch die erzieherische Einflussnahme auf die menschliche Sexualität reflektiert. Sexu-alerziehung meint die Einflussnahme »auf die Entwicklung sexueller Motivationen, Aus-drucks- und Verhaltensformen sowie von Einstellungs- und Sinnaspekten der Sexualität«. Uwe Sielert, Sexualerziehung und Sexualpädagogik in Deutschland, in: Bundesgesund-heitsblatt – Gesundheitsforschung – Gesundheitsschutz 1 (2007), 68–77, 68. Vgl. dazu auch: Keil, Evangelische Sexualethik und sexuelle Bildung.

kriegsdeutschland nur äußerst mühsam durchgesetzt. Auf keinem anderen pädagogischen Gebiet wirkten die Vorstellungen des Nationalsozialismus so nachhaltig wie auf diesem.[10] Schon 1933 gab es einen Erlass zur sexuellen Belehrung, der die Sexualaufklärung in der Schule brandmarkte. Die Liberalisierung in den 1920er Jahren wurde über Jahrzehnte hinweg zurückgedrängt. Bis in die 1960er Jahre hinein wurde Sexualität totgeschwiegen. Die Konsequenz der Tabuisierung war eine frappierende Unkenntnis in Sachen Sexualität mit problematischen Folgewirkungen wie z. B. unerwünschten Schwangerschaften. »Das angemessene Sprechen über Sexuelles gehört zu den Grundvoraussetzungen sowohl der Prävention unerwünschter Persönlichkeitsbeeinträchtigungen als auch aller anderen Bemühungen zur Verwirklichung sexualpädagogischer Ziele. Insbesondere angesichts der ›öffentlichen Geschwätzigkeit‹ über Sexualität und der Notwendigkeit, den Intimitätsschutz zu betonen, bedarf das Sprechen über Sexuelles der verstärkten pädagogischen Reflexion.«[11]

Sexualität ist formbar und kultivierbar und deshalb auch Gegenstand von Erziehung und Bildung. »Sexualität ist nicht nur ein Naturereignis, sondern Körpersprache, die gelernt werden muss, wie die Sprache selbst.«[12] Zu einer gelungenen Sexualerziehung gehören deshalb nicht nur naturwissenschaftliche Erklärungen im Biologieunterricht, sondern auch Diskussionen, in denen sich Jugendliche mit der eigenen sexuellen Sozialisation auseinandersetzen können und zum Nachdenken angeregt werden. Anders als manche befürchten, meint eine emanzipatorische Sexualerziehung »nicht sexuelle Libertinage, nicht die Erziehung zu einer egoistischen Haltung, die alle Möglichkeiten der Selbstdurchsetzung wahrnimmt. Im Gegenteil: Diese Erziehung fordert eine kritische Haltung gegenüber allen Zwängen und Ansprüchen, die Sexualität als Leistungs- und Konsumprinzip suggerieren. Sie fordert kritische Analyse und Eigenständigkeit, die auch Verzicht beinhaltet.«[13] Und sie fördert einen positiven Umgang mit der eigenen Körperlichkeit, Sinnlichkeit und Sexualität. Auf diesem Weg lernen Jugendliche zugleich, sexuelle

---

10. Vgl. Koch, Sexualität und Erziehung, 117.
11. Sielert, Sexualerziehung und Sexualpädagogik in Deutschland, 72.
12. Koch, Sexualität und Erziehung, 130.
13. A. a. O., 131.

Minderheiten zu akzeptieren und nicht zu denunzieren, Repression und Ausgrenzung zu überwinden und Toleranz und Respekt einzuüben. Sexuelle Bildung ist insofern immer auch sexualethische Bildung. Gerade die neue Freiheit im Hinblick auf die persönliche Gestaltung der Sexualität bedarf der »sexualethische[n] Reflexion und der Bereitstellung von sexualpädagogischen Orientierungsangeboten, anhand derer individuelle Lebensführung«[14] verantwortlich gestaltet werden kann.

c) Grenzen der Sexualität

Sowohl eine Dämonisierung als auch eine Idealisierung von Sexualität ist zu vermeiden. Theologie und Kirche haben zwar Nachholbedarf im Hinblick auf eine entspanntere Einschätzung der menschlichen Sexualität, sie sollten aber nicht vor lauter Enthusiasmus über die Wiederentdeckung der Körperlichkeit dem kulturellen, vor allem von den Medien forcierten Trend der Überbewertung der Sexualität folgen, sondern die negativen Folgen einer überzogenen Sexualisierung realistisch in den Blick nehmen. Es ist für viele Menschen ein Problem, dass ihr Selbstwertgefühl nahezu unmittelbar mit sexueller Attraktivität und Sexyness gekoppelt ist. Der gesamtgesellschaftliche Imperativ zur Selbstoptimierung macht es vielen schwer, sich körperlich so zu akzeptieren, wie sie sind. Zu denken ist an junge Frauen, die sich regelmäßig mit Hunger quälen, um ihre vermeintliche Idealfigur zu bekommen, aber auch an männliche Jugendliche, die auf eine Akkumulation sexueller Kontakte keinen Wert legen und womöglich gerade deshalb nicht die Anerkennung finden, auf die sie hoffen. Religions- und Konfirmandenunterricht, aber auch die Seelsorge sollten deshalb für die *Schattenseiten einer überbewerteten Sexyness* sensibilisieren.

Für die Beziehungsmuster der großen Mehrheit der Bevölkerung gilt das Prinzip der seriellen Monogamie. Wer die Serialität allerdings überstrapaziert, wird feststellen, dass die menschliche Liebesfähigkeit begrenzt ist. Es ist nicht möglich, immer wieder neu intensiv zu lieben. Das übersteigt die Kapazität und Flexibilität endlicher Menschen. In einer Rezension zu dem Buch »Schoßgebete« von Charlotte Roche, von

---

14. Keil, Evangelische Sexualethik und sexuelle Bildung, 174.

dem bei Erscheinen innerhalb eines Tages mehr Exemplare verkauft wurden als von jedem anderen deutschsprachigen Buch je zuvor, wundert sich Thomas Steinfeld darüber, dass die Gelassenheit in Sachen Sexualität im 20. und 21. Jahrhundert so gänzlich verloren gegangen ist. Roches Buch ist für ihn Ausdruck dieser Nicht-Gelassenheit. Es lebe von der *Lüge der rettenden Sexualität*. Dem sexuellen Akt werde darin eine Bedeutung zugeschrieben, die er nicht erfüllen könne. Sexualität könne nicht erlösen, nicht befreien, nicht retten, nicht den Tod überwinden, schon gar nicht eine derart methodisch operierende Sinnlichkeit, wie sie Roche beschreibt.[15]

Die Sensibilisierung für die *Grenzen der Sexualität* ist insbesondere für diejenigen von Bedeutung, die sich durch den »sexuellen Wettbewerb« unter Druck gesetzt fühlen. In Seelsorge und Unterricht ist die Bedeutung von Sexualität insofern auch zu relativieren und von der Erwartung, möglichst viel Spaß beim Sex haben zu müssen, zu entlasten. Die »neue Ideologie der sexuellen Fitness und Selbstoptimierung«[16] setzt Beziehungen unnötigem Stress aus. Auch im Hinblick auf Sexualität gilt es, »die Banalität des Guten«[17] zu würdigen, die zwischen großartig und misslungen liegt. Der Paartherapeut Arnold Retzer erzählt von Ehepaaren, die sich wechselseitig unter Druck setzen, jeweils mehr Lust auf Sex haben zu müssen. Das Recht auf Sexualität verkehrt sich dann in die Pflicht zur Sexualität, das Resultat ist nicht selten sexuelle Lustlosigkeit. Für manche Paare ist es eine Befreiung zu erfahren, dass sie nicht ständig Lust haben *müssen*, dass die Erwartung, immer sexuell appetent sein zu müssen, eine Ideologie ist, die zu falscher Scham und zu absurden Schuldgefühlen führt und die Probleme verschärft statt sie zu lösen.

In diesem Zusammenhang ist auch darauf hinzuweisen, dass es gerade im Bereich von Liebe und Sexualität unmöglich ist, Glück gezielt zu steuern und herzustellen. Nicht selten wird das Glück in der sexuellen Begegnung gerade dadurch verfehlt, dass man es allzu absichtsvoll her-

---

15. Vgl. Thomas Steinfeld, Besprechung von »Charlotte Roche, Schoßgebete« in: Süddeutsche Zeitung vom 10.08.2011.
16. Schmidt, Sexualleben heute – eine empirische Studie, 141.
17. Retzer, Lob der Vernunftehe, 147.

beizuführen versucht. Glück und Zufall werden in der Ratgebergesellschaft dramatisch unterschätzt. Das Leben geschieht vor allem. »Es wird nur in Grenzen gestaltet – das Eheleben ohnehin.«[18] Die christliche Tradition betont gerade deshalb die Bedeutung der Unverfügbarkeit, der Gnade.

d) Gendering und die Frage der Lust

Sexualität wird ohne sexuelles Begehren nicht nur der Männer, sondern auch der Frauen in auf Dauer angelegten Beziehungen nicht mehr als befriedigend erlebt. Das zeigen empirische Studien.[19] Das macht einmal mehr deutlich, wie eng die Genderproblematik mit dem Erleben und Gestalten von Sexualität verwoben ist. Während das Mittelalter immerhin gelegentlich die Notwendigkeit der sexuellen Lust der Frau betonte, musste die Moderne erst wieder lernen, dass auch Frauen Sexualität als etwas Leidenschaftliches zu genießen und zu begehren verstehen. Mittlerweile ist es vor allem für junge Frauen selbstverständlich, einen lustvollen Umgang mit Sexualität zu praktizieren und sich dabei auch als aktiv-gestaltend und keinesfalls nur als passiv-empfangend zu erleben. Kommt es im Verlauf von langjährigen Beziehungen allerdings wieder zu einer »Retraditionalisierung der geschlechtsrollenspezifischen Arbeitsteilung«[20], insbesondere wenn Kinder kommen, dann, so die Beobachtung der empirischen Sexualforschung, ist dies häufig Ursache für eine sexuelle Unzufriedenheit, insbesondere unter Frauen. Wird sexuelles Verlangen vor allem dem Mann zugeschrieben, leiden sowohl der Mann als auch die Frau darunter. Beide empfinden ihr Sexualleben dann signifikant häufiger als belastend als Paare, die ein reziprokes Verlangen haben.

Für eine gelungene Sexualität ist es zweifellos essenziell, traditionelle Gendernormen und Geschlechterstereotype zu transzendieren und sich von den androzentrischen und individualitätsfeindlichen Erblasten der

18. A. a. O., 137.
19. Vgl. Schmidt/Matthiesen/Dekker/Starke, Spätmoderne Beziehungswelten, 145. Vgl. ebd auch zum Folgenden.
20. Ebd.

Vergangenheit zu verabschieden. Frausein oder Mannsein als polare Identitätskonzepte zu verstehen, die der Frau Passivität und dem Mann Aktivität zuschreiben, ist sowohl empirisch als auch theologisch überholt. Frausein oder Mannsein sind sowohl physiologisch als auch psychologisch »Facetten eines Kontinuums«[21] und damit äußerst vielfältig und individuell. Die Restbestände dichotom-asymmetrischer Vorstellungen von Weiblichkeit und Männlichkeit sind in der evangelischen Ethik deshalb zu überprüfen und zu revidieren. Die Gleichheit und Individualität der Geschlechter mag die heterosexuelle Beziehung vor neue Herausforderungen stellen, sie ist zugleich aber auch der Grund für eine lebendigere Sexualität und größere Beziehungszufriedenheit. Das hat auch die EKD erkannt. In einer ihrer familienpolitischen Stellungnahmen stellt sie fest: »Frauen sind umso unzufriedener, je traditioneller sich die Rollenteilung entwickelt hat. Auch wenn viele Mütter einverstanden sind, während der Kleinkindphase ihrer Kinder zunächst mehr Familienaufgaben zu übernehmen, so schwindet diese Bereitschaft mit zunehmendem Alter der Kinder.«[22] Gleichheit ist beziehungsstabilisierend, auch wenn die Rollen in diesem Fall individuell ausgehandelt werden müssen.

e) Hingabe und Sexualität

Erotik und Leidenschaft gewinnen an Dynamik und Lebendigkeit, wenn Sexualität mit Hingabe, mit Emotionalität und der Bereitschaft sich zu binden gekoppelt ist. Eine erfüllte und lebendige Sexualität ist nicht ohne Riskanz, nicht ohne Verletzlichkeit zu haben. Liebe rechnet, bewertet und kalkuliert nicht, sie »entbehrt der Nützlichkeit. Nützlichkeit bindet an diese Welt; die unökonomische Liebe ist dagegen dazu da, verschwendet, aufgeopfert, verspielt und verausgabt zu werden. [...] Die Liebe ver-

---

21. Heike Walz, Und Gott schuf sie – jenseits von Frau und Mann?, in: Christina Aus der Au (Hrsg.), Menschsein denken. Anthropologien in theologischen Perspektiven, Neukirchen-Vluyn 2005, 62–86, 85.
22. Familienpolitische Stellungnahme des Rates der EKD aus dem Jahr 2002: »Was Familien brauchen«, Ziff. 27, 7. Online: http://www.ekd.de/download/ekd_texte73.pdf. Zuletzt abgerufen am: 07.05.2014.

spricht, die entzauberte Welt wiederzuverzaubern.«[23] Sie verleiht romantischen Gefühlen neuen Aufschwung.

Die geschenkte und schenkende Fülle, das Überströmende und Verschwenderische sind Kennzeichen der biblischen Leitidee vom Leben – nicht der Mangel, nicht die Selbstbewahrung.[24] Diese Haltung der Hingabe steht im Widerspruch zu einer Haltung, die aus Angst vor Leid darauf abzielt, in der Sexualität seelisch möglichst unberührt zu bleiben und emotional nicht involviert zu werden. Lieben und leiden hängen eng miteinander zusammen. »Wer sich wirklich darauf einläßt, einen Menschen zu lieben, wird an ihm leiden [...]. Die Erfahrung der Grenze, des Abbruchs, der Distanz läßt jede Liebe zur Quelle des Leidens werden [...]. Leidensfähigkeit ist ein Zeichen der Liebesfähigkeit und umgekehrt.«[25] Der Liebende leidet allein schon deshalb, weil er mit dem Geliebten mitleidet, wenn dieser sich in Not befindet. Die Bejahung des Leidens ist Teil »der großen Liebe zum Leben«.[26]

Sexualität ist auf Freiwilligkeit, Konsens, Gleichheit, aber auch auf Hingabe, Leidenschaft und eine intensive Gefühlsbindung angewiesen, wenn sie über die Erregung hinaus als tiefes Glück empfunden werden soll. Ohne Hingabe und Leidenschaft, ohne Sensibilität und Verletzlichkeit, ohne Empathie und emotionale Intensität können wir nicht lieben. Gerade sie machen die Sexualität zu einem kostbaren Geschenk. Nur wer sein Leben verliert, wird es gewinnen, so formuliert es die jesuanische Ethik (Mt 16,25). Sie gilt auch für die Sexualität. Am Schönsten ist sie dort, wo sie sich ohne Angst vor Abhängigkeit in einem Raum des Vertrauens verschwenden und verströmen kann. Dann ist sie Ausdruck der Freude am leiblichen Leben und der innigen und lustvollen Verbindung zweier Menschen.

23. Retzer, Lob der Vernunftehe, 29.
24. Vgl. Ralf Miggelbrink, Können Christen von Glück reden? Theologische Überlegungen im Anschluss an eine Wiederentdeckung der Kategorie der Lebensfülle, in: Heinrich Bedford-Strohm (Hrsg.), Glück-Seligkeit. Theologische Rede vom Glück in einer bedrohten Welt, Neukirchen-Vluyn 2011, 90–100.
25. Klessmann, Pastoralpsychologische Reflexionen zur Leiblichkeit des Menschen, 304f.
26. Dorothee Sölle, Leiden, Stuttgart/Zürich ⁹2003, 135.

III. Ehe

1. Ehe in der Krise?

a) Die Pluralisierung des Privatheitssystems

Die Ehe- und Familienwirklichkeit hat sich in den letzten Jahrzehnten verändert. Sie ist vielfältiger und bunter, aber auch fragiler geworden. Ehe und Familie verstehen sich nicht mehr von selbst. Wer heute heiratet, beschließt damit nicht zugleich, eine Familie zu gründen. Kinder werden auch von nicht miteinander verheirateten Paaren erzogen. Neben der traditionellen Ehe und Familie finden sich Patchworkfamilien, Regenbogen-, Eineltern- und Stiefkindfamilien. Liebe verweist nicht mehr zwangsläufig auf Heirat. Die Aufnahme sexueller Beziehungen ist unabhängig von einer Eheschließung oder der Absicht dazu gesellschaftlich legitim geworden. Eheanaloge Lebensformen wie nicht-eheliche Lebensgemeinschaften haben sich etabliert und sind allgemein anerkannt.

Doch es hat nicht nur die Vielfalt privater Lebensformen zugenommen, sondern auch die Ehe selbst hat sich verändert und pluralisiert. So basiert eine Eheschließung in der Gegenwart nicht mehr selbstverständlich auf dem bürgerlich-komplementären Geschlechterarrangement, das sich mit der Differenzierung von Erwerbs- und Familienleben in der Neuzeit herausgebildet und durchgesetzt hat. Die geschlechtsdifferenzierte Arbeitsteilung, die dem Mann die Sphäre der Öffentlichkeit und der Frau die Sphäre der Familialität und Häuslichkeit zuweist, ist ein Ehemodell unter vielen geworden. Die Zurückdrängung des klassischen Ehemodells hat nicht nur mit der Individualisierung und den veränderten Bildungschancen von Frauen zu tun, sondern auch mit der Technisierung und Professionalisierung des Haushaltes, die nicht wenige Aufgabenbereiche und Kompetenzen, die einer Hausfrau noch bis in die Mitte des 20. Jahrhunderts zukamen, überflüssig machten und zu einer Dequalifizierung der Hausarbeit beitrugen. Deutlich sichtbar wird das im historischen Vergleich. So bringt das Gedicht »Das Lied von der

Glocke« von Friedrich Schiller nicht nur die Geschlechterpolarität anschaulich zum Ausdruck,[1] sondern beschreibt zugleich die Vielfalt der Aufgaben einer »züchtigen Hausfrau« im 18. und 19. Jahrhundert, die nicht nur den Haushalt zu führen (bei einem gutbürgerlichen Haushalt mit Anleitung des Dienstpersonals) und die Kinder zu erziehen hatte, sondern auch selbstständig Wolle und Leinen herstellte und »den Gewinn mit ordnendem Sinn« vermehrte.

In der Gegenwart wird das klassisch-bürgerliche Ehemodell immer mehr zu einer randständigen Lebensform. Eine Befragung unter jungen Männern und Frauen ergab, dass über 90 Prozent der jungen Frauen heute finanziell auf eigenen Beinen stehen möchten und sich zugleich Nachwuchs wünschen. Zugleich signalisieren immerhin 76 Prozent der Männer, nicht mehr Alleinverdiener sein zu wollen.[2] Die Versorgungsehe, noch vor wenigen Jahrzehnten der Normalfall, verliert nicht zuletzt aufgrund gestiegener Scheidungsrisiken an Plausibilität. Männer und Frauen begegnen sich zunehmend auf Augenhöhe – im Hinblick auf das Niveau ihrer Ausbildungen, ihrer finanziellen Ressourcen, ihrer persönlichen und beruflichen Möglichkeiten. Allerdings schätzen die befragten Frauen die Vereinbarkeit von Erwerbs- und Familienarbeit nach wie vor skeptisch ein. Sie wünschen sich, dass sich die Männer mehr an der Familienarbeit beteiligen.[3] Weil gefühlt immer noch primär Frauen für

1. »Der Mann muß hinaus/ ins feindliche Leben,/ muß wirken und streben/ und pflanzen und schaffen,/ erlisten, erraffen,/ muß wetten und wagen,/ das Glück zu erjagen. [...] Und drinnen waltet/ die züchtige Hausfrau,/ die Mutter der Kinder,/ und herrschet weise/ im häuslichen Kreise/ und lehret die Mädchen/ und wehret den Knaben/ und reget ohn' Ende/ die fleißigen Hände/ und mehrt den Gewinn/ mit ordnendem Sinn/ und füllet mit Schätzen die duftenden Laden/ und dreht um die schnurrende Spindel den Faden/ und sammelt im reinlich geglätteten Schrein/ die schimmernde Wolle, den schneeigen Lein/ und füget zum Guten den Glanz und den Schimmer/ und ruhet nimmer.« Friedrich Schiller, Das Lied von der Glocke, in: ders., Schiller Werke. Nationalausgabe 2/I. Gedichte in der Reihenfolge ihres Erscheinens 1799–1805, hrsg. von Norbert Oellers, Weimar 1983, 227–239, 236.
2. Vgl. http://www.spiegel.de/karriere/berufsleben/studie-maenner-wuenschen-sich-keine-hausfrau-mehr-a-921465.html. Zuletzt abgerufen am: 07.05.2014. Vgl. ausführlich die Studie von Jutta Allmendinger: dies., Frauen auf dem Sprung. Wie junge Frauen heute leben wollen. Eine Brigitte-Studie, Bonn 2009.
3. Vgl. http://www.wzb.eu/de/pressemitteilung/studie-frauen-auf-dem-sprung-das-update-2013. Zuletzt abgerufen am: 07.05.2014. Vgl. ausführlich: Allmendinger, Frauen auf dem Sprung, 53ff.

Kinder zuständig sind, ordnen viele Frauen ihre Berufstätigkeit der des Mannes unter.[4] Es gibt jedoch zugleich zunehmend »Dual-Career-Couples«, in denen sowohl der Mann als auch die Frau einer beruflichen Karriere nachgeht. Die weibliche Begleitbiographie, die sich den Mobilitätserfordernissen der männlichen Hauptbiographie anpasst, versteht sich nicht mehr von selbst. Das führt in manchen Ehen zu einem »living-apart-together« und damit zu einer ganz neuen, voraussetzungsreichen ehelichen Lebensform.

Die Kommunikationen zwischen den Geschlechtern werden reflexiver, traditionale Lebensformen werden legitimationsbedürftiger. Das erweitert den individuellen Freiheits- und Gestaltungsspielraum, erzeugt aber auch Streit und Konflikt. Es erstaunt deshalb nicht, dass die *Scheidungsrate* seit den 1960er Jahren deutlich angestiegen ist: Während 1950 nur jede zehnte Ehe geschieden wurde, gehen Schätzungen davon aus, dass von den 2012 geschlossenen Ehen ca. 37 Prozent im Laufe von 25 Jahren geschieden werden.[5] Seit 2004 ist allerdings ein leichter Rückgang der Ehescheidungen zu beobachten. Vor allem aber hat sich die durchschnittliche Ehedauer signifikant verlängert.[6] Sie beträgt gegenwärtig 14 Jahre und 7 Monate, vor 20 Jahren waren es noch drei Jahre weniger. Zudem ist die Trennungsbereitschaft von Eheleuten mit minderjährigen Kindern rückläufig. »Berechnungen zeigen, dass trotz der hohen Scheidungszahlen in den achtziger Jahren in Deutschland geborene Kinder im Alter von zehn Jahren zu 88% – das sind vier Prozentpunkte mehr als bei den in den vierziger Jahren geborenen Kindern gleichen Alters – eine nach wie vor verheiratete Mutter haben.«[7]

4. Vgl. dazu ausführlich: Karle, Da ist nicht mehr Mann noch Frau, 121–160.
5. Vgl. die Zahlen des Statistischen Bundesamtes: https://www.destatis.de/DE/ZahlenFakten/ GesellschaftStaat/Bevoelkerung/Ehescheidungen/Ehescheidungen.html. Zuletzt abgerufen am: 07.05.2014.
6. Vgl. http://de.wikipedia.org/wiki/Scheidungsrate und die Angaben des Statistischen Bundesamtes, siehe Anmerkung 5. Zuletzt abgerufen am: 07.05.2014.
7. Thomas Meyer, Das »Ende der Familie«. Szenarien zwischen Mythos und Wirklichkeit, in: Ute Volkmann/Uwe Schimank (Hrsg.), Soziologische Gegenwartsdiagnosen II. Vergleichende Sekundäranalysen, Wiesbaden 2006, 199–224, 214.

b) Die Wandlungsfähigkeit der Ehe

Ist die Ehe nun in der Krise oder nicht? Die zurückgehende Zahl der Eheschließungen und die hohe Scheidungsquote scheinen darauf hinzuweisen. Die Ehe kann *keine Monopolstellung* mehr für Liebe und Familialität beanspruchen. In den letzten Jahrzehnten haben andere Privatheitsmuster jenseits von Ehe und Familie an Gewicht gewonnen. Es zeichnet sich insofern eine *Reduktion der institutionellen Qualität* der Ehe ab.[8] Nicht-eheliche Lebensgemeinschaften machen der Ehe Konkurrenz. Im Jahr 2012 wurden etwa 2,7 Millionen nicht-eheliche und etwa 18,5 Millionen eheliche Lebensgemeinschaften statistisch erfasst.[9] Darüber hinaus ist es deutlich einfacher geworden als noch vor wenigen Jahrzehnten, in gleichgeschlechtlichen Lebenspartnerschaften zu leben, so dass sich Homosexuelle nicht mehr genötigt sehen, eine heterosexuelle Scheinehe einzugehen. Prinzipiell gilt heute nicht mehr die Gleichung, die noch für die sechziger Jahre des 20. Jahrhunderts galt: Erwachsenwerden bedeutet heiraten und dies bedeutet für den Mann eine Familie zu gründen und sie finanziell zu versorgen und für die Frau Ehefrau und Mutter zu sein. Der kohärente Sinn- und Verweisungszusammenhang der bürgerlichen Eheordnung hat sich aufgelöst: »[...] aus Liebe folgt heute durchaus nicht mehr (bindend und motivationszwingend) Heirat/Ehe, aus Verheiratetsein nicht mehr selbstverständlich Zusammenwohnen [...], aus Verheiratetsein aber auch nicht mehr notwendig ein Sexualprivileg oder der Wunsch nach Kindern. Liebe kommt gut ohne Ehe aus und Ehe auch ohne Kinder; überhaupt treten Ehe und Elternschaft deutlicher auseinander.«[10] Wer Single bleibt, wird dafür nicht mehr stigmatisiert. Der nachlassende gesellschaftliche Druck führt

---

8. Vgl. Tyrell, Ehe und Familie – Institutionalisierung und Deinstitutionalisierung, 148.
9. Von den 2,7 Millionen nicht-ehelichen Lebensgemeinschaften sind etwa 73.000 gleichgeschlechtliche Lebensgemeinschaften, wobei der Schätzwert, der für die gleichgeschlechtlichen Lebensgemeinschaften angenommen wird, zugleich deutlich (!) höher ist. Zu den komplizierten und unsicheren Verfahren der Datengewinnung und zu den angegebenen Zahlen vgl. Winfried Hammes, Haushalte und Lebensformen der Bevölkerung. Ergebnisse des Mikrozensus 2012, 789, https://www.destatis.de/DE/Publikationen/ WirtschaftStatistik/Bevoelkerung/HaushalteLebensformen_112013.pdf?__blob=publicationFile. Zuletzt abgerufen am: 07.05.2014.
10. Tyrell, Ehe und Familie – Institutionalisierung und Deinstitutionalisierung, 154.

konsequenterweise dazu, dass weniger Menschen heiraten. Wenn Menschen heute heiraten, tun sie dies freiwillig bzw. intrinsisch motiviert, aber nicht, weil das von ihnen erwartet wird.

Zugleich wird die Kontinuität und Stabilität der herkömmlichen Ehe und Familie unterschätzt. So wird die Scheidungsquote überbewertet und oftmals übersehen, dass viele Geschiedene wieder heiraten wollen und dies auch tun. Die Scheidungsdynamik hat sich selbst verstärkende Effekte, die paradoxerweise die Ehe nicht in Frage stellen: »Mit der Scheidung von Ehen gibt es auf dem Heiratsmarkt für Wiederverheiratungen mit einem Mal Alternativen, die es zuvor nicht gab.«[11] Man kann aufgrund der Scheidungshäufigkeit in der zweiten Lebenshälfte noch bzw. wieder einen attraktiven Partner bzw. eine attraktive Partnerin finden. Erstaunlicherweise heiraten auch Geschiedene immer häufiger wieder die vormaligen Partner. Es hat insofern nicht nur die Revision, sondern auch *die Revision der Revision* zugenommen.[12] Vor allem aber sind *demographische Faktoren* in die Analyse miteinzubeziehen. Noch nie war die Ehedauer aufgrund der signifikant gestiegenen Lebenserwartung so lange wie heute: »Es ist [...] zu bedenken, dass es heutzutage, trotz gestiegener Ehescheidungszahlen, aufgrund der längeren Lebenserwartung noch nie eine derart lange Monogamie für die Mehrzahl der Bevölkerung in unserer Gesellschaft gegeben hat. So waren z. B. vor 100 Jahren ein Drittel aller Ehen bereits nach 20 Jahren aufgelöst, und heute bestehen ein Drittel aller Ehen erst nach 40 Jahren nicht mehr.«[13]

Nicht zuletzt offenbaren Statistiken nur die halbe Wahrheit. Sie verschweigen, dass der Anteil der verheirateten Erwachsenenpopulation noch nie in der Geschichte nur annähernd so hoch war wie in den fünfziger und sechziger Jahren des 20. Jahrhunderts. Es war das *»golden age of marriage«* mit über 90 Prozent Verheiratetenanteil in der Erwachsenenpopulation.[14] Werden die gegenwärtigen Eheschließungszahlen mit dieser historisch außergewöhnlichen Verheiratetenquote verglichen, ist evident, warum die Institution Ehe als krisenhaft eingestuft wird. Anders

11. Nave-Herz, Ehe- und Familiensoziologie, 174.
12. Vgl. a. a. O., 175.
13. A. a. O., 169.
14. Vgl. Tyrell, Ehe und Familie – Institutionalisierung und Deinstitutionalisierung, 153.

verhält es sich, wenn man andere Zeiträume zum Vergleich heranzieht. Nimmt man das ganze Jahrhundert in den Blick, kommt man zu dem Ergebnis, »dass zeithistorisch betrachtet die Menschen der Weimarer Republik hinsichtlich der Faktoren Heiratsalter, Heiratsneigung und Fertilität größere Ähnlichkeit zu den [...] familialen ›Mustern der Postmoderne‹ als zu den Mustern in den sechziger Jahren zeigen. Berücksichtigen sollte man auch, dass die hohe subjektive Wertigkeit von Ehe und Familie den rückläufigen Heiratsquoten zum Trotz kulturell in keiner Weise in Frage gestellt wird.«[15] Man könnte vor diesem Hintergrund zu dem Schluss kommen, dass die Ehekrise vor allem ein Phänomen der Massenmedien bzw. der öffentlichen Diskussion ist. Schon 1979 schreibt Dietrich Rössler: »Die Ehe ist zu einem der Themen geworden, bei denen man in erster Linie von den Katastrophen, vom Scheitern und vom Verlust berichtet. Weithin muß man geradezu von einer beständigen Verdächtigung und Denunziation sprechen.«[16] Die Krisendiagnose lebt vom nostalgischen Blick in eine heile Welt der Vormoderne oder auch der bürgerlichen Moderne, die es so nie gegeben hat.[17]

Die ganz überwiegende Mehrheit der Gesellschaftsmitglieder sucht ihr individuelles Glück nach wie vor in erster Linie *in Familie und Partnerschaft.* »Ja, im Verlauf der letzten Jahrzehnte ist der Stellenwert dieses Wertmusters sogar noch gestiegen. Obwohl immer mehr Menschen (zumindest vorübergehend) alleine leben, ist die Partnerschaftsidee ungebrochen lebendig und zählt zu den zentralen Lebensorientierungen.«[18] Die Bindungsquote hat eher zu- als abgenommen. Es ist nicht die Sing-

---

15. Meyer, Das Ende der Familie, 210.
16. Dietrich Rössler, Grundlagen und Aspekte des gegenwärtigen lutherischen Eheverständnisses, in: Günther Gaßmann (Hrsg.), Ehe – Institution im Wandel. Zum evangelischen Eheverständnis heute, Hamburg 1979, 37–65, 45.
17. Zur historischen Ernüchterung in Sachen Ehe vgl. Nave-Herz, Ehe- und Familiensoziologie, 43ff. Nave-Herz weist u. a. darauf hin, dass die großen Haushaltsfamilien, die das idyllische Bild der Vergangenheit bestimmen, nur eine Ausnahme bildeten. Schon aus räumlichen Gründen (man hielt sich in einem Raum oder in Mehrzweckräumen auf und war nie allein) gab es wenig Intimität in der Familie. Noch im 19. Jahrhundert war die große Mehrzahl der Mütter gezwungen, einer Erwerbstätigkeit mit hohen Arbeitszeiten nachzugehen. Die Angst vor der Auflösung der Familie als Folge der Industrialisierung bestimmte schon damals die gesellschaftliche Debatte.
18. Meyer, Das Ende der Familie, 210.

legesellschaft, sondern die Paargesellschaft, die das Bild bestimmt.[19] Dass
es dabei nicht beim Wunsch bleibt, zeigt sich u. a. daran, dass trotz hoher
Scheidungsquoten in Deutschland mehr Ehen durch den Tod eines Partners als durch Ehescheidung gelöst werden und der Anteil der Verwitweten größer ist als der der Geschiedenen – ein bemerkenswerter Befund.[20]

Ehe und Familie haben zwar einen Monopolverlust erlitten, bleiben
aber »für die große Mehrheit der Bevölkerung unumstrittener Fixpunkt
und Leitbild ihrer privaten Lebensorientierung.«[21] Die Scheidungsent-
wicklung ist deshalb nicht einfach als Indiz für den Bedeutungsverlust
der Ehe, sondern eher umgekehrt für die *wachsende psychische Bedeutung* der Ehe zu interpretieren. Es sind nicht zuletzt die hoch getriebenen
Glückserwartungen und die fortschreitende Anspruchsinflation, die zu
Enttäuschung und Überforderung in der Ehe führen. Man will nicht nur
miteinander auskommen, sondern höchstes Glück und dauerhafte Erfüllung auf allen Ebenen finden. Der Anspruch an die Qualität einer
Partnerbeziehung ist dementsprechend hoch. Thomas Meyer kommt zu
dem Schluss: »Die Ehe ist eben nicht wegen ihrer nachlassenden Bedeutung, sondern umgekehrt gerade wegen ihrer überragenden subjektiven
Relevanz für den Einzelnen instabiler geworden.«[22]

Je mehr äußere Stabilitätsfaktoren an Bedeutung verlieren, je mehr
Eigenleistung erforderlich wird, um eine stabile Identität aufzubauen,
desto mehr versuchen Individuen, ihrem Leben Sinn und Bedeutung in
intimen Beziehungen zu geben. Zweierbeziehungen und familiale Lebensformen werden »zu einer zentralen Instanz für die soziale Konstruktion der Wirklichkeit und zu einem wichtigen Ort der inneren Identität.«[23] Die Suche nach Liebe und Intimität dient der Stabilisierung des
eigenen Selbst. Hinzu kommt, dass soziale Kontrollen und Erwartungen,
wirtschaftliche Gesichtspunkte und Interessen der Herkunftsfamilien
zurücktreten und Gemeinsamkeiten zunehmend aus eigenen persönli-

---

19. Vgl. ebd.
20. Vgl. Nave-Herz, Ehe- und Familiensoziologie, 177.
21. Meyer, Das Ende der Familie, 210.
22. A. a. O., 212.
23. Ulrich Beck/Elisabeth Beck-Gernsheim, Das ganz normale Chaos der Liebe, Frankfurt
    a. M. 1990, 110.

chen Ressourcen hergestellt werden müssen. Ulrich Beck und Elisabeth Beck-Gernsheim konstatieren deshalb: »Die Liebe wird zugleich wichtiger und schwieriger denn je.«[24] Der Erhalt einer Beziehung muss individuell garantiert, die Spielregeln des Zusammenlebens müssen selbstständig ausgehandelt werden. »Wo die äußeren Vorgaben entfallen, da wird es wichtiger denn je, daß die Verständigung zwischen den Partnern gelingt.«[25]

Eine verlässliche, dauerhafte Beziehung ist insofern voraussetzungsreich geworden. Doch stellt sie nach wie vor einen sehr hohen kulturellen Wert dar. Nicht wenige Alleinstehende begreifen ihre Lebensform deshalb auch nicht als Ideal, sondern leiden unter dem Alleinsein, obwohl der gesellschaftliche Druck zu heiraten seit den sechziger Jahren des 20. Jahrhunderts dramatisch abgenommen hat. Immer noch gehen mehr als 80 Prozent eines Geburtsjahrgangs in ihrem Leben eine Ehe ein. Es endet zwar mehr als jede dritte Ehe durch Scheidung, aber zugleich gilt: »63 % aller Ehen enden nicht durch Scheidung.«[26] Das ist bei der enorm gestiegenen Lebenserwartung alles andere als selbstverständlich.

Die durchschnittliche Lebenserwartung lag noch um 1865 bei nur 34 Jahren bei Männern und 37 Jahren bei Frauen.[27] In der Gegenwart liegt sie bei etwa 78 Jahren bei Männern und 83 Jahren bei Frauen.[28] Das bedeutet für die Ehe: Die *Familienphase ohne Kinder* ist immens gewachsen. Ältere Ehepaare mit Kindern, die nicht mehr im Haushalt leben, gibt es heute signifikant mehr als noch vor 100 Jahren. Die Existenz älterer Paare ohne Kinder lässt sich deshalb mittlerweile als eine eigene Lebensphase von anderen unterscheiden. »[...] verglichen mit der Lebenserwartung vor vierhundert Jahren können die Ehepartner noch ein ganzes Leben ohne unmittelbare Verantwortung für Kinder miteinander

---

24. A.a.O., 95.
25. A.a.O., 122.
26. Nave-Herz, Ehe- und Familiensoziologie, 169.
27. Vgl. Josef Ehmer, Bevölkerungsgeschichte und historische Demographie 1800–2000, München 2004, 34.
28. Es ist bis 2050 noch ein weiterer Anstieg der Lebenserwartung bis zu 83 Jahren für Jungen und 88 Jahren für Mädchen anzunehmen. Vgl. http://www.demografie-portal.de/SharedDocs/Informieren/DE/Statistiken/Deutschland/Lebenserwartung_Geburt.html. Zuletzt abgerufen am: 07.05.2014.

verbringen. Die Partnerbeziehung kann sich nicht auf Dauer auf die Betreuung von Kindern zentrieren. [...] Es gilt vielmehr, für das neu hinzugewonnene Leben eine erfüllende Beschäftigung zu finden. Daß diese Umstellung nur unzureichend gelingt, belegt die Verlagerung der Scheidungszahlen auf die höheren Lebens- und Ehejahre.«[29]

In diesem Zusammenhang ist noch auf einen letzten Gesichtspunkt zu verweisen: Die vielleicht gravierendste Veränderung in Bezug auf das Eheverständnis zeichnet sich im Hinblick auf die deutlich gestiegene Anzahl von kinderlos bleibenden Ehen ab. Neben ungewollter Kinderlosigkeit ist dabei von einer Zunahme freiwilliger Kinderlosigkeit auszugehen, die erst durch die hohe Verlässlichkeit der hormonellen Empfängnisverhütung möglich wurde. So hat sich zwischen 1900 und 1977 der Anteil kinderloser Ehen von 9,7 % auf 18 % verdoppelt. In der Gegenwart leben ca. 25 % der Paare ohne Kinder.[30] Die Ehe- und Familiensoziologin Rosemarie Nave-Herz konstatiert: »Die bewusst gewählte kinderlose Ehe ist [...] ein neuartiges gesellschaftliches Phänomen.«[31] Gefördert wird diese neue Lebensform auch dadurch, dass Diskriminierungserfahrungen bei Kinderlosigkeit inzwischen marginal sind. Sowohl im Hinblick auf kinderlose Frauen als auch im Hinblick auf ledige oder alleinerziehende Mütter hat sich das gesellschaftliche Klima von erheblicher Repressivität hin zu Toleranz verändert.

Die soziologische Analyse zeigt, dass die Ehe zwar kein Monopol mehr im Bereich der Intimität geltend machen kann, dass sie fragiler und brüchiger geworden ist, dass sie aber zugleich weit davon entfernt ist, ein Auslaufmodell zu sein. »Die Tatsachen zeigen eine nach wie vor hohe Stabilität von Ehen.«[32] Die Ehe erweist sich als erstaunlich anpassungs- und wandlungsfähig und beweist auch unter gesellschaftlich un-

29. Helmut Lukesch, Wandel von Ehe und Familie in der Bundesrepublik Deutschland – eine Analyse aufgrund soziodemographischer Daten. 18.02.1998. Abschnitt 3.4.3.: Ausgewählte Gründe für die Veränderungen von Ehe und Familie, unpag., http://www-app. uni-regensburg.de/Fakultaeten/PPS/Psychologie/Lukesch/front/lehre/internetangebote/ paedpsy/famfol/, zuletzt abgerufen am: 07.05.2014.

30. Vgl. Michael Wagner/Gabriele Franzmann/Johannes Stauder, Neue Befunde zur Pluralität der Lebensformen, in: Zeitschrift für Familienforschung 13/3 (2001), 52–73, 60.

31. Nave-Herz, Ehe- und Familiensoziologie, 80.

32. Niklas Luhmann, Liebe. Eine Übung, hrsg. von André Kieseling, Frankfurt a. M. 2008, 57.

wahrscheinlichen Bedingungen ihre Kontinuität und Stabilität. So ist die Ehe weithin keine ökonomische, rechtliche oder gesellschaftliche Notwendigkeit mehr. Zugleich ist die Ehedauer aufgrund der gestiegenen Lebenserwartung deutlich länger als ehedem. Nach wie vor wird die Ehe von einer großen Mehrheit der Bevölkerung angestrebt und geschätzt. Dafür muss es gute Gründe geben. Ihnen gilt es nachzugehen.

c) Christliche Lebensführung im 21. Jahrhundert: Zur EKD-Orientierungshilfe »Zwischen Autonomie und Angewiesenheit«

Die Orientierungshilfe der EKD »Zwischen Autonomie und Angewiesenheit. Familie als verlässliche Gemeinschaft stärken« aus dem Jahr 2013 versucht den Wandlungsprozessen im Privatheitssystem Rechnung zu tragen und die Pluralität unterschiedlicher Lebensformen jenseits der traditionellen Ehe zu würdigen und zu fördern. Damit trägt sie nicht nur der veränderten gesellschaftlichen Situation Rechnung, sondern macht von kirchlicher Seite aus zugleich deutlich, dass die Kirche nicht nur das traditionelle Kleinfamilienmodell als richtig und gut betrachtet. Ein entscheidender Anstoß für diese Perspektivenverschiebung verdankt sich einer Studie, aus der hervorgeht, dass evangelische alleinerziehende Eltern ihr Kind wesentlich seltener zur Taufe bringen als verheiratete Eltern. Dies hat seinen Grund nicht etwa in einer mangelnden religiösen Motivation, diese ist sogar überdurchschnittlich ausgeprägt, sondern in dem Verdacht, als »defizitäre« Familie in der Kirche nicht akzeptiert zu werden.[33] Diesen Verdacht will die Orientierungshilfe ausräumen bzw.

---

33. Vgl. die Studie des Sozialwissenschaftlichen Instituts der EKD »Ungebrochene Akzeptanz der Taufe bei verheirateten Eltern – Erhebliche Taufunterlassungen bei Alleinerziehenden – Verbesserungsmöglichkeiten beim Taufvollzug«. Als Download: http://www.ekd.de/si/download/Ungebrochene_Akzeptanz-Endversion(1).pdf. Zuletzt abgerufen am: 07.05.2014. Bei den sogenannten »Normalfamilien« »erfährt die Taufe nach wie vor eine ungebrochene Wertschätzung. Was den reinen faktischen Vollzug der Taufe anbetrifft, so ist diese kirchliche Grundhandlung in dieser Gruppe aus einer volkskirchlichen Sicht weiterhin stabil. Auf der anderen Seite findet sich bei Alleinerziehenden zwar ebenso wie bei Verheirateten der Wunsch nach der Taufe – tatsächlich aber wird hier nur noch eine Minderheit der Kinder getauft.« (A. a. O., 3) Die Studie sieht deshalb dringend Handlungsbedarf, um »neue Wege der Anerkennung von Alleinerziehenden in der Kirche zu eröffnen« (a. a. O., 6), denn »ein großes Interesse an der Taufe liegt auch hier vor« (a. a. O., 3, vgl. auch a. a. O., 9 und 12).

entkräften. Es geht ihr darüber hinaus auch darum, gleichgeschlechtliche Partnerschaften und Familien als vollwertig zu akzeptieren und die jahrhundertelange Diskriminierung von Homosexuellen in der Kirche zu beenden. Diese Korrekturen sind aus der Sicht evangelischer Theologie und Sozialethik zu begrüßen.[34]

Die heftigen Reaktionen, die die Orientierungshilfe in der öffentlichen Diskussion ausgelöst hat, gehen teilweise auf diese Akzentverschiebungen gegenüber dem traditionellen Familienverständnis zurück. Sie basieren aber auch und vor allem auf der neuen Bewertung der Ehe, die in der Orientierungshilfe nicht mehr als Leitbild dient, sondern eingereiht wird in die unterschiedlichen Lebensformen, die derzeit zu beobachten sind.[35] Leitbild soll nun nicht mehr eine bestimmte Form sein, sondern »nur noch« die Art des Zusammenlebens: dass man liebevoll miteinander umgeht, füreinander da ist und Verantwortung übernimmt. Entscheidend ist demnach *die Qualität von Beziehungen*, die *Form* oder äußere Struktur ist weniger oder gar nicht mehr von Belang. Die Ehe als Institution ist deshalb kein Thema mehr, die Kirche wird vielmehr dazu herausgefordert, sich neuen Leitbildern zu öffnen.[36] Obwohl die Autorinnen und Autoren der Orientierungshilfe in Diskussionen immer wieder versicherten, sie wollten die Ehe nicht abwerten, drängt sich genau dieser Eindruck bei der Lektüre auf.[37] Ist die Ehe

34. Zum Thema Homosexualität aus biblischer und sozialethischer Perspektive vgl. Kapitel II, 5c). Zum Thema Geschlechtscharaktere und Bibel vgl. Kapitel II, 4a), 5a) und b).
35. Vgl. zu den Stellungnahmen zur Orientierungshilfe der EKD den Sammelband: »Zwischen Autonomie und Angewiesenheit« – Die Orientierungshilfe der EKD in der Kontroverse, hrsg. von der EKD, Hannover 2013. Hier sind Stellungnahmen aus der wissenschaftlichen Theologie, aus der Politik, der Tagespresse und der innerkirchlichen Diskussion zusammengestellt.
36. Vgl. Zwischen Autonomie und Angewiesenheit, 132.
37. Als ein Beispiel unter vielen: Auf S. 25 der Orientierungshilfe ist von der »sinkenden Attraktivität der Ehe« die Rede. Dabei wird u. a. darauf hingewiesen, dass inzwischen ein Drittel aller Kinder außerhalb der Ehe geboren wird. Das ist zwar richtig, aber in vielen Fällen erfolgt die Eheschließung kurz darauf, sie unterbleibt nicht dauerhaft, sondern wird lediglich auf die Zeit nach der Geburt des Kindes verschoben. Implizit wird das in der Orientierungshilfe sogar angedeutet, aber der argumentative Akzent liegt auf der Betonung der Nichtehelichkeit. Auch die Aussage, dass sich bei Trennung oder Scheidung keine langfristigen negativen Folgen bei Kindern feststellen ließen (a. a. O., S. 26), ist so nicht richtig. Vor allem kleinere Kinder reagieren emotional sehr stark auf die Trennung der Eltern. Einer Langzeitstudie zufolge sind bei nicht wenigen aber auch langfristige

tatsächlich so schwach? Warum entscheiden sich dann trotzdem jährlich etwa 400 000 Menschen für die Ehe? Macht es keinen Unterschied,
ob Paare verheiratet sind oder nicht? Sind die unterschiedlichen Lebensformen tatsächlich alle funktional äquivalent mit der Ehe, die das
Versprechen von Nachhaltigkeit und Treue voraussetzt? Und sollte
wirklich jede Lebensform von der Kirche gewürdigt und unterstützt
werden[38] – z. B. auch die polyamore oder polygame Liebesbeziehung?
Ist es sogar so, dass von der Ehe, der aufgrund ihres Institutionencha-
rakters eine für Frauen durchweg repressive Wirkungsgeschichte unterstellt wird,[39] abzuraten wäre? Das wiederum wäre schwer mit dem
empirischen Befund in Einklang zu bringen, der zeigt, dass sich die Ehe
enorm verändert und spätmodernen Bedingungen angepasst hat, dass

Scheidungsfolgen im jungen Erwachsenenalter zu erkennen. Demnach sind junge Erwachsene, deren Eltern sich scheiden ließen, nicht selten verunsichert, wenn sie eine feste
Beziehung eingehen oder eine eigene Familie gründen wollen. Ihr Grundvertrauen in
die Tragfähigkeit von Beziehungen ist erschüttert. Vgl. Judith S. Wallerstein/Julia M.
Lewis/Sandra Blakeslee, Scheidungsfolgen – Die Kinder tragen die Last. Eine Langzeitstudie über 25 Jahre, Münster 2002 (Original erschienen 2000: The unexpected legacy of
divorce. The 25 year landmark study). Wallerstein und ihre Arbeitsgruppe haben Kinder
und Jugendliche, deren Eltern kurz zuvor die Scheidung eingereicht hatten, interviewt.
18 Monate später, 5, 10, 15 und zuletzt 25 Jahre danach erfolgten erneut ausführliche
Datenerhebungen. Wallerstein hat damit auch längst erwachsene »Scheidungskinder«
nach den Konsequenzen der Scheidung befragt und kommt dabei zum zitierten Ergebnis.
Zu Scheidungskindern vgl. auch die empirische Studie von Christina Krause/Verena
Klopp, »Ich und meine Familie« – Reflexionen von Scheidungskindern über ihre Familie, in: Zeitschrift für Familienforschung 20/3 (2008), 247–270. Krause und Klopp kommen zu dem Schluss, dass es manchen Scheidungskindern zwar gelinge, eine Scheidung
gut zu bewältigen und gegebenenfalls sogar spezifische eigene Kompetenzen zu entwickeln (wie mehr Selbstständigkeit etc.). Doch dürfe man nicht den erheblichen Einschnitt,
den eine Scheidung für jedes Kind darstelle, bagatellisieren. Unter günstigen Bedingungen seien diese Probleme zu bewältigen, aber dies sei keinesfalls der Normalfall.
38. Vgl. Zwischen Autonomie und Angewiesenheit, 141.
39. Dieser Aspekt wird im Hinblick auf die Rechtsgeschichte stark hervorgehoben, vgl. a. a. O.,
34ff. Man könnte den Eindruck gewinnen, dass Ehen für Frauen in der Vormoderne und
in der Neuzeit lediglich repressiven Charakter hatten. Diese stereotype Wahrnehmung
lässt sich mit der historischen Forschung nicht in Einklang bringen. Es ist richtig, dass
die Geschlechterordnung asymmetrisch war, aber faktisch wurden Ehen sehr unterschiedlich gelebt und profitierten Frauen nicht selten davon. Vgl. dazu ausführlich: Kapitel II,
4b); Schnell, Sexualität und Emotionalität in der vormodernen Ehe; Gabriela Signori,
Von der Paradiesehe zur Gütergemeinschaft. Die Ehe in der mittelalterlichen Lebens- und
Vorstellungswelt, Frankfurt a. M. 2011. Für die Neuzeit vgl. Kluckhohn, Die Auffassung
der Liebe in der Literatur des 18. Jahrhunderts und in der deutschen Romantik.

sie in Deutschland nach wie vor eine sehr hohe Zustimmung genießt und empirisch die mit großem Abstand dominierende Lebensform im Bereich der Intimität ist.

Die folgenden Kapitel wollen dem Verständnis und der Funktion der Ehe differenziert nachgehen und zu einer Versachlichung der Diskussion beitragen.[40] Die Ehe wird dabei sowohl aus biblischer, wirkungsgeschichtlicher, sozialethischer, juristischer und soziologischer Perspektive reflektiert. Zunächst steht die Frage im Mittelpunkt, woher die Kirche mit ihrem Eheverständnis kommt: Was sind ihre Wurzeln und Traditionsbezüge – sowohl in der Bibel als auch, in Bezug auf die evangelische Kirche, in der Reformation? Gerade die Reformation zeichnete sich durch ein außergewöhnlich hohes Engagement und Ethos im Hinblick auf die Frage des Zusammenlebens in Ehe und Familie aus und prägte die neuzeitliche Rechtsprechung wesentlich mit. Es lohnt sich, diese Herkunft und Wirkungsgeschichte auszuloten, um die gegenwärtige Debatte besser verstehen, aber auch um orientierende und vor allem zur Differenzierung beitragende Gesichtspunkte für die gegenwärtige Diskussion zu gewinnen.

2. Biblische Perspektiven zu Ehe und Scheidung

a) Patriarchat und Gleichheit in der Hebräischen Bibel

In der Bibel wird die Ehe als Lebensform nur an wenigen Stellen reflektiert. Die Ehe hatte zu biblischen Zeiten kaum etwas mit der bürgerlich-modernen Ehe gemeinsam. In der Antike herrschte die patriarchale Eheform vor. Das gilt sowohl für die Zeit des Alten als auch für die des Neuen Testaments. Die Ehe war wichtig für die Sicherung von Nachkommenschaft und für die Erhaltung des Familienbesitzes. Dabei wurde die

---

40. Die Orientierungshilfe »Zwischen Autonomie und Angewiesenheit« befasst sich nicht primär mit dem Thema Ehe, sondern Familie. Sie wird zugleich nicht missverstanden, wenn sie nach dem Eheverständnis gefragt wird. Auf S. 21 heißt es explizit: »Ziel dieses Textes ist deshalb, eine evangelische Verständigung über Ehe, Familie und Partnerschaft im beginnenden 21. Jahrhundert anzuregen.« Dass die theologischen und soziologischen Ausführungen zur Ehe dabei nicht befriedigen, wurde vielfach festgestellt.

»Rechtsstellung der Frauen stets von den Männern her definiert«.[1] Die
unverheirateten Frauen wurden dem Vater, die Verheirateten dem Ehemann unter- und zugeordnet. Die Ehe war *polygyn* strukturiert, das heißt,
ein Mann konnte mehrere Ehefrauen haben. Etliche biblische Erzählungen belegen diese Praxis, wenngleich sie nicht unumstritten war.[2] Dieses
Eherecht galt auch noch für die Zeit des Neuen Testaments.[3] Die Ehe war
damit zugleich nur für die Frau sexuell exklusiv. So brach ein verheirateter Mann, der seine Sklavin zum Geschlechtsverkehr zwang, nicht die
Ehe. Ein Ehebruch lag nur dann vor, wenn ein Mann mit der verheirateten Frau eines anderen Mannes schlief. Dabei wurde die Ehe des fremden Mannes, nicht die eigene gebrochen. »Die Regelungen zielen ganz
wesentlich darauf, die patrilineare Geschlechterfolge zu sichern: Ein
Mann wollte sicher sein, dass die in seiner Ehe geborenen Kinder seine
leiblichen sind.«[4]

Die Herrschaft des Mannes über die Frau diente der Optimierung
der Zahl des Nachwuchses. Ihre »ethische Widersinnigkeit als Zerstö-
rungspotential ehelicher Gemeinschaft«[5] wird allerdings schon in der
Hebräischen Bibel reflektiert. Eckart Otto führt aus, dass Ehe und Familie nach dem Verlust der Eigenstaatlichkeit im 6. Jahrhundert v. Chr.
neu an Bedeutung gewinnen und eine Belebung erfahren. Dabei wird
die Rolle der Frau aufgewertet. Das zeigt sich u. a. an der Gleichord-
nung von Vater und Mutter im Elterngebot des Dekalogs (Ex 20,12
und Dtn 5,16). Nicht mehr nur der Vater, sondern die Verbindung von
Vater und Mutter ist für die Familie und das Verhalten der Kinder

---

1. Otto, Die Rechtsgeschichte von Familie und Ehe im antiken Judentum der hebräischen
   Bibel, 67.
2. Vgl. Joachim Krause, Aspects of Matrimonial Law in the Pentateuch and the Pentateuch
   as a Source for Matrimonial Legislation, in: Matthias Morgenstern/Christian Boudignon/
   Christiane Tietz (Hrsg.), männlich und weiblich schuf Er sie. Studien zur Genderkonstruktion und zum Eherecht in den Mittelmeerreligionen, Göttingen 2011, 15–32, 22f.
3. Vgl. Frank Kleinschmidt, Ehefragen im Neuen Testament. Ehe, Ehelosigkeit, Ehescheidung,
   Verheiratung Verwitweter und Geschiedener im Neuen Testament, Frankfurt a. M. 1998,
   93.
4. Christine Gerber, Wie wird Ehe- und Familienethik »schriftgemäß«? – eine Zustimmung
   zur Orientierungshilfe, in: Zwischen Autonomie und Angewiesenheit – Die Orientierungshilfe in der Kontroverse, 25–30, 25f.
5. Otto, Die Rechtsgeschichte von Familie und Ehe im antiken Judentum der hebräischen
   Bibel, 68.

entscheidend. Die Erzählung von Ruth ist ein besonders eindrückliches Beispiel für die Gemeinschaft und Solidarität begründende Großfamilie. »Wird hier eine Frau geradezu in subversiver Rollenperspektive zur Retterin einer patrilokalen und patrilinearen Familie, so ist in der nachpriesterschriftlichen Paradieserzählung in Gen 2,5–3,24 ein Bewusstsein von der auch lebensmindernden, das Verhältnis der Geschlechter beeinträchtigenden Wirkung des Patriarchats in der hebräischen Familienstruktur zum Ausdruck gebracht.«[6] Die gängige Patrilokalität wird dabei auf den Kopf gestellt: Nicht mehr die Frau, sondern der Mann verlässt Vater und Mutter, um an seiner Frau zu hängen und mit ihr ein Fleisch zu werden (Gen 2,24). Der Grundpfeiler der Ungleichheit der Geschlechter, die Patrilokalität, wird im Sinne einer Gleichheit umgekehrt. Das faktische patriarchale Zusammenleben der Geschlechter wird damit als Rückschritt gegenüber der eigentlichen Schöpfungsintention Gottes interpretiert. Für Otto bringt die Schöpfungserzählung in Gen 2–3 damit nicht nur eine gewisse *Distanz zum Patriarchat* zum Ausdruck, sie nimmt zugleich – als utopische Vorstellung – auch »die Verfeinerung der Ehe zu einer Beziehung wechselseitiger Treue« in den Blick.[7]

Aus exegetischer Perspektive bietet die Paradieserzählung keine Grundlegung der Ehe als Schöpfungsordnung Gottes.[8] Bemerkenswert ist allerdings, dass die Erzählung vor allem im Hoch- und Spätmittelalter, aber auch noch in der Reformation als Modellerzählung für die Ehe verstanden wurde und als solche eine reiche Wirkungsgeschichte entfaltete. Die Beziehung von Adam und Eva galt als »Paradiesehe«, in der Mann und Frau – noch vor dem Fall – innig miteinander verbunden sind.[9]

---

6. A.a.O., 81.
7. Vgl. a.a.O., 82. Vgl. dazu auch Crüsemann, … er aber soll dein Herr sein.
8. Zum historischen Sinn der beiden Schöpfungserzählungen vgl. ausführlich: Karle, Da ist nicht mehr Mann noch Frau, 201ff. und in diesem Buch: Kapitel II, 5b).
9. Vgl. dazu ausführlich Kapitel III, 3c).

b) Jesu Ehescheidungsverbot

Jesus schließt an die Paradieserzählung unmittelbar an. In Markus 10,1ff.
wird Jesus von den Pharisäern gefragt, wie er sich zur Ehescheidung
verhalte. Jesu radikale Ablehnung der Ehescheidung weist seine Antwort
mit hoher Wahrscheinlichkeit als authentisches Jesuswort aus. Es wird
im Neuen Testament von Paulus (1 Kor 7,10) und in der Bergpredigt (Mt
5,3ff.) als Herrenwort zitiert. In der Regel kam im Judentum der damaligen Zeit nur dem Mann das Recht zu, eine Scheidung herbeizuführen.
Das Ehescheidungsverbot Jesu ist deshalb zunächst einmal gegen den
willkürlichen Umgang des Mannes mit der Frau gerichtet. Mit der ange-
brochenen Heilszeit wird die Schöpfung, wie sie von Gott gedacht und
gewollt war, wieder ins Recht gesetzt.[10] Jesus bezieht sich deshalb auch
auf die Schöpfungserzählung in Gen 2,24: »Darum wird ein Mann seinen
Vater und seine Mutter verlassen und wird an seiner Frau hängen, und
die zwei werden ein Fleisch sein. So sind sie nun nicht mehr zwei, sondern
ein Fleisch. Was nun Gott zusammengefügt hat, soll der Mensch nicht
scheiden.« (Mk 10,9) Hier ist der ursprüngliche Wille Gottes offenbart.
So sollen Mann und Frau zusammenleben, ohne Entfremdung, ohne
Herrschaft des Mannes über die Frau, in wechselseitiger Liebe und Treue.
Eine Ehe in diesem Sinn ist nach Jesu Wort gottgewollt, sie wird mit »ein
Fleisch sein« und »anhangen« beschrieben, voller Hingabe der beiden
Partner, »die selbst die Bindung an das Elternhaus löst«.[11] Die Gegner
Jesu diskreditieren sich hingegen selbst, indem sie auf diesen Willen Got-
tes gar nicht eingehen, sondern sofort mit Konzessionen in die Diskussion
einsteigen und nur an Ausnahmeklauseln Interesse zeigen.[12] Die Scheidung ist deshalb um der menschlichen Herzenshärte willen nötig (Mk
10,5).

Das radikale Ehescheidungsverbot Jesu war in der Geschichte der
Kirche von Anfang an umstritten. Bis heute wiegt es schwer. Zugleich
ist das Verbot nicht als kasuistischer Rechtssatz zu lesen, sondern von

10. Vgl. Kleinschmidt, Ehefragen im Neuen Testament, 204.
11. Christina Urban, Hochzeit, Ehe und Witwenschaft, in: Kurt Erlemann/Karl L. Noethlichs/
     Klaus Scherberich/Jürgen Zangenberg (Hrsg.), Neues Testament und Antike Kultur, Bd. 2:
     Familie – Gesellschaft – Wirtschaft, Neukirchen-Vluyn 2005, 25–30, 28.
12. Vgl. Kleinschmidt, Ehefragen im Neuen Testament, 192.

seiner Intention her zu verstehen: In Jesu Worten »wird ein hohes Ideal
an Treue und Verbindlichkeit des Zusammenlebens deutlich.«[13] Beim
Ehescheidungsverbot steht Jesus die rechtlich schlechter gestellte Frau
vor Augen. »Jesus deckt [...] das Recht der Frau gegen das einseitige
Recht des Mannes auf. [...] Aus einem einseitigen Treue-Anspruch ist
also ein gegenseitiges Treue-Verhältnis geworden. [...] Die einseitige
Bindung der Frau an ihren Mann wird zur gegenseitigen Bindung der
beiden Gatten.«[14] Das Ehescheidungsverbot ist insofern provokativ-pro-
phetisch zu interpretieren, »um jene Wirklichkeit in Erinnerung zu bringen, die der göttlichen Ordnung entspricht.«[15]

Jesus denkt beim Ehescheidungsverbot allein an Gottes heiligen Willen, nicht an die Praktikabilität seiner Position. Seine grundlegende
eschatologische Orientierung auf den Willen Gottes hin ist typisch für
seine radikale Ethik des nahe gekommenen Reiches Gottes. Paulus (1 Kor
7,10ff.) und Matthäus (Mt 5,32 und 19,9) schließen an Jesu Wort an,
versuchen aber mit pastoralpraktischer Barmherzigkeit Jesu Weisungen
etwas lebbarer zu machen.[16] So ist bei Matthäus immerhin die Scheidung
bei Ehebruch erlaubt. Auch bei Paulus wird eine Scheidung nicht ausgeschlossen. Die Initiative dazu kann sogar von der Frau ausgehen. Paulus
hat dabei die religiöse Mischehe vor Augen. Generell empfiehlt er keine
Auflösung dieser Ehen. Besteht aber der ungläubige Part auf einer Scheidung, so soll sie erfolgen. In diesem Fall dürfen der gläubige Mann oder
die gläubige Frau auch wieder heiraten (1 Kor 7,14).[17]

13. Gerber, Wie wird Ehe- und Familienethik schriftgemäß?, 28.
14. Paul Hoffmann, Jesu Wort von der Ehescheidung und seine Auslegung in der neutesta-
    mentlichen Überlieferung, in: ders./Volker Eid, Jesus von Nazareth und eine christliche
    Moral. Sittliche Perspektiven der Verkündigung Jesu, Freiburg im Breisgau 1975, 109–131,
    119f.
15. Hubert Frankemölle, Ehescheidung und Wiederverheiratung von Geschiedenen im
    Neuen Testament, in: Theodor Schneider (Hrsg.), Geschieden – Wiederverheiratet –
    Abgewiesen? Antworten der Theologie, Freiburg 1995, 28–50, 44.
16. Vgl. a. a. O., 40f.
17. Da mehr Frauen als Männer aus führenden Schichten zum Christentum fanden, hatten
    diese nicht selten ein Problem, einen angemessenen Partner zu finden. Der Fall der reli-
    giös gemischten Ehe war deshalb nicht selten. Der römische Bischof Kallixt erlaubte
    schließlich Anfang des 3. Jahrhunderts Frauen aus der Oberschicht, mit einem *libertus*
    oder einem christlichen Sklaven im Konkubinat zu leben. Diese Praxis war jedoch um-
    stritten. Vgl. Kleinschmidt, Ehefragen im Neuen Testament, 139.

c) Die Relativierung der natürlichen Familie in der familia dei

Insgesamt sind Ehe und Familie keine dominierenden Themen im Neuen Testament. Hätte es nicht konkrete Probleme und Fragestellungen in Korinth gegeben, wäre von Paulus wohl kaum etwas zur Ehe überliefert. Ehe und Familie haben angesichts der erwarteten Parusie an Bedeutung verloren. Das Reich Gottes schafft eine ganz neue, geistliche Familie der Brüder und Schwestern. Auch bei Jesus kommt diese Familiendistanz zum Ausdruck. Er hatte zwar größten Respekt vor Kindern, konnte sich aber zugleich von seiner leiblichen Familie deutlich distanzieren. Als seine Mutter und seine Brüder ihn sprechen wollen, während er vor dem Volk redet, erwidert er schroff: »Wer ist meine Mutter und wer sind meine Brüder?« Mit Blick auf die Menge vor ihm erklärt er: »Siehe da, das ist meine Mutter und das sind meine Brüder! Denn wer den Willen tut meines Vaters im Himmel, der ist mein Bruder und Schwester und Mutter.« (Mt 12,46–50) Die Familiensprache wird umgewidmet: Nicht biologische, sondern geistige Bindungen sind für Jesus zentral. Die *familia dei* tritt neben die natürliche Familie. Auch die Aufforderung Jesu »lass die Toten ihre Toten begraben« (Mt 8,22) impliziert eine Distanzierung von der Familie »und ruft zum Bruch des in der gesamten Antike besonders hoch geltenden Elternehregebots«[18] auf.

Erstaunlich ist, dass die Ehe im Neuen Testament kaum je mit der Zeugung von Nachkommenschaft in Verbindung gebracht wird, weder bei Jesus noch bei Paulus, nur in den Pastoralbriefen (1 Tim 2,15) wird dieser Zusammenhang erwähnt. Mit einem Eheverständnis, das weder die Kinderzeugung noch ökonomische Perspektiven thematisiert, sondern lediglich darauf Wert legt, dass das Eheleben im Geist Christi stattfindet, setzt das Neue Testament eigene Akzente.[19]

Jesus und Paulus sind nach allem, was wir wissen, selbst ehelos geblieben. Beide haben die Ehe angesichts des nahenden Gottesreichs (Jesus) bzw. der Wiederkunft des Herrn (Paulus) relativiert. Dabei hebt sich Paulus »in seiner auffällig positiven Bewertung der Ehelosigkeit,

---

18. Gerber, Wie wird Ehe- und Familienethik schriftgemäß?, 26.
19. Vgl. Urban, Hochzeit, Ehe und Witwenschaft, 28.

wie sie vor allem 1 Kor 7 deutlich wird, von seiner jüdischen Umwelt kraß ab.«[20] Paulus präferierte die *Ehelosigkeit*, weil sie es einfacher mache, dem Herrn zu dienen (1 Kor 7,29–31). Seine Empfehlung zur Ehelosigkeit stellt er allerdings explizit unter Vorbehalt – dies sei kein Gebot des Herrn, sondern lediglich seine persönliche Meinung (1 Kor 7,25ff.). Paulus hat keine prinzipiellen Einwände gegen das eheliche Leben. Die Ehelosigkeit ist für ihn ein Charisma und kann allein schon deshalb nicht als Norm für alle Christen gelten oder von jemand verlangt werden. »Zölibatäre Existenz ist darum keine Leistung und kein Verdienst, sondern unverfügbare Gnadengabe Gottes.«[21] Charisma ist die Ehelosigkeit für Paulus aber nur, wenn sie zu einer besonders intensiven und vorbehaltlosen Hingabe an den Dienst für den Herrn führt.

d) Paulinische Eheethik und Fazit

Bemerkenswert ist, dass Paulus in 1 Kor 7,1ff. eine *volle gegenseitige Geschlechterverantwortung* in der Ehe vertritt.[22] »Es ist kein Zufall, daß jeweils Mann und Frau gesondert genannt werden, also nicht nur der Mann als Ehepartner angesprochen wird [...]. Damit grenzt Paulus sich implizit von jeder Anschauung ab, nach der die Frau dem Mann einfach ausgeliefert ist.«[23] Paulus behandelt Mann und Frau strikt *paritätisch*. Wie in der Taufformel von Gal 3,28[24] macht er keine Unterschiede zwischen Mann und Frau. Er argumentiert im Hinblick auf die Frau vielmehr völlig analog zu dem, was er vorher über den Mann sagt.[25] *Gleichheit und Reziprozität* sind für die christliche Ehe maßgeblich.[26] Paulus setzt dabei die sexuelle Gemeinschaft in der Ehe genauso selbstverständlich voraus, wie die Möglichkeit, in einer Ehe nach Absprache

---

20. Kleinschmidt, Ehefragen im Neuen Testament, 153.
21. Schrage, Der erste Brief an die Korinther, 72.
22. Vgl. Kleinschmidt, Ehefragen im Neuen Testament, 55.
23. Schrage, Der erste Brief an die Korinther, 65.
24. Zur Auslegung von Gal 3,28 siehe Kapitel II, 5c) und ausführlich: Karle, Da ist nicht mehr Mann noch Frau, 227ff.
25. Vgl. Kleinschmidt, Ehefragen im Neuen Testament, 59. Vgl. zur Interpretation von 1 Kor 7,3ff. auch: Kapitel I, 3b).
26. Vgl. Schrage, Der erste Brief an die Korinther, 64.

eine Zeit lang auf Sexualität zu verzichten. Von einer überzogenen Askese hält Paulus allerdings nichts (1 Kor 7,5). Er wendet sich damit explizit gegen eine Gruppe in Korinth, die die Verweigerung leiblicher Gemeinschaft in der Ehe propagierte.[27] »Der Apostel reagiert auf den asketischen Weg seiner Gemeinde zwar nicht mit scharfer Mißbilligung, korrigiert ihn aber bei grundsätzlicher Zustimmung deutlich genug.«[28]

Und doch hat vor allem die Hochschätzung der Ehelosigkeit, die Paulus ausführlich theologisch begründet, eine starke Wirkungsgeschichte nach sich gezogen. So bekommt der *Eheverzicht* einen legitimen Ort im frühen Christentum. Nachfolgeworte rufen zum Verlassen der Familie auf, es setzt sich die Lebensform der Unverheirateten in der Gemeinde durch (1 Kor 7,25ff.) und es bilden sich frühasketische Bewegungen. »Wir haben deutliche Hinweise, dass sich als alternative und für die damalige Gesellschaft geradezu subversive Lebensform im ersten Christentum die Ehefreiheit herausgebildet hat. Gerade für Frauen wird ein eheloses Leben attraktiv gewesen sein, weil es ihnen relative Selbstbestimmtheit und Sicherheit vor der großen Gefahr des Todes im Kindbett bot.«[29] Die Ehelosigkeit entsteht als zweite, anerkannte Lebensform neben der Ehe. Das ist vor dem Hintergrund der großen Bedeutung des Mehrungsgebotes im Judentum (Gen 1,28) eine bemerkenswerte Entwicklung.

Die starke Betonung der Ehelosigkeit blieb im Neuen Testament nicht ohne Widerspruch. So finden sich in den Deuteropaulinen, insbesondere in den Haustafeltexten im Epheser- und Kolosserbrief, und in den Pastoralbriefen (1 Tim 5,14) Versuche, die Ehefreiheit zu bekämpfen und sich damit der Mehrheitsgesellschaft anzupassen. Die paulinischen Schüler (in den Deuteropaulinen) tun dies gezielt im Namen des Paulus, um dessen Relativierung der Ehe mit großem theologischen Aufwand und apostolischer Autorität zu überschreiben. Allerdings folgen sie damit dem Zeitgeist bzw. der Ständeethik der hellenistischen Umwelt, nicht Paulus. Denn sie propagieren die Ehe

---

27. Vgl. a. a. O., 67.
28. A. a. O., 74.
29. Gerber, Wie wird Ehe- und Familienethik schriftgemäß?, 27.

nicht in der Reziprozität und wechselseitigen Verantwortung von Mann und Frau, wie Jesus und Paulus dies tun, sondern in ihrer herkömmlichen asymmetrischen Form. Christine Gerber kritisiert deshalb die unreflektierte Bezugnahme auf den Haustafeltext in Eph 5 in gegenwärtigen Dogmatiken: »Eph 5,22–33 wird [...] oft herangezogen, um die Dignität der Ehe zu begründen. Doch die Argumentation des Eph setzt die hierarchische Paarbeziehung voraus, nämlich die Auffassung, dass der Mann das Haupt der Frau ist und die Frau als Leib des Mannes diesem letztlich gehört«.[30] Die patriarchale Ehe zu verteidigen erscheint nicht nur wenig modernitätskompatibel, sondern widerspricht auch dem Geist von Jesus und Paulus.

Insgesamt wird die Ehe in der Bibel relativ nüchtern und differenziert betrachtet. Die erste Schöpfungserzählung (Gen 1) macht zwar deutlich, wie wichtig Generativität ist und dass diese eine Beziehung zwischen Mann und Frau voraussetzt. Aber sie begründet die Ehe nicht als Schöpfungsordnung. Das geht an ihrer Intention vorbei.[31] Es geht beim sogenannten Mehrungsauftrag um eine Verheißung: Nur durch Generativität hat die menschliche Gattung Zukunft. In der zweiten Schöpfungserzählung (Gen 2–3) wird die innige Beziehung zwischen Mann und Frau (Gen 2,24) sogar unabhängig vom generativen Aspekt beschrieben. Erst in Folge der Erfahrung der Lebensminderung im Zusammenhang der Schmerzen und der tödlichen Gefahren, die Frauen bei der Geburt von Kindern erleiden, wird die Geburt von Kindern thematisiert (Gen 3,16).

Sowohl für die Schöpfungserzählungen als auch für die Spitzenstellen im Neuen Testament gilt, dass die patriarchale Eheform nicht kritiklos hingenommen wird. Das Zusammenleben von Mann und Frau wird vielmehr als eine gleichwertige, von Hingabe, Treue und Reziprozität bestimmte Lebensform imaginiert. Solche utopischen Bilder sind nicht ohne Anhalt an der Realität zu entwerfen. Dass die patriarchale Eheform strukturell vorherrschte, bedeutete nicht, dass Paare nicht auch zu Liebe und Hingabe jenseits von Herrschaft und Subordination fähig gewesen wären. Nicht nur Gen 2, auch Paulus bejaht explizit die Sexu-

---

30. Ebd.
31. Zur Interpretation der Schöpfungserzählungen vgl. ausführlich Kapitel II, 5b).

alität, die bei ihm völlig unabhängig von der Frage der Kinderzeugung reflektiert wird. So behandelt er in 1 Kor 7 das Thema Ehe, nicht Familie. Zudem ist bemerkenswert, dass Paulus mit dem Eheverzicht eine neue Lebensform als legitim und als mindestens gleichwertig mit der Ehe betrachtet. Eine Überhöhung der heterosexuellen Ehe als göttliche Schöpfungsordnung ist im Anschluss an Paulus deshalb nicht möglich. Die Ehe ist eine gute Gabe Gottes, sie ist aber keinesfalls eine alternativlose Lebensform.

Im Hinblick auf die Ehediskussion der Gegenwart ist das hohe Ethos eines von wechselseitiger Bindung und Liebe geprägten Zusammenlebens von Mann und Frau, das von Herrschsucht und Dominanzstreben frei ist und großen Respekt für die (auch sexuellen) Bedürfnisse des anderen bekundet (1 Kor 7,3ff.), hervorzuheben. Vor diesem Hintergrund ist auch das radikale Scheidungsverbot Jesu zu verstehen. Es sollte nicht trivialisiert werden,[32] es darf aber auch nicht apodiktisch interpretiert werden: Das Leben unter der Sünde bringt die Möglichkeit des Scheiterns mit sich. Die paradiesische Idealvorstellung ist unter irdischen Bedingungen deshalb keineswegs immer zu verwirklichen. Wie unwahrscheinlich »die Paradiesehe« ist, wird schon in Gen 3 reflektiert. Deshalb hat sich die Reformation auch entschieden, die Unauflöslichkeit der Ehe zu relativieren, ohne allerdings den Wert und die Verbindlichkeit der Ehe in Frage zu stellen.

---

32. So tendenziell in der EKD-Orientierungshilfe »Zwischen Autonomie und Angewiesenheit«, 62. Hier erinnert das Scheidungsverbot Jesu nur noch an die Verantwortlichkeit, die Paare und Eltern prinzipiell haben. Das Verbot mache Kirche und Gesellschaft deutlich, »dass Verlässlichkeit für jede Gemeinschaft konstitutiv sind [sic!]«.

3. Das reformatorische Eheverständnis

a) Die Ehe als »weltlich Ding«

Viele Reformatoren – auch Reformatorinnen[1] – haben sich ausführlich zur Ehe geäußert. Ihre Kritik an den Zuständen der Zeit wandte sich sowohl gegen das römisch-katholische Ehemodell als auch gegen die allgemeine Verwahrlosung des Ehestandes. Prostitution, Vergewaltigungen, die zahlreichen Bordelle in deutschen Städten und die Selbstverständlichkeit, mit der Geistliche und Regierungsbeamte im Konkubinat lebten, riefen den Widerstand der Reformatoren hervor.[2] Fakt war, dass die Zölibatsforderung nicht primär auf sexuelle Askese abzielte, als vielmehr auf ein Verbot der Eheschließung und der Familiengründung. So galt es in der Realität als mit dem Klerikerstatus nicht unvereinbar, im Konkubinat zu leben, lediglich eine Heirat war ausgeschlossen. Wer heiratete, schied aus dem geistlichen Stand aus und verlor seine Pfründe.[3] Luther kritisierte diese Widersprüche des kanonischen Rechts scharf. Aus seiner Perspektive waren gerade der kirchlich verordnete Zölibat und die vielfältigen Heiratshindernisse Ursache für Sittenlosigkeit und Hurerei. Doch nicht erst zu Zeiten der Reformation, schon zu Beginn

---

1. Vor allem Katharina Zell ist dabei hervorzuheben. Katharina Zell, geb. Schützinn (1497/98–1562), war eine reformatorische Publizistin. Sie war verheiratet mit dem Straßburger Reformator Matthäus Zell, ihre Ehe war eine der ersten sogenannten »Pfaffenehen« in Straßburg. Entscheidend war für beide der Ehekonsens, also die Reziprozität zwischen den Ehepartnern (vgl. Thomas Kaufmann, Pfarrfrau und Publizistin – Das reformatorische »Amt« der Katharina Zell, in: Zeitschrift für Historische Forschung 23 [1996], 169–218, 184). Katharina Zell sah sich vor die Aufgabe gestellt, die sich neu herausbildende Rolle der Pfarrfrau zu gestalten. Darüber hinaus führte sie eine ausführliche Korrespondenz mit Reformatoren wie Luther, Schwenckfeld oder Bucer (vgl. a. a. O., 189). Bekannt ist Katharina Zell insbesondere aufgrund der polemischen Apologie ihrer Ehe mit Matthäus Zell: Vgl. Katharina Zell, Entschuldigung Katharina Schützinn für M. Matthes Zellen, ihren Eegemahel, der ein Pfarrher und dyener ist im wort Gottes zu Straßburg, in: dies., The Writings. A critical edition, hrsg. von Elsie Anne McKee, Leiden/Boston/Köln 1999, 21–47, 34.
2. Vgl. John Witte, Vom Sakrament zum Vertrag. Ehe, Religion und Recht in der abendländischen Tradition, Gütersloh 2008, 64.
3. Vgl. Hans-Martin Gutmann, Martin Luthers »christliche Freiheit« in zentralen Lebenskonflikten heute. Intimität gestalten. Verantwortlich leben. Freiheit realisieren, Berlin 2013, 176.

des zweiten Jahrtausends wurde »die weite Verbreitung von Konkubinat, Prostitution, Voyeurismus, Ehebruch, vorehelichem Geschlechtsverkehr, Sodomie, Frauen- und Kindesmisshandlung, Schwangerschaften bei Minderjährigen, Schwangerschaftsabbruch u.v.m.«[4] angeprangert. Eine tatsächliche oder vermeintliche sexuelle Verwahrlosung ist insofern keinesfalls ein spezifisch modernes Phänomen. Klagen über Ehe- und Familienkrisen hat es immer schon gegeben.[5]

Für die Reformatoren war die Ehe ein »*weltlich Ding*«. Martin Luther formuliert in seinem Traubüchlein im kleinen Katechismus: »Demnach, weil die Hochzeit und Ehestand ein weltlich Geschäft ist, gebührt uns Geistlichen oder Kirchendiener nichts, darin zu ordnen oder regieren«.[6] Dass die römisch-katholische Kirche sich in Eheangelegenheiten die Rechtsprechung anmaß, »war in den Augen der Reformatoren ein besonders offenkundiges Beispiel kirchlicher Usurpation der weltlichen Obrigkeit.«[7] Denn die Ehe ist keine Sache des geistlichen, sondern des weltlichen Regiments. Die Ehe kann als »weltlich Ding« von unterschiedlichen Gebräuchen und Sitten geprägt sein und rechtlich verschieden gestaltet werden. Ihr eignet keine überzeitliche Objektivität. Dietrich Rössler formuliert: »Die lutherische Ehelehre hat darauf verzichtet, von einem, dem geschichtlichen Wandel nicht unterworfen und stets mit sich selbst identischen Begriff der Ehe auszugehen. [...] Es ist bereits ein wesentlicher Aspekt der lutherischen Eheauffassung, daß sie nicht die Gestalt eines dogmatischen Lehrstücks angenommen hat.«[8] Die Ehe gehört in den Bereich der Ethik und der sittlichen Lebensgestaltung, nicht der Dogmatik oder der Erlösungslehre. In bewusster Übertretung kanonischen Rechts haben die Reformatoren deshalb geheiratet, wurden

---

4. Witte, Vom Sakrament zum Vertrag, 246.
5. Dietrich Rössler formuliert schon 1979: »Es wäre ganz abwegig zu meinen, daß bis vor kurzem im Hinblick auf die Ehe geordnete und stabile und fraglose Zustände geherrscht hätten, die erst neuerdings und gleichsam böswillig problematisiert worden seien. Schon die Reformation hatte überaus bedrückende Verhältnisse vorgefunden. Luthers Klagen über die Unsittlichkeit seiner Epoche sind bekannt.« Rössler, Grundlagen und Aspekte des gegenwärtigen lutherischen Eheverständnisses, 44.
6. Martin Luther, Ein Traubüchlin für die einfältigen Pfarrherrn (1529), in: BSLK, 528–541, 528.
7. Witte, Vom Sakrament zum Vertrag, 59.
8. Rössler, Grundlagen und Aspekte des gegenwärtigen lutherischen Eheverständnisses, 37.

Ehen aber auch geschieden und wurde wieder geheiratet. Die Reformatoren wandten sich sowohl theoretisch als auch praktisch von der römisch-katholischen Auffassung der Ehe als Sakrament fundamental ab.

In der römischen-katholischen Kirche gilt die Ehe bis heute als Sakrament. So wird die Ehe unter Berufung auf Eph 5,32 als sichtbares
Zeichen der unsichtbaren Vereinigung Christi mit seiner Kirche ver-
standen.[9] Da Christus in Ewigkeit nicht von seiner Kirche zu trennen
ist, ist auch die Ehe zwischen Mann und Frau unauflöslich und ewig
bindend. Die Ehe vermittelt nach römisch-katholischer Auffassung eine
Sakramentsgnade, die die Eheleute verändert. Diese Lehre wurde im 12.
Jahrhundert von Petrus Lombardus entwickelt und ging deutlich über
Augustin hinaus. Sie schließt die Möglichkeit der Ehescheidung und der
Wiederheirat aus. Obwohl man hinter der Sakramententheologie eine
Aufwertung der Ehe vermuten sollte, wurde die Ehe dem Zölibat und
einer kontemplativen Lebensweise weiterhin klar unter- und nachge-
ordnet. Auch das Konzil von Trient unterstrich die geistliche Überle-
genheit von Jungfräulichkeit und Zölibat gegenüber der Ehe.[10] Paradoxerweise ist insofern zu konstatieren, dass in der römisch-katholischen
Kirche die Ehe durch ihre Sakramentalität letztlich nicht aufgewertet
wurde, sondern sekundäre Lebensform blieb, während die Ehe in der
reformatorischen Theologie einen zentralen Stellenwert erhielt, obwohl
oder gerade weil sie dort als »weltlich Ding« verstanden wurde.

Es ist daher irreführend, wenn die Orientierungshilfe der EKD suggeriert, die Ehe sei für die evangelische Kirche »nur« ein weltlich Ding
und damit nicht so wichtig.[11] Die lutherische Zweiregimentenlehre ord-

---

9. In der Vulgata wird »mysterion« mit »sacramentum« übersetzt, so kam es zur biblischen
    Begründung der Ehe als Sakrament. Luther lehnt den Sakramentscharakter der Ehe aus
    mehreren Gründen ab: Er ist erstens exegetisch unhaltbar. Zweitens existierte die Ehe
    historisch schon vor Jesus und wurde nicht von ihm eingesetzt. Vor allem aber vermag
    drittens eine Rechtsordnung keine Gnade zu vermitteln, das ist allein Sache Gottes, der
    uns durch den Glauben sein Heil schenkt. Luther deutet zugleich an, dass die Ehe
    als menschliche Institution prekär bleibt und ihr die Möglichkeit des Scheiterns inne-
    wohnt. Vgl. Ralf Miggelbrink, Ist die Ehe ein Sakrament? Die Sakramentalität der Ehe
    im Kontext einer zeitgenössischen Sakramententheologie, in: GuL 74/3 (2001), 193–209.
10. Vgl. Witte, Vom Sakrament zum Vertrag, 53.
11. Die Orientierungshilfe unterstreicht die Weltlichkeit der Ehe, um ihre Kontingenz zu
    betonen (vgl. z. B. Zwischen Autonomie und Angewiesenheit, 63). Das ist zwar richtig,
    aber die Hochschätzung der Ehe in der Reformation (als heilige Ordnung u. Ä.) wird

net die Ehe den weltlichen Ständen zu, wertet aber zugleich das weltliche Leben als Ort der Gottesgegenwart ungemein auf. So ist die Nonne im Kloster Gott keineswegs näher als die Mutter, die ein Kind zur Welt bringt und erzieht – für Luther gilt sogar explizit das Gegenteil. Es kam zu einer bemerkenswerten Hochschätzung des alltäglichen Lebens und dabei insbesondere zu einer ausgeprägten Sensibilisierung für die Situation von Ehefrauen in Schwangerschaft und Geburt. Die vielen reformatorischen Trostschriften für schwangere und gebärende Frauen, aber auch die neuen Kirchen- und Hebammenordnungen, die vor allem Johannes Bugenhagen konzipierte und die auf eine verbesserte Geburtshilfe und eine angemessene Seelsorge an Gebärenden hinwirkten, sind dafür ein beredtes Zeugnis.

Die »Betreuung durch die Hebamme wird [...] als rechter Gottesdienst bezeichnet. Genauso wie es der Beruf der Frau ist und ein gottgefälliges Werk, Kinder zu gebären, gilt dies für den Beruf der Hebamme. Sie arbeitet geradezu Gott in die Hände und tut damit ein heiliges und göttliches Werk.«[12] Insofern mag eine kleine Elite vor allem adliger Frauen durch den Verlust der Klöster im evangelischen Bereich an Selbstbestimmtheit verloren haben, aber die große Mehrheit der Frauen gewann durch die Aufwertung ihres ganz normalen Lebens, ihrer auf den Körper bezogenen Nöte und alltäglichen Aufgaben in Ehe und Familie signifikant an Ansehen.[13] Das Vorurteil der älteren Frauenforschung, dass sich die Reformation mit ihrer Emphase auf der Ehe für Frauen nachteilig ausgewirkt habe, ist von daher zu korrigieren,[14] zumal Luther immer wieder die Ehemänner ermahnte, nicht über ihre Ehefrauen zu klagen,

dabei unterschlagen. So betont die Orientierungshilfe, es gehe nicht um eine bestimmte Form, sondern allein um die Beziehungsqualität (Liebe und Gerechtigkeit). Luther betont hingegen beides, die Ehequalität und den institutionellen Charakter der Ehe. Er war davon überzeugt, dass Individuen/Paare, die in diese Form/Institution eintreten, von ihr positiv geprägt und verändert werden. Für den Fall des Scheiterns war zugleich die Möglichkeit der Ehescheidung vorgesehen.

12. Ute Gause, Kirchengeschichte und Genderforschung. Eine Einführung in protestantischer Perspektive, Tübingen 2006, 127.
13. Vgl. a.a.O., 114ff. u. 125.
14. So auch Gause, a.a.O., 114ff. und Hans-Peter Großhans/Simone Sinn, Gleichzeitigkeit des Ungleichzeitigen. Protestantische Transformationen im christlichen Verständnis der Geschlechterdifferenz, in: Morgenstern/Boudignon/Tietz (Hrsg.), männlich und weiblich schuf Er sie, 293–316, 294ff. und 305f.

wie es weithin üblich war, sondern sie wertzuschätzen, zu lieben und zu achten.

Aus der Lehre vom Allgemeinen Priestertum folgt für Luther, dass jeder und jede an seinem oder ihrem Ort Gott gleichermaßen dienen kann und soll – der eine, indem er geistlich tätig ist, der andere, indem er in der Regierung oder in Bildung und Erziehung den Menschen und damit Gott dient und die Welt nach Gottes Willen gestaltet. Die geistliche Tätigkeit ist der weltlichen in keiner Weise überlegen. Jeder Mensch soll seinen konkreten »Beruf« in Ehe und Familie als von Gott gegebene Aufgabe erkennen und mit Lust ausüben. Denn jede Tätigkeit, die im Glauben und in der Liebe geschieht, ist ein göttliches Werk. Für Luther war die Ehe in diesem Sinn ein göttliches Werk und eine heilige Ordnung, die zentral ist für das menschliche Zusammenleben. Die Ehe sollte »nicht als minderwertige Möglichkeit angesehen werden, sondern als göttliche Berufung und als gesellschaftlicher Stand«[15], der erstrebenswert ist, weil die Ehe verantwortlich gelebter Sexualität Raum und Anerkennung gibt, weil sie dem sexuellen Missbrauch wehrt, weil sie Liebe und Treue lehrt und weil sie einen förderlichen Ort und Rahmen für die Geburt und Erziehung von Kindern bereitstellt. Die Ehe und das Haus von Martin und Katharina Luther waren dafür stilbildend. Ihr Haus war vorher ein katholisches Kloster gewesen und wurde nun ein Ort, »an dem gelacht und geweint, geboren und gestorben, gebetet und gespielt wurde, kein monastischer ›Zwischenraum‹ zwischen Himmel und Erde, sondern ein Ort ganz und gar von dieser Welt und doch zugleich ein Ort heiligster Gottesgegenwart.«[16]

Wie wichtig Luther die Erziehung von Kindern war, belegt eindrücklich das folgende Zitat: »Wenn ein Mann hinginge und wüsche die Windel oder tät sonst am Kinde ein verächtlich Werk, und jedermann spottete sein und hielt ihn für einen Maulaffen und Frauenmann, so er's doch tät in solcher obgesagter Meinung und christlichem Glauben, Lieber, sage, wer spottete hier des andern am feinsten? Gott lacht mit allen Engeln und Kreaturn nicht, daß er die Windel wäscht, sondern daß er's im

---

15. Witte, Vom Sakrament zum Vertrag, 67.
16. Thomas Kaufmann, Ehetheologie im Kontext der frühen Wittenberger Reformation, in: Holzem/Weber (Hrsg.), Ehe – Familie – Verwandtschaft, 285–299, 293.

Glauben tut.«[17] Aus der Perspektive des Glaubens kann Luther seine *hierarchischen Gendervorstellungen transzendieren* und dem Mann das Wiegen des Kindes, das Waschen seiner Windeln, das nächtliche Wachen beim schreienden Säugling und die Fürsorge für die im Wochenbett liegende Frau nahelegen, auch wenn die Gesellschaft diese Tätigkeiten als für einen Mann unangemessen und minderwertig betrachtet. Aus der Sicht Gottes sind das »alles eitel goldene, edele Werk.«[18]

Zugleich bedeutet die Weltlichkeit der Ehe, dass die Ehe keinen besonderen Glauben verlangt. Luther konnte sogar formulieren: »Darum wisse, daß die Ehe ein äußerlich, leiblich Ding ist wie andere weltliche Hantierung. Wie ich nun kann mit einem Heiden, Juden, Türken, Ketzer essen, trinken, schlafen, gehen, reiten, kaufen, reden und handeln, also kann ich auch mit ihm ehelich werden und bleiben«.[19] Die Ehe vermittelt keine heiligende Gnade wie Taufe und Abendmahl, sie erfüllt vielmehr zentrale Funktionen für den Einzelnen und für die Gesellschaft. Sie bedarf weniger der Religion als der *Vernunft und der alltagspraktischen Weisheit* im Umgang miteinander. Die Ehe ist eine Institution der Treue und des Vertrauens, der Liebe zwischen Mann und Frau und zwischen Eltern und Kindern. Was in der Ehe an Engagement und Hingabe verlangt wird, geht über andere Gesellungsformen hinaus. Es war reformatorische Grundüberzeugung, dass Ehe und Familie für die »Wertfundamentierung eines christlichen Gemeinwesens«,[20] aber auch »für die Integrität des Einzelnen und den Erhalt der sozialen Ordnung [...] unentbehrlich sind.«[21] Der Ehe wurde eine zivilisierende Wirkung zugeschrieben, indem sie die Tugend pflegt und ein Modell der Nächstenliebe und der Opferbereitschaft darstellt. Sie bereichert das Leben von Mann und Frau und stellt eine fürsorgliche, stabilisierende Gemeinschaft her. Die Ehe kann aber auch einen geistlichen Zweck haben: Der Glaube wird in ihr gestärkt und Liebe und Vergebung werden geübt. Vor allem aber wird die Frömmigkeit in ihr an die nächste Generation weitergegeben. Martin Luther war die religiöse Erziehung und Bildung von Mäd-

---

17. Luther, Vom ehelichen Leben, 36 (Original: WA 10,2, 296f.).
18. A. a. O., 35 (Original: WA 10,2, 296).
19. A. a. O., 21f. (Original: WA 10,2, 283).
20. Kaufmann, Ehetheologie im Kontext der frühen Wittenberger Reformation, 292.
21. Witte, Vom Sakrament zum Vertrag, 247.

chen und Jungen außerordentlich wichtig – in der Schule, aber auch im Kreis der Familie. Die hohe Bedeutung der religiösen Erziehung in der Familie hat in der Folgezeit die lutherische Konfessionskultur bestimmt, die »auf der familial vermittelten Frömmigkeit der häuslichen ›ecclesiola‹«[22] aufbaute.

Dass die Ehe reformatorisch als »weltlich Ding« und nicht als Sakrament verstanden wurde, hatte weitreichende Folgen für die *eheliche Rechtsprechung*.[23] Alle reformatorischen Konfessionen schränkten »die Rolle der Kirche ein und erweiterten die Rolle des Staates und der Gesellschaft, wo es um die Gründung von Ehen, ihre Kontrolle und ihre Auflösung ging.«[24] So sollte der rechtliche Trauungsakt vor der Kirchentür durchgeführt werden, Aufgabe des Traugottesdienstes in der Kirche war es »nur« noch, für das Paar zu beten, es mit Schriftworten zu ermahnen und um den Segen für die Eheleute zu bitten, auch wenn es zu Luthers Zeit Sitte war, dass beide Akte der Pfarrer vollzog.[25] Erst durch die Einführung der obligatorischen Zivilehe 1874 in Preußen wurden der rechtliche Trauungsakt und die gottesdienstliche Segenshandlung in der Kirche deutlich voneinander getrennt. Heute werden bei einer evangelischen kirchlichen Trauung die Trau- oder Konsensfragen zwar wiederholt, dabei wird aber nicht die Ehe konstituiert, sondern der Blick auf die religiöse Dimension der gemeinsamen Lebensführung gerichtet. Voraussetzung für die kirchliche Trauung bleibt das gegenseitige Ja-Wort auf dem Standesamt. In der kirchlichen Trauung stellt sich die Frage, »unter welcher Deutung und Lebensorientierung diese Ehe geführt werden soll. Die Bitte um den Segen Gottes, die Verantwortung des Lebens

---

22. Kaufmann, Ehetheologie im Kontext der frühen Wittenberger Reformation, 293. Zum Zusammenhang von Familie und Religion und zur hohen Bedeutung familiärer religiöser Erziehung und Sozialisation in der Gegenwart vgl. die instruktive religionspädagogische Theorie der Familie von Michael Domsgen, Familie und Religion. Grundlagen einer religionspädagogischen Theorie der Familie, Leipzig 2004.

23. In gewisser Hinsicht könnte man Luther sogar als einen der geistigen Väter des modernen Grundgesetzes betrachten. Denn es ging ihm nicht um ein quasi vorrechtliches, sakramentales Ordnungsverständnis der Ehe, sondern um ein »weltliches« Rechtsinstitut, das staatlich besonders zu fördern und zu schützen ist, weil dort in besonderer Weise Liebe, Vertrauen und Freiheit gelebt werden können (vgl. Artikel 6 des Grundgesetzes).

24. Witte, Vom Sakrament zum Vertrag, 60.

25. Vgl. Luther, Traubüchlin, 528ff.

coram Deo und die Fürbitte der jeweiligen Gottesdienstgemeinde kommen hier verbis expressis zur Geltung.«[26] Der Zuspruch des Segens steht dabei im Mittelpunkt.

Die Reformatoren revolutionierten die Ehetheologie und das Eherecht im 16. Jahrhundert.[27] Zentrale Punkte der Eherechtsreformen waren die Reduktion der Ehehindernisse, die Betonung der Öffentlichkeit der Eheschließung und das Recht auf Scheidung und Wiederheirat. Das Mittelalter kannte eine große Anzahl von standesrechtlichen Heiratsverboten und kirchlichen Ehehindernissen. Die Mehrheit der Bevölkerung konnte nicht heiraten.[28] Heimliche Ehen waren deshalb ein Problem. Die Reformation vereinfachte und verringerte die Ehehindernisse erheblich. Sie übernahm die körperlichen Hindernisse (dabei ist vor allem an Impotenz zu denken) und die Voraussetzung des beiderseitigen Einverständnisses zur Ehe (Konsens), um sicherzustellen, dass kein Zwang zur Ehe ausgeübt wird. Aber alle Hinderungsgründe, die mit dem Keuschheitsgelübde und dem Zölibat zu tun hatten, wurden als überflüssig betrachtet und abgeschafft. Die komplizierten Beschränkungen für Verwandte wurden ebenfalls verworfen, nur enge Verwandtschaft stellte ein Heiratshindernis dar. Die Reformatoren verwarfen auch die geistlichen Hindernisse, die die Ehe zwischen Paten und Patenkindern verboten. Überdies wurden Hindernisse beseitigt oder liberalisiert, »die Ehen zwischen Parteien, die durch Adoption miteinander verwandt waren, untersagten.«[29] Weil die Ehe für die Reformatoren kein Sakrament war, stellte auch eine fehlende Taufe kein Hindernis für eine Eheschließung dar.

Neben der Beseitigung der Ehehindernisse war Luther die *Öffentlichkeit der Eheschließung* ein zentrales Anliegen. Die Ehe sollte zwar vor der Kirchentür geschlossen werden, aber das Eheversprechen sollte in der Kirche öffentlich wiederholt werden, bevor der Segen gespendet

26. Friedrich Wintzer, Hochzeit und kirchliche Trauung – Kult oder Fest?, in: Peter Stolt/ Wolfgang Grünberg/Ulrike Suhr (Hrsg.), Kulte, Kulturen, Gottesdienst. Öffentliche Inszenierung des Lebens, Göttingen 1996, 234–242, 239.
27. Vgl. Witte, Vom Sakrament zum Vertrag, 71, siehe 73ff. auch zum Folgenden.
28. »Die Erlaubnis war abhängig von der Zustimmung und der Erlaubnis der Herrschaft, sie hing ab vom Nachweis der Einkünfte und der Wohnungsmöglichkeit. Der größere Teil der Bevölkerung war von der Heirat ausgeschlossen.« Rössler, Grundlagen und Aspekte des gegenwärtigen lutherischen Eheverständnisses, 44.
29. Witte, Vom Sakrament zum Vertrag, 82.

wurde. Die Trauung wurde anschließend ins Eheregister der Kirche eingetragen. »Luther betrachtete die öffentliche Bekanntmachung der Ehe als Einladung an andere Menschen, dem Ehepaar Hilfe und Unterstützung zukommen zu lassen, als Warnung davor, eine sexuelle Beziehung mit einem der Ehepartner einzugehen und als Schutz gegen falsche oder unaufrichtige Eheversprechen«.[30] Luther machte die Ehe zu einer öffentlichen Institution und wirkte heimlichen Eheschließungen (klandestinen Ehen) gezielt entgegen. Wichtig war Luther in diesem Zusammenhang auch die Zustimmung der Eltern zur Eheschließung. Unterblieb diese aus unlauteren Gründen oder wurde sie an übertriebene Bedingungen geknüpft, sollte es die Möglichkeit des Einspruchs vor Gericht dagegen geben. »Die Gerichte wurden angewiesen, Eltern zu verbieten, ihre Kinder gegen den eigenen Willen in Klöster zu schicken oder sie daran zu hindern, einen heiligen Orden zu verlassen.«[31]

Die Öffentlichkeit der Eheschließung hat mit Luthers Hochschätzung des *institutionellen Charakters* der Ehe zu tun: »Nicht das heimliche Versprechen, das man einander gibt, läßt eine Ehe anfangen, sondern erst das öffentliche Bekenntnis, mit dem der Hans sich seiner Grete und die Grete sich ihrem Hans an die Seite stellt.«[32] Die Ehe wird von Luther als eine soziale Größe begriffen, die ein gewisses Maß an Publizität verlangt und Folgen für die Umwelt hat: Die Um- und Mitwelt hat die geschlossene Ehe zu akzeptieren, zu unterstützen und zu achten. Mit der Eheschließung werden Grenzen nach außen und nach innen gezogen. Zugleich wird dem Paar durch die Öffentlichkeit vor Augen geführt, welch hohe Verpflichtung es mit der Eheschließung eingeht.

Die dritte, wohl relevanteste Eherechtsreform der Reformation betrifft die Einführung der »*Ehescheidung* im modernen Sinn [...] mit dem Recht auf Wiederheirat, wenn der Scheidungsgrund geprüft worden war.«[33] Da dieser Punkt von besonderer Bedeutung ist und die Aussagen der Reformatoren dazu relativ unbekannt sind, geht ihm der folgende Abschnitt ausführlicher nach.

---

30. A. a. O., 76.
31. A. a. O., 78.
32. Rössler, Grundlagen und Aspekte des gegenwärtigen lutherischen Eheverständnisses, 49.
33. Witte, Vom Sakrament zum Vertrag, 73.

b) Das Recht auf Scheidung und Wiederheirat

Eine Ehescheidung war im Eherecht des Mittelalters nicht vorgesehen. Es war zwar möglich, eine Trennung von Tisch und Bett zu erreichen, wenn ein Kirchengericht Ehebruch oder Misshandlung nachgewiesen hatte, aber die sakramentale Verbindung zwischen den Partnern blieb trotzdem bestehen. Es war nicht möglich, wieder zu heiraten. Es gab nur die Möglichkeit, eine Ehe annullieren zu lassen. Das bedeutete zugleich, dass diese Ehe nie bestanden hatte, »weil sie nicht vorschriftsmäßig geschlossen worden war.«[34] Um dies zu beweisen, bedurfte es wiederum des Nachweises eines Ehehindernisses (wie Impotenz oder dergleichen). Faktisch war eine solche Annullierung nur schwer durchzusetzen, vor allem, wenn Kinder da waren. »Die lutherischen Reformatoren verwarfen diese traditionelle Lehre mit biblischen, historischen und praktischen Begründungen.«[35] Für sie war das Wesen der Ehe »die Gemeinschaft eines Paares *in der Gegenwart*, nicht dessen sakramentale Vereinigung in einem kommenden Leben. Wo diese Gemeinschaft aus einem der zahlreichen Gründen zerbrochen war, konnte das Paar die Scheidung einreichen.«[36]

Martin Luther hielt eine Scheidung in drei Fällen für möglich. Zum ersten stellt für ihn die körperliche Untüchtigkeit, also Impotenz, einen legitimen Scheidungsgrund dar. Zweitens ist Ehebruch ein Scheidungsgrund und drittens die generelle Verweigerung von Sexualität. Schließlich fügt Luther noch einschränkend hinzu, dass es auch den Fall gebe, dass zwei sich schlicht nicht vertrügen – wenn man es mit einer »bitteren Frau« oder einem »wüsten, wilden, unerträglichen Mann«[37] zu tun habe. Auch dann könne eine Scheidung angeraten sein, allerdings empfiehlt Luther in diesem Fall fortan die Ehelosigkeit.

Luther setzt sich dabei auch mit dem Scheidungsverbot Jesu auseinander. Das Scheidungsverbot Jesu ist für ihn für das himmlische Reich geschaffen. Es stellt eine unbedingte Norm dar und verlangt von Chris-

---

34. A.a.O., 84.
35. Ebd.
36. A.a.O., 90. Hervorhebung I.K.
37. Luther, Vom ehelichen Leben, 30 (Original: WA 10,2, 291). Zu den Scheidungsgründen insgesamt vgl. a.a.O., 26–31.

ten Liebe, Geduld, Vergebung und die Bereitschaft zur Versöhnung. Wenn das irdische Reich frei von Sünde wäre und nur von vollkommenen Christen bevölkert würde, dann gälte nur dieses eine wahre Gesetz. Weil das aber nicht der Fall ist, muss die Scheidung um des Menschen »Herzens Härte willen« (Mk 10,5), wie bereits Jesus konzedierte, grundsätzlich erlaubt werden.[38]

Johannes Bugenhagen knüpft an die Scheidungserlaubnis Luthers an, geht aber weiter als Luther und stellt grundsätzlich fest: »Es ist tatsächlich so, dass einige Haushalte so zerbrochen sind, dass sie nicht mehr repariert werden können.«[39] Die Zerrüttung der Ehe, aber auch das vorsätzliche Verlassen oder die grobe Vernachlässigung gelten für ihn als Scheidungsgrund. Um die Sache nicht noch schlimmer zu machen, sei in solchen Fällen eine Scheidung vonnöten. Die Scheidung wird insofern nicht nur als Folge von Sünde verstanden, sondern schafft zugleich *Abhilfe*, um größeres Leid zu verhindern. »Auf dieser Grundlage plädierten die Reformatoren mit Erfolg für ein neues weltliches Scheidungs- und Wiederheiratsrecht. Sie präzisierten die angemessenen Scheidungsgründe und das Verfahren, dem sich entfremdete Ehepartner zu unterziehen hatten.«[40] Luther und Bugenhagen war es dabei wichtig, Paaren zu helfen, eine zerrüttete Ehe nach Möglichkeit zu retten, bevor es zu einer Scheidungsklage kam. »Beim Einreichen einer Scheidungsklage hatten Ehemänner und Ehefrauen [dann allerdings] die gleichen Rechte.«[41]

Heinrich Bullinger veröffentlichte 1540 die Schrift »Der christliche Ehestand«, die nicht nur in der Schweiz, sondern auch in England Aufmerksamkeit erzeugte. Bullinger legte viel Wert auf die eheliche Liebe und Freundschaft. Mit großer Hingabe und Aufrichtigkeit sollten Mann und Frau zusammenleben, sich wechselseitig helfen und lieben und

---

38. Vgl. Martin Luther, Wochenpredigten über Matth. 5–7 (1530–1532), WA 32, 299–381. Zur Auslegung der Verse zur Ehescheidung vgl. a. a. O., 367–381.
39. Johannes Bugenhagen, zit. n. Witte, Vom Sakrament zum Vertrag, 86 (Original: Johannes Bugenhagen, Vom Ehebruch und weglauffen [1539], in: Martin Luther/Johannes Bugenhagen/Philipp Melanchton, Von Ehesachen. Item. Vom Ehebruch und weglauffen/De Arbore consanguinitatis & affinitatis, sine gradibus, Wittenberg 1540, unpag.).
40. Witte, Vom Sakrament zum Vertrag, 86.
41. A. a. O., 87.

Freud und Leid miteinander teilen. Doch selbst das vornehmste Ehepaar sei vor dem Einbruch von Sünde und Scheitern nicht prinzipiell gefeit. Begehe einer Ehebruch oder verlasse einer den anderen, sei die Scheidung von Gott erlaubt, denn Christus habe die Scheidung »dem Menschen zum Guten und als Arznei und zur Verbesserung der Ehe«[42] gestattet. Bullingers Traktat wurde 1541 auch in England veröffentlicht, allerdings anonym, weil seine Befürwortung von Scheidung und Wiederheirat im damaligen England rechtswidrig und unvorstellbar war. Jahre später wurde die Schrift zwar unter einem Pseudonym erneut gedruckt, doch unter Weglassung der kritischen Kapitel zur Priesterehe und Scheidung.

Martin Bucer, der 1549 auf einen Lehrstuhl nach Cambridge berufen wurde, vertrat in seiner Schrift »De Regno Christi«, die 1550 in England erschien und die junge englische Ehetheologie auszuformen half, ein Scheidungsrecht, das dem modernen Scheidungsrecht erstaunlich nahekommt. Bucer stellt außerordentlich hohe Ansprüche an die Ehe und die Verständigung zwischen Mann und Frau. Dementsprechend reflektiert er auch die Möglichkeiten des Scheiterns. Bucer betrachtet die Ehe als sehr innige Gemeinschaft zweier Menschen mit einem ständigen Gedankenaustausch und Gespräch, die zu einem guten und glücklichen Leben beitragen. Für Bucer ist der eigentliche Zweck der Ehe deshalb auch weniger die Sexualität oder die Zeugung von Kindern, so sehr er beides zu schätzen wusste, sondern »die gegenseitige Verständigung über alle himmlischen und menschlichen Pflichten *in höchster Güte und Zuneigung.*«[43] Die Ehe hat für Bucer eine hohe soziale Qualität. Sie ist von großem sozialen Nutzen und Basis des Gemeinwesens.

Nach Bucer lebt jede gute Ehe von vier Eigenschaften: dass die Ehepartner zusammenleben, »dass sie sich mit äußerster Zuneigung lieben sollen«,[44] dass Ehemann und Ehefrau sich wechselseitig in ihren Auf-

---

42. Heinrich Bullinger, Der christliche Ehestand (1540), in: ders., Schriften I, hrsg. von Emidio Campi/Detlef Roth/Peter Stotz, Zürich 2004, 417–575, 572.

43. Martin Bucer, zit. n. der Übersetzung von Witte, Vom Sakrament zum Vertrag, 173, Hervorhebung I.K. (Original: Martin Bucer, De Regno Christi liberi duo [1550], 2. Buch, Kap. 38, in: ders., Martini Buceri Opera Latina, Bd. XV, hrsg. von François Wendel, Gütersloh 1955, 204).

44. Martin Bucer, zit. n. der Übersetzung von Witte, Vom Sakrament zum Vertrag, 174 (Orginal: Bucer, De Regno Christi, 203).

gaben unterstützen und schließlich, dass sie sich nicht »das eheliche Wohlwollen entziehen«.[45] Fehlt allein eine dieser vier Eigenschaften, ist für Bucer der Ehebund in Frage gestellt. Eine Trennung, das Schwinden der Liebe oder die Vernachlässigung ehelicher Pflichten zerbricht den Ehebund. In diesem Fall soll die Ehe nicht weitergeführt werden, sonst wirke sie zerstörerisch. Denn »[e]ine unversöhnliche Entfremdung der Parteien kommt der Auflösung der Ehe gleich«,[46] die Voraussetzung für die eheliche Gemeinschaft ist dann nicht länger gegeben. Liebt ein Mann seine Frau nicht mehr in ehelicher Zuneigung, soll er sie entlassen, damit sie einen anderen Mann heiraten kann, der für sie besser ist. »Bucer gab eindeutig zu verstehen, dass eine Scheidung schon mit der Begründung des ›gegenseitigen Einvernehmens allein‹ gewährt werden sollte, wie es das frühere römische Recht (eine Zeit lang) erlaubt hatte.«[47] Die Ehescheidung sollte wie die Eheschließung eine öffentliche Handlung sein. Deshalb war das Scheidungsgesuch bei einem Zivilrichter einzureichen.

Die Reformatoren ermutigten zur Ehe und erleichterten durch die Reduktion der Ehehindernisse die Eheschließung. Vor dem Hintergrund der reformatorischen Sündentheologie hatten die Reformatoren zugleich keine Scheu, Verstrickungen, Irrtümer und destruktives Leiden in misslungenen und gescheiterten Ehen wahr- und ernst zu nehmen. Heinrich Bullinger konnte eine Scheidung sogar als Arznei Gottes bezeichnen. Die Reformatoren sahen in der Ehe die Möglichkeit größter Erfüllung, zugleich aber auch die Abgründe und Katastrophen, die eine solch große Nähe im Einzelfall mit sich bringen kann. Gerade weil die Reformatoren die Ehe außerordentlich wertschätzten und so hohe Ansprüche formulierten, sahen sie die Möglichkeit der Scheidung und Wiederheirat vor. Das klare reformatorische Bekenntnis zu Ehe und Sexualität, die nachdrückliche Ermutigung zur Ehe, der nüchterne Realismus im Hinblick auf ihr mögliches Scheitern und die explizite Ermutigung zum Neubeginn sind bleibend aktuell und vermögen der gegenwärtigen Debatte zentrale Impulse und Orientierungsgesichtspunkte zu liefern.

---

45. Martin Bucer, zit. n. der Übersetzung von Witte, Vom Sakrament zum Vertrag, 174 (Original: Bucer, De regno Christi, 204).
46. Witte mit Bezug auf Bucer, Vom Sakrament zum Vertrag, 84.
47. A. a. O., 175.

c) Die Ehe als (Liebes-)Beziehung

Die Ehe war für die Reformatoren nicht nur eine Frage der Ordnung, sondern auch und vor allem der *Beziehung*. So sorgte Martin Luther für eine Intimisierung von Ehe und Familie und präformierte damit ein Modell, das sich vom 17. bis ins 19. Jahrhundert im Bürgertum vollends durchsetzen sollte. Auch die typisch komplementäre Geschlechterfiguration der Neuzeit sieht Hans-Martin Gutmann bei Luther schon angelegt.[48] Egal welche Art der Asymmetrie Luther im Hinblick auf das Geschlechterverhältnis vertrat, er hat zugleich immer wieder die Gleichheit der Geschlechter betont und von seiner Frau mit größtem Respekt als von »Herrn Käthe« gesprochen. Sie war ökonomisch zweifellos talentierter als er und führte einen Haushalt, in dem oft viele Studenten und Gäste gleichzeitig anwesend waren, für die sie Kost und Logis bereitzustellen hatte. Sie bewirtschaftete ein landwirtschaftliches Gut mit Gesinde, sie betrieb Viehzucht und führte eine eigene Bierproduktion. Sie gebar sechs Kinder. Martin Luther findet »in ihr eine liebevolle und verständnisvolle Gesprächspartnerin«.[49] Zahlreiche Briefe dokumentieren, »dass sich in dieser Beziehung Intimität und Liebe haben entwickeln können.«[50] Luther betrachtete seine Ehe mit Katharina deshalb nicht unter der Überschrift der Ordnung, sondern der Beziehung. »Es lässt sich zeigen, dass beide Partner, Mann und Frau, an der Aushandlung von Erwartungen, von Rollen, auch von der Machtverteilung in dieser Beziehung beteiligt sind [...]. Das Problem in Luthers Ehe ist nicht das einer zu sichernden *Ordnung*, sondern das einer gelingenden *Beziehung*.«[51] Unter Bezugnahme auf die Schöpfungserzählung in Gen 2 beschreibt Luther die Erfahrung ehelicher Intimität als Ort voller Vertrautheit »in einer Intensität, dass hier noch heute die ansonsten vollständig abgerissene Verbindung zur paradiesischen Situation ozeanischen Glücks, von unendlicher Vertrautheit und Versorgtsein gelebt werden kann.«[52]

---

48. Vgl. Gutmann, Martin Luthers »christliche Freiheit« in zentralen Lebenskonflikten heute, 63ff., 72 und 79.
49. A. a. O., 80.
50. A. a. O., 79.
51. A. a. O., 62.
52. A. a. O., 63.

Martin Luther hat mit der Würdigung ehelicher Intimität und mit der Abschaffung der Ehehindernisse der Modernisierung der Gesellschaft Vorschub geleistet. Die romantische Vorstellung der Liebe als Voraussetzung der Ehe kann sich auf ihn berufen. Für Luther ist die Liebe das wichtigste Motiv für die Ehe.[53] Die Ehe ist Abbild der glückseligen Bewohnung im Paradies und trägt diese Spuren noch immer in sich. Sie ist für Luther der edelste Stand.[54] Die Ehe hat nach lutherischer Auffassung deshalb auch primär einen Selbstzweck: Es ist die personale Beziehung, die hier im Mittelpunkt steht. Die Ehegatten sollen »in Liebe und Eintracht beieinander wohnen«, einer soll dem anderen »von Herzen und mit ganzer Treue«[55] begegnen. Dass daraus in der Regel auch Kinder folgen, war für Luther keine Frage, zugleich stand im Hinblick auf den Sinn der Ehe die Gesprächs- und Liebesbeziehung zwischen Mann und Frau im Vordergrund.[56]

Luther konnte mit seinen Vorstellungen von Intimität und ehelicher Partnerschaft an bestimmte hoch- und spätmittelalterliche Traditionslinien anknüpfen. Das zeigen die Untersuchungen der Historikerin Gabriela Signori.[57] Signori führt vor Augen, dass das allgemein bekannte Bild von der spätmittelalterlichen Ehe zu schablonenhaft und einseitig ist. Die Ehe war im 14. und 15. Jahrhundert nicht nur eine Frage der »Oeconomia«, sondern wurde in vielen theologischen und philosophischen Schriften, aber auch auf Grabmälern als *Paradiesehe* dargestellt und verstanden. Ihre Ziele waren Freundschaft und wechselseitige Hilfe. Oft genug wurde dabei *die Gleichheit* von Mann und Frau betont. Das Verhältnis von Mann und Frau verschob sich insgesamt in Richtung Gleichwertigkeit und Gleichrangigkeit.[58] Dabei handelte es sich keineswegs nur um spekulative

---

53. Luther spricht vom Segen einer gelingenden Ehe, wenn »Mann und Weib sich lieb haben, eines sind, eins des andern wartet und was mehr Gutes dran ist«. Luther, Vom ehelichen Leben, 38f. (Original: WA 10,2, 299).
54. Vgl. Martin Luther, Großer Katechismus (1529), in: BSLK, 543–733, 613.
55. A. a. O., 615.
56. Es ist von daher Eilert Herms zu widersprechen, der meint, dass eine Ehe in einem konstitutiven Bezug zur gemeinsamen Elternschaft stehe. Aus der Sicht von Herms »macht das Eingehen einer Ehe ohne den Wunsch gemeinsamer Elternschaft keinen Sinn.« Herms, Liebe, Sexualität, Ehe, 119.
57. Vgl. Signori, Von der Paradiesehe zur Gütergemeinschaft.
58. Das ist auch das Ergebnis von Rüdiger Schnells Studie zur mittelalterlichen Sexualität, siehe Kapitel II, 4b).

Ideen von Theologen und Philosophen, die neuen Gleichheitsvorstellungen fanden in der Lebenswelt vieler Paare vielmehr konkreten Ausdruck und schlugen sich in Eheverträgen nieder, die darauf bedacht waren, die Ehefrauen nicht zu benachteiligen. So achteten die Vertragsnehmer genau darauf, dass beide Seiten gleich viele Güter in die Ehe einbrachten. Zudem wurde es im 15. Jahrhundert zunehmend diskreditiert, wenn treulose Ehemänner das Vermögen der Frau verschleuderten.[59]

Gewichtige Argumente für diese Gleichheitsvorstellungen fand man im Schöpfungsbericht. Dass die Frau aus der Seite des Mannes entsprungen ist, wurde als Hinweis darauf gelesen, dass beide »für das Miteinandersein in Freundschaft und Zuneigung«[60] erschaffen wurden. Ganz ähnlich argumentiert Luther, wenn er in der Predigt vom Ehestand darauf hinweist, dass die Frau nicht aus dem Fuß, sondern aus der Rippe des Mannes geschaffen wurde, »daß sie der Mann nicht soll anders halten, als sei sie sein eigen Leib oder Fleisch. Und wie zärtlich und freundlich er mit seinem Leibe umgehet und handelt [...], also soll es der Mann mit seinem Weibe auch machen.«[61] Die menschliche Anlage zu Liebe und Freundschaft ist demnach im Paradies verwurzelt. Mann und Frau sind aus derselben Substanz geschaffen. Deshalb wurden Adam und Eva in der Ikonographie oft gleich groß und symmetrisch dargestellt.

Die Schöpfungserzählungen waren Schlüsseltexte, die für die Ebenbildlichkeit von Mann und Frau bürgten und die Ehe als paradiesische Einrichtung auswiesen. Darüber hinaus spielte die Wiederentdeckung der aristotelischen Schriften im 13. Jahrhundert eine wichtige Rolle. In ihrem Gefolge wurde der *Freundschaftsbegriff* zentral und der *Konsens* zur Voraussetzung für den Ehebund. »Im Sinne der antiken Freundschaftsphilosophie begriffen die Autoren der hochmittelalterlichen Freundschaftstraktate die Gleichheit demnach als Voraussetzung und Ursache für die Liebe und die Freundschaft, die Mann und Frau in der Ehe verbinden. Ihnen zufolge sind Liebe, Freundschaft und Geselligkeit Teil der menschlichen Natur, so wie sie Gott im Paradies erschaffen hatte.«[62]

59. Vgl. Signori, Von der Paradiesehe zur Gütergemeinschaft, 180f.
60. A.a.O., 28.
61. Martin Luther, Predigt vom Ehestand (1525), in: ders., Vom ehelichen Leben und andere Schriften über die Ehe, 66 (Original: WA 17,1, 12–29, 24).
62. Signori, Von der Paradiesehe zur Gütergemeinschaft, 31.

Die Gesellschaftsbereiche, in denen Mann und Frau gemeinsam tätig waren, nahmen im 15. Jahrhundert deutlich zu.[63] Reiche bzw. adlige Ehepaare investierten »in noch nie dagewesenen Dimensionen in ihre gemeinsame Memoria, oder ließen sich, sozusagen als Krönung der Gemeinschaftsidee, Doppelgrabmäler oder Wappensteine anfertigen, auf denen sie über den Tod hinaus dokumentieren wollten, dass sie zueinander gehörten.«[64] Auf den Doppelgrabmälern sind Mann und Frau oft gleichrangig dargestellt. Manchmal blickt sich das Paar dabei sogar an und inszeniert sich als Liebespaar, indem es sich berührt und einander an den Händen fasst.[65] Der mittelalterlichen Ehe waren Liebe oder mindestens Freundschaft keineswegs fremd. Rüdiger Schnell bestätigt diese Sichtweise und schreibt: »Der Ehegefährte als zweites Ich, mit dem man alles bereden, dem man seine innersten Gedanken anvertrauen kann und von dem man rückhaltlos unterstützt wird: dieses Ideal bildet einen wichtigen Baustein des Ehediskurses seit dem 14. Jahrhundert.«[66] Liebe und Vernunft, Gefühle und Denken bedingen sich in diesem Ehekonzept wechselseitig.

Überdies haben Teile der mittelalterlichen Tradition die *sexuelle Lust* in der Ehe hoch geschätzt und das Gelingen einer Ehe nicht zuletzt von einer befriedigenden Sexualität abhängig gemacht.[67] Es war spätmittelalterliche Auffassung, dass die sexuelle Lust die emotionale Bindung in der Ehe stärkt – und zwar unabhängig davon, ob daraus Kinder hervorgehen oder nicht. Ohne sexuelle Lust schien eheliche Liebe nicht denkbar.[68] Im abendländischen Schrifttum des 12. bis 16. Jahrhunderts werden mithin *neue Leitbilder von sexueller und emotionaler Verbundenheit in der Ehe* geschaffen. »Die Sexualität avanciert zum wichtigsten Faktor bei der Herausbildung der emotionalen Beziehung (›süßer Gemeinschaft‹) zwischen Mann und Frau in der Ehe.«[69] Daran schloss Martin

---

63. Vgl. a. a. O., 177.
64. A. a. O., 182.
65. Vgl. a. a. O., 144f.
66. Schnell, Sexualität und Emotionalität in der vormodernen Ehe, 471.
67. Vgl. a. a. O., 223 u. ö. Siehe ausführlich zur Rolle der Sexualität in der Vormoderne Kapitel II, 4b).
68. Vgl. a. a. O., 242ff.
69. A. a. O., 247.

Luther mit seiner Hochschätzung der Sexualität unmittelbar an.[70] Auch für Martin Bucer waren »eheliche Liebe, emotionale Harmonie und sexuelle Lust«[71] nicht zu trennen.

Liebes- und Ehediskurs waren im Mittelalter insofern keineswegs konsequent getrennt.[72] Es gab nicht nur die Zweckehe, die aus moderner Sicht mit der Liebesheirat zu kontrastieren wäre. Hinter solchen Einschätzungen verbergen sich Emotionalitätsvorstellungen, die die differenzierte Diskussion über die eheliche Liebe in der Vormoderne verkennen.[73] Den Reformatoren, allen voran Martin Luther, war es außerordentlich wichtig, beides aufeinander zu beziehen: Liebe und Ehe. Es ist deshalb kurzschlüssig, mit der Reformation nur die Herausbildung von Individualität zu assoziieren. Nicht weniger als um das Individuum ging es Luther und den Reformatoren insgesamt *um Beziehung*.

Die eheliche Liebe und Beziehung geht für Luther über alle anderen Formen der Liebe hinaus. Sie brennt wie Feuer und sucht den Gemahl um seiner selbst willen, nicht um Gold und Silber willen.[74] Dementsprechend grenzt Luther Liebe und Geld deutlich voneinander ab. »Liebe hat, so Luther, mit Geld nichts zu tun. Die Interaktion in der Ehe gehorcht anderen Gesetzen als die Geldökonomie. [...] Das Zustandekommen einer Ehe soll genauso wie das eheliche Leben von systemischen Verzerrungen frei gehalten werden.«[75] Denn die Ökonomie der Ehe ist von ganz anderer Art als die Ökonomie der Geldwirtschaft. Liebe ist Geschenk und Gabe. Sie wird untergraben, wenn Geldbeziehungen sie dominieren.[76] Obwohl Luther von der Unterordnung der Ehefrau ausgeht, insistiert er immer wieder darauf, »dass die Intimität der Beziehung zwischen Eheleuten den Herrschaftscharakter dieser Beziehung unter-

---

70. Siehe dazu ausführlich Kapitel II, 1c) und 4b).
71. So Schnell über Bucer, vgl. a. a. O., 220.
72. Schnell formuliert im Hinblick auf eine Spruchdichtung aus dem 13. Jahrhundert: »Als größtes Glück eines Mannes wird nicht die heimliche Liebe zu einer Frau gepriesen, sondern die getreue, beständige, öffentlich bekannte eheliche Liebe einer untadeligen Frau.« A. A. O., 465.
73. Vgl. a. a. O., 471f. Gegen Luhmann, Liebe als Passion.
74. Vgl. Martin Luther, Ein Sermon von dem ehelichen Stand (1519), in: ders., Vom ehelichen Leben und andere Schriften über die Ehe, 5 (Original: WA 2, 162–171, 167).
75. Gutmann, Martin Luthers »christliche Freiheit« in zentralen Lebenskonflikten heute, 44f.
76. Vgl. a. a. O., 79.

laufen müsse. Hierin, nicht im Herrschaftscharakter, liegt die Erinnerung an das ungebrochene Glück der paradiesischen Situation.«[77] Auch in seiner eigenen Ehe wurde die Rollenaufteilung zwischen Mann und Frau, zwischen ihm und Käthe, immer wieder außer Kraft gesetzt.[78]

Die reformatorische Eheauffassung erweist sich damit als sehr differenziert und in vielerlei Hinsicht für die Moderne anschlussfähig. Sie ist von einem starken Ethos wechselseitiger Liebe, sexuellen Begehrens und der Fürsorge bestimmt. Für die gegenwärtige Diskussion ist überdies aufschlussreich, wie sich bei Luther »Individualität und verbindliche, durch Freiheit nicht aufgehobene bleibende Beziehung wechselseitig«[79] bedingen. Die Freiheit ist in Luthers Verständnis nicht gepaart mit Angst und Abgrenzungsbedürfnis, wie das in der Gegenwart häufig zu beobachten ist.[80] Sie geht vielmehr mit Bindung und Beziehung zusammen. Die Logik des Evangeliums unterbricht heilsam das gängige Reziprozitätsdenken »im Zerstörerischen wie im Heilsamen«. Sie befreit »von der meist unbewusst wirksamen Verpflichtung, im Schlechten wie im Guten Empfangenes heimzahlen zu müssen«.[81] Dadurch wird eine Beziehung möglich, in der mal der eine, mal der andere mehr gibt oder nimmt, ohne am Ende des Tages eine Rechnung präsentiert zu bekommen oder selbst präsentieren zu müssen. Es ist dann vielmehr möglich, in einer Haltung der Dankbarkeit, der Großzügigkeit und verschwenderischen Offenheit zu leben, »die jenseits von Selbstbezogenheit und reziproker Verpflichtung eine Beziehungsgestalt lebbar macht, in der Liebe und Freiheit zwanglos zusammengehen können.«[82]

---

77. A.a.O., 197.
78. Vgl. a.a.O., 81.
79. A.a.O., 88.
80. Vgl. dazu ausführlich Kapitel II, 6.
81. Gutmann, Martin Luthers »christliche Freiheit« in zentralen Lebenskonflikten heute, 235.
82. Ebd.

4. Warum noch Ehe?

a) Die Ehe als Institution

Nun wird gegenwärtig häufig die Frage gestellt, ob nicht all das, was hier im Blick auf die Ehe gesagt ist, prinzipiell in jeder Art Liebesbeziehung gelebt werden kann – ohne dem Zusammenleben die institutionalisierte und öffentliche Form eines Ehebundes zu geben. Das Misstrauen gegenüber der Institution Ehe rührt dabei aus zweierlei Gründen: Es ist zum einen gegen die mit der Ehe immer noch häufig assoziierte Ordnungsvorstellung gerichtet, die eine asymmetrische Geschlechterrollenverteilung in der Ehe nahelegt. Dass diese Ordnungsvorstellung dem biblischen und reformatorischen Eheverständnis keineswegs inhärent ist, obwohl beide von einer rechtlichen Gleichstellung der Frau weit entfernt waren, haben die vorangegangenen Kapitel gezeigt. Zwar wirkt die androzentrische Geschichte immer noch nach, doch haben gerade die letzten Jahrzehnte gezeigt, dass die Institution Ehe die Emanzipation der Frauen als konstruktive Irritation verarbeiten und sich weiterentwickeln konnte – mit wichtigen Neuerungen vor allem durch die Eherechtsreform von 1976, die die Hausfrauenehe als Leitmodell abschaffte, den Vorrang des Mannes in Fragen des Ehe- und Familienlebens aufhob, das Scheidungsrecht reformierte (mit Vorteilen für den schwächeren Partner beim Versorgungsausgleich) und die Patrilinearität im Namensrecht aufgab. Seither kann auch der Nachname der Frau als Ehename gewählt werden. Seit 1994 müssen sich Ehepartner überhaupt nicht mehr auf einen Ehenamen einigen, beide können ihren jeweiligen Namen weiterführen. Die Institution Ehe hat sich den veränderten gesellschaftlichen Bedingungen angepasst und stellt sich als flexibel und lernfähig dar. Die Gewinne, die mit der Eherechtsreform von 1976 einhergingen, sind dabei kaum zu überschätzen: Galt vorher mehr oder weniger, dass man in einer Ehe blieb, egal wie schlecht sie war, weil Geschiedene unter extremen Ächtungen zu leiden hatten, werden die Freiwilligkeit der Eheschließung und die Symmetrie im Verhältnis von Mann und Frau nun erheblich gefördert.

Der zweite Einwand ist nicht weniger gewichtig. Die Ehe scheint als Institution der Idee der romantischen Liebe zu widersprechen, die auf rechtliche Regelungen nicht angewiesen ist, sondern ganz vom Gefühl und der spontanen Liebe zweier Menschen lebt. Die Ehe nimmt mit dieser Institutionenkritik teil an der allgemeinen Institutionenkrise. In Zeiten der Individualisierung und Pluralisierung werden Institutionen mit ihren Standardisierungen und Erwartungen häufig als Zwang und Einschränkung von Freiheit empfunden.[1] Das ist auch nicht völlig von der Hand zu weisen: Jede Familie, jede Schule, jedes Krankenhaus geht mit Verhaltenszumutungen einher. Überdies sind die Erwartungen an die Institutionen immens gestiegen: Das Medizinsystem soll in jedem Fall gesund machen, die Politik für Gerechtigkeit sorgen und die Ehe das individuelle Glück garantieren. Diese Anspruchsinflation führt notwendig zu einer Überproduktion von Hoffnungen und damit zugleich zu enttäuschten Erwartungen. Aus der Übererwartung wird schließlich eine Skepsis oder Verdrossenheit im Hinblick auf die Institutionen.[2]

Institutionen können zweifellos repressive Züge tragen, sie können aber auch in hohem Maß stabilisierend und entlastend für den Einzelnen und im Fall der Ehe für das sich liebende Paar sein. Denn individuelle Freiheit wird durch Institutionen nicht nur eingeschränkt, sondern in spezifischer Hinsicht erst ermöglicht. So geht Udo di Fabio davon aus, dass die Institutionen von Ehe und Familie – »auch wenn sie durch weniger formelle Formen des Zusammenlebens ergänzt werden – unentbehrliche Voraussetzung der Freiheit«[3] sind. Freiheit ist ohne den *Eros der Bindung* nicht möglich. Und dieser Eros der Bindung wird nicht zuletzt in Ehe und Familie gepflegt.[4] Mit der Entwöhnung von Bindung

---

1. Das betont vor allem Peter Dabrock, Brauchen wir eine neue evangelische Institutionenethik? Theologische und sozialethische Überlegungen angesichts der Debatte um die Familienorientierungshilfe des Rates der EKD, in: Zwischen Autonomie und Angewiesenheit – die Orientierungshilfe der EKD in der Kontroverse, 35–45.
2. Vgl. Rössler, Grundlagen und Aspekte des gegenwärtigen lutherischen Eheverständnisses, 47.
3. Udo di Fabio, Die Kultur der Freiheit, München 2005, 140.
4. Di Fabio formuliert programmatisch: »Niemand kann heute die Friktionen persönlicher Lebensentwürfe, das Scheitern von Ehen und Beziehungen leugnen, niemand sollte Aversionen gegen die neue Vielfalt von Sozialbeziehungen hegen. Wer gleichwohl den besonderen Wert lebenslanger Bindung und den von Elternverantwortung betont, wer die Priorität im Kampf und den Erhalt einer Beziehung und nicht in der heroisch verklärten Abwendung vom Partner sieht, diskriminiert niemanden, der dies anders und ungebundener sieht. Aber er bezieht Position.« A. a. O., 138.

wird der Gesellschaft umgekehrt eine grundlegende Vitalität genommen und bleibt dem Einzelnen eine besondere Dimension des Glücks verborgen.[5]

Freiheit denken heißt immer auch soziale Bindung zu denken: »Freiheit ist dem Grunde nach kulturgebunden, wer Freiheit will, muss auch die tragende Kultur wollen«.[6] Di Fabio macht das an einem Beispiel deutlich: Wer heute ein Haus kaufen möchte, bekommt es mit den Eigenrationalitäten von Wirtschaft, Recht, Politik und Architektur zu tun. Könnte er nicht auf die jeweilige Expertise und die Handlungs- und Vertragsmuster der Funktionssysteme und ihrer Institutionen zurückgreifen, wäre es ein unmögliches Unterfangen, ein Haus zu kaufen. »Was wäre der moderne Mensch mit seinem Anspruch, eine Persönlichkeit zu sein, die sich selbst entwirft, wenn diese Kulturleistung der Ausdifferenzierung von Handlungssphären nicht bestünde? Individualismus und Freiheit im Sinne unserer Grundrechte wären noch nicht einmal denkbar. [...] Wenn wir die individuelle Freiheit zum Leitwert machen, müssen wir dafür sorgen, dass die damit korrespondierenden Institutionen geschmeidig und funktionsfähig bleiben. Freiheit hat also eine institutionelle Seite«.[7] Institutionen legen dem Einzelnen zwar ein bestimmtes Handeln nahe, erzwingen es aber in der Regel nicht.

Institutionen schränken unsere Verhaltensmöglichkeiten und damit unsere Freiheit ein. Doch kann sich diese Selbstbeschränkung als *höhere Form des Freiseins* erweisen. Wir übernehmen bestimmte Handlungsmuster von Institutionen, wir können sie modifizieren, bestätigen oder schwächen, aber ohne die Möglichkeit, auf die in Institutionen gespeicherten Verhaltensmuster zurückzugreifen, ist eine freie Entfaltung der Persönlichkeit in der funktionsdifferenzierten Gesellschaft nicht möglich. »Wir können komplexe Vorhaben nicht planen und entwerfen, ohne solche kulturellen Vorleistungen. Jede Familienerfahrung, jeder Kirch- oder Schulbesuch, die Welt der Bildung, der Arbeit und der Politik, all das ist nur in vorgeprägtem, begrenztem und gerade deshalb für die Handlungsfreiheit so reichem Umfang möglich. An diesem Paradox,

---

5. Siehe dazu auch Kapitel II, 6.
6. Di Fabio, Die Kultur der Freiheit, 75.
7. A. a. O., 88.

dass individuelle Freiheit nur bewahrt werden kann, wenn eine überindividuelle freiheitsgerechte kulturelle Ordnung gepflegt wird, bekommen wir den Geist der modernen Verfassung zu spüren, hier beginnt das eigentliche Programm der Entfaltung.«[8]

Es gibt Grenzlagen, in denen die institutionelle Verfasstheit der Ehe ein bestimmtes Verhalten erzwingt wie im Fall der Scheidung. Es geht dann um das Wohl der Kinder oder generell um den Schutz des Schwächeren in einer langjährigen Beziehung, die zerbricht. Aus diesem Grund legt das Grundgesetz großen Wert auf den Schutz von Ehe und Familie: In die Institutionen Ehe und Familie sind Solidaritäts- und Unterhaltspflichten eingebaut, hier werden Strukturen gefördert, in denen man füreinander einsteht – über das spontane Gefühl der Freiwilligkeit hinaus.[9] Die Ehe ist vom Grundgesetz als eine Institution gedacht, die von einer großen *Solidarität* des Paares ausgeht. Wird die Ehefrau pflegebedürftig, dann ist zunächst der Ehemann in der Pflicht. Er kann die Frau nicht einfach von heute auf morgen verlassen oder sich weigern, ihre Pflege zu finanzieren, nur weil die Frau nicht mehr ihren Leistungsanteil in die Ehe einbringen kann. Diese Solidarität und der Schutz des Schwächeren ist in einer an Markt und Tausch orientierten Gesellschaft alles andere als selbstverständlich. Sie entspricht dem Ethos des Christentums, das deshalb ein Interesse an der Aufrechterhaltung der Rechtsform Ehe hat und zwischen Bindung und Freiheit keinen Gegensatz sieht. Es geht um eine anspruchsvolle Freiheit, die nicht nur auf die individuelle Gestaltungsfreiheit bezogen ist, sondern Risiken der Bindung eingeht, Verantwortung übernimmt und das Wohl des anderen in die Orientierung der eigenen Lebensführung aufzunehmen in der Lage ist. Das ist auch und vor allem dann von Bedeutung, wenn es emotional fern liegt, noch an das Wohl des anderen zu denken wie im Fall der Scheidung. Das Eherecht nötigt gerade im Konfliktfall

8. A. a. O., 120.
9. Zum Schutz der Ehe durch das Grundgesetz gehört auch der Schutz des Privatheitssystems vor staatlichen Eingriffen. Der Staat kann Eheschließungen weder verbieten (nur in besonderen Ausnahmefällen) noch anordnen. Wie fatal es ist, wenn der Schutz gegen staatliche Eingriffe unterlaufen wird, wird an der ehemaligen DDR deutlich, in der das Vertrauen in Ehen und Familien durch die Aktivitäten des Ministeriums für Staatssicherheit teilweise massiv verletzt und missbraucht wurde.

zum Schutz des Schwächeren und zur Fairness, die ohne rechtliche Härte in vielen Fällen unterbliebe.

Eine Ehe ist als Lebensform insofern mehr als die Summe zweier Individuen. Die Sozialform Ehe verändert die darin involvierten Personen: »Niemand bleibt in der Ehe so, wie er vorher war.«[10] Die Ehe geht nicht in dem Willensakt oder der Leistung der Ehepartner auf, sondern bildet eine eigene Realität, einen emergenten, unverfügbaren und unabschließbaren *Prozess*. In diesem Prozess erfahren die beiden Beteiligten, »daß ihre Ehe mehr ist, als sie selbst dazu beitragen, und in dieser Erfahrung gewinnt die Ehe ihre Realität und wird so zu einer Wirklichkeit von eigenem Gewicht. Es ist die überindividuelle Realität der Ehe, die sich auf diese Weise zum Ausdruck bringt. Als personale Beziehung im traditionell-romantischen Sinne ist die Ehe daher unvollständig verstanden. Sie geht darin nicht auf.«[11] Die Reformatoren sprachen von Ordnung oder Stand, um diese überindividuelle Dimension der Ehe auszudrücken. Diejenigen, die eine Ehe schließen, verpflichten sich vor allen anderen und wissen, »dass andere sie nun als einander verpflichtet wahrnehmen«, aber auch »durch den Symbolgehalt, den die Eheschließung für das Paar besitzt, gewinnt ihre Beziehung für sie selbst durch die Heirat in aller Regel ein höheres Maß an Verbindlichkeit.«[12]

Der Ehe als Institution kommt insofern nach wie vor eine Orientierungsleistung zu. Dabei ist an formale Regelungen zu denken, die psychisch *stabilisierende Folgewirkungen* haben. So werden die Erbschaftslinien neu definiert, es werden neue Rechte und Pflichten erworben und Vermögensregelungen getroffen.[13] Nicht zuletzt haben die Herkunfts-

---

10. Rössler, Grundlagen und Aspekte des gegenwärtigen lutherischen Eheverständnisses, 56.
11. Ebd.
12. Lenz, Soziologie der Zweierbeziehung, 229.
13. Konkret wäre hier aufzuzählen: Bekommt das Paar in einer Ehe Kinder, haben beide Eltern automatisch das Sorgerecht, ein verheirateter Mann muss die Vaterschaft nicht erst noch anerkennen. Ehepaare können überdies gemeinsam ein Kind adoptieren. Ferner besteht beim Tod des Ehepartners Anspruch auf Witwen- bzw. Witwerrente. Vor Gericht gilt das Zeugnisverweigerungsrecht, wenn ein Ehepartner angeklagt wird. Finanziell profitiert der »schwächere« Partner vom Vermögenszuwachs innerhalb der Ehe. Ehepaare können sich bei der Einkommensteuer überdies zusammen veranlagen lassen. Auch werden Erbschaften und Schenkungen von einem Ehegatten steuerlich besonders begünstigt. All diese Regelungen betonen die Solidarität und Stabilität des Paares und suchen sie zu fördern.

familien zu akzeptieren, dass die erste Loyalität nun dem Ehepartner und nicht mehr ihnen gilt.[14] Für nicht wenige ist das ein Befreiungsakt. Die Ehe entlastet als Institution überdies von einer strapaziösen Dauerreflexion und der ständigen Suche nach Selbstdefinition in einer Beziehung. Dietrich Rössler bemerkt hierzu: »Die durch die verbindliche Ordnung begrenzte Verantwortung ist diejenige, die sich den konkreten Aufgaben zuwenden kann, weil die Grundsätze nicht mehr zur Diskussion stehen.«[15] Der Eheschluss signalisiert, dass die Partnersuche beendet ist und markiert klare Grenzen nach außen. Zugleich kommuniziert er Erwartungssicherheiten und Verbindlichkeiten nach innen. Das fördert die Tragfähigkeit einer Beziehung. Der überindividuelle Verflechtungszusammenhang der Ehe hat eine sowohl stabilisierende als auch entlastende Funktion. Es ist im Einzelfall auch für die nicht-eheliche Lebensgemeinschaft möglich, ein solch hohes Maß an Solidarität und Verbindlichkeit zu leben. Das erfordert dann aber eine besondere psychische Konstitution der beiden Beteiligten.

Es gilt im gut reformatorischen Sinn, die Spannung zwischen Individualität und Sozialität gerade in Ehe und Familie, in Institutionen, in denen man sich besonders nahe kommt und die deshalb auch mit besonderen Gefährdungen einhergehen, behutsam auszutarieren. Für die evangelische Kirche ist dabei beides wichtig: Die Sozialform Ehe und damit den Eros der Bindung zu stärken und die Ehe als Ort der Freiheit jenseits der bürgerlichen Geschlechtermetaphysik zu fördern, aber zugleich auch den konkreten Menschen und den individuellen Fall zu sehen, für den diese Ordnung im Zweifelsfall repressive und zerstörerische Formen annehmen kann. Institutionen können zur Quelle von Unterdrückung und Fremdbestimmung werden. Vor allem im kirchlichen Kontext gibt es Menschen, die viel zu lange in einer Ehe leidend ausharren, weil sie meinen, ihr Treueversprechen vor dem Altar nicht brechen zu dürfen. Die evangelische Kirche macht deshalb ausdrücklich klar, dass eine Auflösung der Ehe im Einzelfall für alle Beteiligten der lebens-

14. Vgl. Rosemarie Nave-Herz, Warum noch »Heirat«? Vom Festhalten am Übergangsritus der Hochzeit, Oldenburger Universitätsreden, Oldenburg 1994, http://www-a.ibit.uni-oldenburg.de/bisdoc_redirect/publikationen/bisverlag/unireden/ur64/urede64.pdf, 16. Zuletzt abgerufen am: 07.05.2014.

15. Rössler, Grundlagen und Aspekte des gegenwärtigen lutherischen Eheverständnisses, 54.

dienlichere Weg sein kann. Umgekehrt gilt es aber auch dazu zu ermutigen, eine Partnerschaft nicht vorschnell abzubrechen, wenn sich erste Enttäuschungen einstellen.

Ein letzter Gesichtspunkt: Die Institution Ehe ist für alle zu öffnen, die sie begehren und sich an ihren Normen der Exklusivität und Verbindlichkeit orientieren. Die Voraussetzung der Verschiedengeschlechtlichkeit der Partner ist deshalb zu revidieren. Der Kampf von gleichgeschlechtlichen Paaren um die Anerkennung ihrer Partnerschaft als Ehe verdeutlicht nicht zuletzt die anhaltende Prägekraft dieser Lebensform: »Das, was dort erreicht wurde an Verlässlichkeit, Sensibilisierung, Anerkennung, Sicherung und Unterstützung ist Gegenstand des Begehrens.«[16] Gerade weil die Kirche für Verantwortung und Verlässlichkeit in Ehe und Familie plädiert, sollte sie sich dafür einsetzen, dass gleichgeschlechtliche Paare den vollen ehelichen Status erlangen. Das stärkt das Modell der Ehe und zeigt, wie attraktiv diese Institution auch für andere Lebensformen ist.[17]

b) Nicht-eheliche Lebensgemeinschaften als funktionales Äquivalent?

Kein Mensch muss heiraten, um glücklich zu werden. Es gibt Alternativen zur Ehe, die weniger voraussetzungsreich sind und die deshalb auch in aller Regel bewusst gewählt werden, wenn man, aus welchen Gründen auch immer, nicht solch hohe Verbindlichkeiten eingehen kann oder möchte. Es ist erfreulich, dass unsere Gesellschaft in dieser Hinsicht sehr viel toleranter geworden ist und einer Vielfalt unterschiedlicher Beziehungsformen Raum gibt, die den jeweiligen komplexen Lebenssituationen und Biographien Rechnung tragen.

Es ist dabei gerade der Gewinn der nicht-ehelichen Lebensgemeinschaft, dass sie sich von der Ehe unterscheidet und nicht mit ihr identisch

---

16. Klaus Tanner, Stellungnahme zur Orientierungshilfe: Zwischen Autonomie und Angewiesenheit, 28.09.2013, Berlin, unpag., http://www.ekd.de/download/20130928_tanner_symposium.pdf. Zuletzt abgerufen am: 07.05.2014.
17. Zur Diskussion der Gründe, die in der Regel für das sogenannte »Abstandsgebot« zwischen heterosexueller Ehe und gleichgeschlechtlicher Partnerschaft angeführt werden, vgl. ausführlich Kapitel II, 5c).

ist. »Empirische Untersuchungen zeigen de facto, dass diese Lebensform überwiegend gewählt wird, solange noch keine dauerhafte Partnerbeziehung angestrebt und ferner Kinder noch nicht gewünscht werden bzw. geplant sind oder man sich noch nicht in der Lage sieht, die Verantwortung für Kinder, z. B. auch aus ökonomischen Gründen, zu übernehmen.«[18] Die Familiensoziologin Rosemarie Nave-Herz lehnt es deshalb ab, nicht-eheliche und eheliche Lebensgemeinschaften als miteinander konkurrierend zu betrachten. Sie sieht nicht-eheliche Lebensgemeinschaften nicht primär als Ausdruck des Wertewandels, sondern als lebensphasenspezifische Lebensform. Vor allem junge Frauen, die in dem Dilemma stehen, sich zwischen Beruf und Familie entscheiden zu müssen, schieben diesen Konflikt und damit den Kinderwunsch hinaus und wählen aus diesem Grund zunächst die nicht-eheliche Lebensgemeinschaft, bis sich die biographische Situation geklärt hat. »Insofern korrespondieren auch bestimmte Lebensformen überwiegend mit bestimmen Lebensphasen.«[19]

Der Familiensoziologe Thomas Meyer bestätigt die Wahrnehmung, es handele sich »bei der Pluralisierung privater Lebensformen ohne Kinder über weite Strecken um sozial-strukturell und altersspezifisch begrenzte Prozesse«.[20] Insofern sollte die Pluralität der Lebensformen nicht überbewertet werden. Insgesamt dominieren die klassischen Modelle von Ehe und Familie das Bild. Die Lebensformen scheinen generell weniger radikal verändert zu sein, als mediale und wissenschaftliche Krisenszenarien zuweilen nahelegen. Eine empirische Studie kommt sogar zu dem Schluss, dass die Pluralisierung familialer wie nicht-familialer Lebensformen seit den 1970er Jahren insgesamt nur gering ausfalle und nur spezifische Altersgruppen betreffe. Lebensformen seien im Lebensverlauf zu betrachten und nicht als prinzipielle Alternativen zueinander zu verstehen.[21]

Viele »empirische Erhebungen zeigen, dass heute in Deutschland eine Nichteheliche Lebensgemeinschaft in eine Ehe ›überführt‹ wird, sobald

---

18. Nave-Herz, Ehe- und Familiensoziologie, 105.
19. A. a. O., 107.
20. Meyer, Das Ende der Familie, 209.
21. Vgl. Wagner/Franzmann/Stauder, Neue Befunde zur Pluralität der Lebensformen, 60.

ein Kind geplant wird oder eine Schwangerschaft gegeben ist, also überwiegend im Hinblick auf Kinder.«[22] So sind die meisten Paare, die in nicht-ehelicher Lebensgemeinschaft zusammenleben, kinderlos.[23] Viele befinden sich noch in der Ausbildung. Aus einer nicht-ehelichen Lebensgemeinschaft kann eine Dauerbeziehung entstehen, muss aber nicht. Bei einer Befragung von Personen, die in nicht-ehelicher Lebensgemeinschaft lebten, zeigte sich, dass etwa ein Drittel der Befragten ihren jeweiligen Partner heiraten wollte, etwas mehr als ein Drittel war sich nicht sicher und knapp ein Drittel wollte zwar heiraten, aber nicht den Partner, mit dem sie gerade zusammenlebten. Nur 2 % waren Ehegegner.[24] »Der Unterschied zwischen Ehe und Nichtehelicher Lebensgemeinschaft besteht vor allem auch darin, dass die Letztere die emotionale Beziehung nicht der eigenen Einschätzung der Dauerhaftigkeit unterwirft und eine solche Absicht deshalb auch nicht öffentlich bekundet. Eine Zeremonie, wie sie mit der Eheschließung verbunden ist, fehlt. Aber Rituale dürfen für die Verfestigung von Beziehungen insofern nicht unterschätzt werden, da ihr Sinn gerade auch darin liegt, dem neuen System innerhalb des gesamten Sozialsystems seine Position zuzuweisen und damit Grenzen symbolisch neu gezogen werden.«[25]

Die nicht-eheliche Lebensgemeinschaft ist offensichtlich als neue Form der Gestaltung des privaten Lebens zu betrachten und mit der Ehe nicht ohne Weiteres vergleichbar. So ist die Gründung einer nicht-ehelichen Lebensgemeinschaft an der Gegenwart orientiert, während eine Ehe auf Zukunft hin geschlossen wird. Diese Differenz spiegelt sich in den jeweils vorgelagerten rituellen Handlungen: Die Liebeserklärung ist auf das »Hier und Jetzt« bezogen, der Heiratsantrag thematisiert hingegen das »Morgen« – »bis dass der Tod uns scheidet«.[26] Durch die Entkopplung von Liebeserklärung und Heiratsantrag – im neuzeitlichen

---

22. Nave-Herz, Ehe- und Familiensoziologie, 107.
23. Nicht-eheliche Paare mit Kindern machen im Westen Deutschlands etwa 1 Prozent der Haushalte aus, im Osten sind es bis zu 3 Prozent. Ehepaare mit Kindern machen über 26 Prozent der Haushalte aus. Vgl. Wagner/Franzmann/Stauder, Neue Befunde zur Pluralität der Lebensformen, 60.
24. Vgl. Nave-Herz, Ehe- und Familiensoziologie, 109.
25. Ebd.
26. Vgl. a. a. O., 110.

Bürgertum war beides noch miteinander identisch – bleibt die Entscheidung offen, ob es zu einem späteren Zeitpunkt zu einer Eheschließung kommt oder nicht. Der nicht-ehelichen Lebensgemeinschaft kann deshalb nur im Nachhinein und aus der Retrospektive der Status einer »Probeehe« zugeschrieben werden.

Während Ehen auf Dauer angelegt sind, bestehen nicht-eheliche Lebensgemeinschaften in der Regel einige Jahre. »Eine über zehn Jahre bestehende Nichteheliche Lebensgemeinschaft ist sehr selten anzutreffen.«[27] Für Rosemarie Nave-Herz ist die nicht-eheliche Lebensgemeinschaft deshalb auch *kein funktionales Äquivalent* zur Ehe, sondern eine eigenständige Form, die in der Regel in eine Ehe übergeht oder sich auflöst, aber nur selten tatsächlich eine Lebensgemeinschaft darstellt. Es gibt relativ wenig ältere Personen, die in einer nicht-ehelichen Lebensgemeinschaft leben. Leider fehlen hier empirische Untersuchungen, die genaueren Aufschluss über diese Altersgruppe und ihre Motivlagen geben könnten. In der Gruppe der über Sechzigjährigen lebten 2010 jedenfalls nur 2,3 Frauen bzw. 3 Männer von 100 in einer nicht-ehelichen Lebensgemeinschaft.[28] Zugleich ist zu vermuten, dass es zunehmend Paare gibt, die auf Dauer unverheiratet zusammenleben wollen. Insbesondere in der zweiten Lebenshälfte scheuen sich Menschen aus guten Gründen, eine weitere formale Ehe einzugehen, obwohl sie ihre dann eingegangene Partnerschaft mit hoher Verbindlichkeit leben. Das hat nicht selten ökonomische Gründe,[29] kann aber auch aus Rücksichtnahme auf die Kinder aus vorheriger Ehe erfolgen oder weil Loyalitäten zum früheren, gegebenenfalls verstorbenen oder auch noch lebenden Ehegatten (Modell Gauck) bestehen. Es gibt für die Kirche keinen Grund, diese eheanalogen Partnerschaften zu diskriminieren. Zugleich orientieren sich gerade diese Partnerschaften am Modell der Ehe.

27. A.a.O., 111.
28. Vgl. ebd.
29. Johannes Fischer bemerkt dazu richtig: »Zur Verantwortung, die zwei Menschen mit einer ehelichen Lebensgemeinschaft füreinander übernehmen, gehört auch die Verantwortung für die ökonomische Basis dieser Gemeinschaft, und das kann in bestimmten Fällen bedeuten, daß man gerade *nicht* standesamtlich heiratet.« Ders., Hat die Ehe einen Primat gegenüber der nichtehelichen Lebensgemeinschaft?, in: ZThK 101 (2004), 346–357, 355.

Die Unterschiede der Lebensformen sind wahrzunehmen, um die jeweils gewählte Lebensform in ihrer besonderen Leistungsfähigkeit und Reichweite anerkennen zu können. Wie sich zeigt, ist die nicht-eheliche Lebensgemeinschaft in manchen Lebenssituationen adäquater als die eheliche Lebensgemeinschaft und ist umgekehrt die nicht-eheliche Lebensgemeinschaft in der Regel kein funktionales Äquivalent zur Ehe, will es auch gar nicht sein. Verschiedenheiten wahrzunehmen und zu benennen, ist nicht diskriminierend. Es würde die Diskussion um Ehe und Familie enorm versachlichen, diese Differenzen nüchtern festzustellen und zu würdigen.

c) Ehe und Familie

Viele Ehen werden geschlossen mit der Absicht Kinder zu bekommen oder aber, wenn ein Kind oder mehrere Kinder geboren werden. Werden Kinder innerhalb einer Ehe geboren, haben beide Eltern automatisch das Sorgerecht. Sich Kinder zu wünschen und mit Kindern zu leben, ist in der Gegenwart nicht selbstverständlich. Deutschland hat eine der niedrigsten Geburtenraten weltweit. Die Entscheidung für ein Kind muss in der Gegenwart in jedem Fall bewusst getroffen werden. Vor allem für Frauen verbinden sich damit neben den körperlichen auch soziale Risiken. Umgekehrt haben die Kinder, die heute in eine Familie hineingeboren werden, in der Regel eine hohe emotionale Bedeutung für die Eltern. Während die Ehe gelegentlich in Frage gestellt wird, gilt das nicht für die Familie. Die Familie wird allgemein als grundlegende *Solidaritäts- und Loyalitätsgemeinschaft* geschätzt. Sie gilt in Europa und darüber hinaus als adäquateste Sozialisationsinstanz für Kinder und Jugendliche. Falls möglich sollen Kinder durch die eigenen Eltern erzogen und begleitet werden. Die Mehrheit der Bevölkerung betrachtet die Familie deshalb als unverzichtbar.[30]

Soziologisch betrachtet hat die Familie die Funktion, für die biologische und soziale Reproduktion zu sorgen. Die Familie sichert den Nachwuchs und trägt zur Vitalität und Zukunft einer Gesellschaft bei. Die soziale Reproduktion der Familie »umfasst die physische und psychische

---

30. Vgl. Nave-Herz, Warum noch Heirat?, 16f.

Regeneration ihrer Mitglieder.«[31] So trägt die Familie zum Spannungs-
ausgleich – vom Stress in der Schule und vom Leben in Beruf und Öffentlichkeit – bei und stabilisiert die einzelnen Familienmitglieder. Dass
Ehe und Familie dies tatsächlich leisten, zeigt sich an dem höheren Mor-
talitätsrisiko von Ledigen, Geschiedenen und Verwitweten.[32] Ehe und
Familie können aber auch zur Quelle von Konflikten und Spannungen
werden – sowohl zwischen den Generationen als auch zwischen den
Geschlechtern.

Ehe und Familie leben von *Routinen, Ritualisierungen, Wiederholun-
gen*, die auf Dauer und Stabilität setzen. Gemeinsame Mahlzeiten haben
dabei eine besonders hohe Bedeutung. Hier werden Informationen ausgetauscht, hier wird miteinander diskutiert, hier werden Familienrituale
weitergegeben. In Deutschland werden Erziehungserwartungen immer
noch primär an Mütter gerichtet, das beginnt sich langsam zu verändern.[33] Eltern sind in der modernen Gesellschaft nicht nur für die Kleinkindphase zuständig, sondern begleiten auch den Sozialisationsprozess
im Jugendalter. Die Verweildauer im Elternhaus hat sich in den letzten
Jahrzehnten signifikant verlängert.

In der Familie werden zentrale *Befähigungen und Kompetenzen* vermittelt – für das Alltagsleben und ganz generell für die Bewältigung des
Daseins. »Die Leistungen, welche im Familienbereich erbracht werden,
sind deshalb unverzichtbar nicht nur für den Arbeitsbereich, sondern
für alle übrigen Gesellschaftsbereiche. Was aus der Sicht der Beteiligten
als Privatsache erscheint, ist also von höchstem gesellschaftspolitischem
und volkswirtschaftlichem Interesse.«[34] Die Familie ist eine kulturtra-
gende Primärgemeinschaft. Sie ist der Raum, von dem aus der Zivilisationsprozess seinen Ausgang nimmt. Hier werden Verantwortung,
das füreinander Einstehen und moralische Kompetenz eingeübt.[35]

Seit den 1950er und 60er Jahren wird auch *die Freizeit* überwiegend
mit Mitgliedern der Kernfamilie verbracht. Bis in die Gegenwart hinein
gelten Samstag und Sonntag als Familientage. Es hat dabei sowohl die

31. Nave-Herz, Ehe- und Familiensoziologie, 85.
32. Vgl. a. a. O., 87.
33. Vgl. dazu ausführlich: Karle, Da ist nicht mehr Mann noch Frau, 121ff.
34. Nave-Herz, Ehe- und Familiensoziologie, 91.
35. Vgl. di Fabio, Die Kultur der Freiheit, 139f.

individuell wie die gemeinsam verbrachte Freizeit in der Familie zugenommen.[36] Ehe und Familie werden von vielen als Gegenpol zur hoch-
organisierten, funktional differenzierten und leistungsorientierten Gesellschaft wahrgenommen. In Ehe und Familie besteht das Bedürfnis,
als »ganze« Person betrachtet und adressiert zu werden. Die Familie hat
einen hohen Solidaritätscharakter: Man teilt selbstverständlich Räum-
lichkeiten und Gegenstände in einem Haushalt, wie das nirgends sonst
üblich ist.

In der Familie entwickeln sich intensive und *lebenslange Bindungen* –
durch gemeinsame Erlebnisse und Erinnerungen, die verbinden und
prägen. »Aus der Dauerhaftigkeit des Zusammenlebens kommt es zu
spezifischen Gewohnheiten, Einstellungen und Reaktionen. Gewisse
Verhaltensweisen werden in der Familie ritualisiert.«[37] Es wird eine gemeinsame Kultur geschaffen und eine eigene Sprache gepflegt. Über
gemeinsame Aktivitäten werden normative Erwartungen gebildet. Die
Bedeutung der Familie hat sich in der modernen Kultur insofern keineswegs verflüchtigt. Zugleich haben die Eltern in den Kindern eine
leibhafte Anschauung ihrer Liebe. Sie werden darin einer Unverfügbarkeit gewahr, »in der die eigene ›Unvergänglichkeit‹ erlebt und ›Trost‹
erfahren werden kann.«[38] Kinder fördern den Zusammenhalt einer Ehe
in signifikanter Weise.

36. Thomas Meyer weist darauf hin, dass die Grenzen zwischen »innen« und »außen« in den
    Familien durchlässiger werden. Das liegt wesentlich an der Expansion moderner Mas-
    senmedien, die heute auch die Freizeitaktivitäten von Heranwachsenden stark bestimmen.
    Vgl. Meyer, Das Ende der Familie, 219.
37. Michael Mitterauer, Die Entwicklung zum modernen Familienzyklus, in: ders./Reinhard
    Sieder (Hrsg.), Vom Patriarchat zur Partnerschaft. Zum Strukturwandel der Familie,
    München 1977, 66–93, 85.
38. So Klaus Tanner im Anschluss an Axel Honneth: Tanner, Stellungnahme zur Orientie-
    rungshilfe.

d) Überlegungen zur Ehequalität

Von feministischer Seite aus wird die Ehe als Institution immer wieder in Frage gestellt, weil sie das Patriarchat[39] und als besonders perfiden Ausdruck dessen die Gewalt gegenüber Frauen und Kindern fördere. Tatsächlich finden Gewalt und sexueller Missbrauch vor allem in Ehe und Familie statt. Das liegt aber weniger daran, dass Ehe und Familie in ihrer modernen, angepassten und auf Gleichheit abzielenden Rechtsform Gewalt per se fördern würden, sondern dass überall dort, wo Menschen auf engem Raum zusammenleben, das Potenzial für Aggressionen steigt. So berichteten in einer empirischen Studie aus den USA nicht-ehelich zusammenlebende Paare von mehr Gewalt als verheiratete Paare.[40] Entscheidend scheint nicht die Differenz verheiratet/nicht-verheiratet zu sein, sondern die *Geschlechterkonstellation*. Es besteht nachweislich ein enger Zusammenhang zwischen dem Machtvorsprung des Mannes und der Neigung zur Gewaltanwendung im »Störfall«. »Ehen mit einer starken männlichen Dominanz sind mit weitem Vorsprung die gewalttätigsten.«[41]

Es ist eine große kulturelle Errungenschaft, dass es heute relativ einfach möglich ist, Ehen, in denen Gewalt gegen Frauen und Kinder angewandt wird, wieder aufzulösen. Zugleich stellt sich damit grundsätzlich die Frage nach der Ehequalität. Welche Faktoren sind für die Ehequalität positiv entscheidend und beziehungsstabilisierend? Aus sozialwissenschaftlichen Studien geht hervor, dass die *Ehekommunikation* ein ganz zentraler Faktor ist, wobei die positiven die negativen Kommunikationsereignisse eindeutig dominieren müssen. Eine offene Kommunikation, in der man sich aufmerksam zuhört, positive Gefühle zum Ausdruck bringt, gemeinsam lacht und Aktivitäten zusammen durch-

---

39. Darauf insistiert noch in einem Aufsatz aus dem Jahr 2007 Ute Gerhard. Für sie ist das reformatorische Eheverständnis bis in die Gegenwart hinein Ausdruck des Patriarchats. Vgl. Ute Gerhard, Familie aus der Perspektive der Geschlechtergerechtigkeit – Anfragen an das christlich-abendländische Eheverständnis, in: ZEE 51 (2007), 267–279. Gerhard war stellvertretende Vorsitzende der Ad-hoc-Kommission für die EKD-Orientierungshilfe »Zwischen Autonomie und Angewiesenheit«.
40. Vgl. Lenz, Soziologie der Zweierbeziehung, 153.
41. A. a. O., 156.

führt, sorgt für eine intensive Bindung. Entscheidend ist dabei, dass ein Paar viel Zeit miteinander verbringt. Das schließt die Erledigung von Alltagsroutinen ein. »Stabile Ehepaare verbringen den Alltag miteinander, genießen es, beieinander zu sein und sie verschaffen sich Höhepunkte im Leben, die sie gemeinsam genießen können.«[42] Auf diese Weise stellt sich eine tiefe emotionale Bindung ein, in der sich einer auf den anderen verlassen kann und in der Gefühle der Geborgenheit und des Wohlergehens entwickelt werden können. Ist eine solche Bindung da, können auch schwierige Phasen und Krisen bewältigt werden.

Durch eine Heirat wird das Bewusstsein verstärkt, ein Team zu sein und als Team aufzutreten. Das Paar schafft sich eine gemeinsame Kultur und beeinflusst sich wechselseitig im Hinblick auf Weltsicht, Interessen und Leidenschaften, Präferenzen und Motivationen. Dabei muss die Konstruktion ehelicher Wirklichkeit fortlaufend durch das Medium des ehelichen Gesprächs bestätigt werden.[43] Zugleich stellen sich viele Gewohnheiten und Regelstrukturen des Beziehungsalltags und der Arbeitsteilung quasi hinter dem Rücken der Beteiligten ein. Stillschweigend zeichnet sich relativ schnell ab, wer was macht und entscheidet. Diese Art der *Routinisierung* des Alltagslebens ist keineswegs nur negativ zu bewerten. Ein gewisses Maß an Routinisierung ist notwendig, »um das Gefühl der Sicherheit und des Vertrauens zu schaffen und aufrechtzuerhalten, die für das psychische Wohlergehen des Individuums unerlässlich erscheint.«[44] Karl Lenz weist in diesem Zusammenhang darauf hin, wie wichtig beispielsweise die Bettroutine von Paaren ist. Es ist nicht einfach, individuelle Schlafgewohnheiten aufeinander abzustimmen. Feste Abläufe sind dabei eine große Hilfe. Das Bett ist überdies ein wichtiger Ort für Paargespräche.

Eingespielte Routinen stützen die Konstruktion ehelicher Wirklichkeit und Identität. Aus einem Ich und Du wird plötzlich ein gemeinsames Wir. Oft geschieht dies ganz unmerklich. Durch die Beziehung entsteht

---

42. A. a. O., 130.
43. Zur Konstruktion ehelicher Wirklichkeit vgl. den Klassiker: Peter L. Berger/Hansfried Kellner, Die Ehe und die Konstruktion der Wirklichkeit. Eine Abhandlung zur Mikrosoziologie des Wissens, in: Soziale Welt 16/3 (1965), 220–235.
44. Lenz, Soziologie der Zweierbeziehung, 232.

etwas Neues, »das nur in der Beziehung erfahr- und erlebbar ist«.[45] Diese
»Wir-Identität« wird durch *Gründungsmythen* unterstützt. Ein zentraler
Gründungsmythos ist die Geschichte des Sich-Kennenlernens, die deshalb auch in Traupredigten regelmäßig erinnert, thematisiert und aus-
gedeutet wird. Weitere Ritualisierungen und Orientierungen im Bezie-
hungsalltag ergeben sich durch den *Beziehungskalender* – mit Tagen der
Wiedererinnerung an besondere Ereignisse im Beziehungsverlauf, die
Anlass zum Feiern sind: Sei es der Kennenlern- oder der Hochzeitstag.
Der Fortbestand der Beziehung wird damit bekräftigt.[46] Identität wird
mit solchen Ritualisierungen umfassend affirmiert und Kontinuität garantiert.[47]

Im Hinblick auf das *sexuelle Leben* kann Routine zwar auch gefährlich
werden, aber auch hier bürgt sie zugleich für Erwartungssicherheit, Vertrautheit und Geborgenheit und damit für Harmonie und Zufriedenheit.[48] Selbstverständlich ist es ehestabilisierend, wenn die sexuelle Exklusivität dabei berücksichtigt wird. Tauchen dritte Personen auf, mag
das Ausdruck einer schon bestehenden Krise sein, es kann diese Krise
aber auch allererst hervorrufen. Gefühle der Demütigung, der Wut und
Eifersucht sind in aller Regel die Folgen für den Partner, der sich betrogen sieht. Die Ehe ist ihrem Selbstverständnis nach *exklusiv*, sie zielt auf
die ganze Person ab, auf die Höchstrelevanz des anderen.[49] Deshalb wird
der sogenannte »Seitensprung« meist als tiefe Kränkung empfunden.
Für den Paartherapeuten Arnold Retzer bleibt sexuelle Untreue »der
Anlass Nummer eins für viele Paare, die Beziehung in Frage zu stellen –
oder sich gleich zu trennen.«[50]

45. A. a. O., 243.
46. Vgl. a. a. O., 244ff.
47. Vgl. a. a. O., 211.
48. Vgl. Schmidt, Sexualleben heute – eine empirische Studie, 124 und ausführlich: Kapitel II,
    2b).
49. Der Begriff stammt von Peter Fuchs: »Das Gesetz der Höchstrelevanz schließt den Kör-
    per ein – in Selbstverständlichkeit, und eben deswegen ist es nicht unproblematisch, den
    je eigenen Körper andere Weiden abgrasen zu lassen, solange man Umwelt eines be-
    stimmten Intimsystems ist.« Ders., Liebe, Sex und solche Sachen, 48.
50. So der Paartherapeut Arnold Retzer in einem Interview mit der SZ vom 04.02.2012: http://
    www.sueddeutsche.de/leben/paartherapeut-ueber-die-ewige-liebe-paare-sollten-akzep-
    tieren-was-ihnen-widerfaehrt-1.1275404. Zuletzt abgerufen am: 07.05.2014.

Diese Beobachtung wird durch den Paartherapeuten Christian Thiel geteilt. Seiner Wahrnehmung nach übersteht kaum ein Paar eine Affäre, ohne dauerhaft Schaden zu nehmen. Am Ende bleibe ein Riss, wie bei einer wertvollen Kanne, die zerbrochen ist und die man wieder zusammenklebe. »Die Treue gehört für die meisten Menschen zu einer stabilen Partnerschaft elementar dazu. Weil wir sonst das Vertrauen verlieren, dass der andere uns auch im weitesten Sinne treu bleibt. Bei uns bleibt, wenn wir krank werden, wenn das Leben schwierig wird.«[51] Nur die allerwenigsten Menschen könnten mit Untreue oder auch offenen (polyamoren) Beziehungen leben, ohne seelisch beschädigt zu werden. Zugleich betont Thiel, wie wichtig Sexualität für die emotionale Bindung in einer Partnerschaft ist. Anders als Tiere haben Menschen nicht Sex, um sich fortzupflanzen, sondern primär um sich aneinander zu binden.[52] Die höchste Zufriedenheit mit der ehelichen Sexualität finde sich global betrachtet in Mitteleuropa. »Je stärker das autoritäre Verhältnis zwischen Männern und Frauen, je höher der Mann in der gesellschaftlichen Hierarchie steht und je niedriger die Frau, desto geringer ist die Zufriedenheit beider Geschlechter mit ihrer Sexualität.«[53]

Wenn Ehen gelingen, haben sie eine besondere Qualität für die Partner, aber auch für Kinder, die in einem Raum der Geborgenheit und des Vertrauens aufwachsen. Gerade angesichts von Mobilität, vielen Kontingenzen und prekären Biographieplanungen ist der Wunsch nach privater Stabilität groß. Viele Menschen erleben diese Stabilität und den Freiraum für die persönliche Weiterentwicklung in ehelichen Beziehungen. Für Nave-Herz ist die heutige Ehe »durch die Emotionalisierung, Intimisierung und Exklusivität ihrer Binnenstruktur [deshalb] eine bedeutende, selbstverständlich nicht alleinige, aber *eine der bedeutsamsten identitätsbildenden und -erhaltenden Institutionen*«.[54]

---

51.   »Sex ist viel besser als nur reden«. Interview von Henryk M. Broder mit Christian Thiel in »Die Welt« vom 21.04.14: http://www.welt.de/vermischtes/article127144254/Sex-ist-viel-besser-als-nur-reden.html. Zuletzt abgerufen am: 07.05.2014.

52.   Die Funktion der Nachwuchserzeugung durch Sexualität soll keinesfalls unterschätzt oder geleugnet werden, ihre Funktion geht lediglich weit darüber hinaus. Sexualität gewinnt für die moderne Liebe Basisfunktion. Vgl. Luhmann, Liebe. Eine Übung, 43.

53.   So Christian Thiel in: Sex ist viel besser als nur reden. Vgl. ausführlich die Ausführungen in Kapitel II, 7d).

54.   Nave-Herz, Ehe- und Familiensoziologie, 152.

Eine gute Ehe wird aber nicht nur als Selbstaffirmation erlebt, sondern ist zugleich Ort für konstruktive Kritik. Hier werden Konflikte ausgetragen und wird der Einzelne genötigt, sich mit seinen Schattenseiten auseinanderzusetzen. Individuelle Einstellungen werden in der Ehe insofern nicht nur stabilisiert, sondern zuweilen auch konstruktiv irritiert. Je differenzierter die Sprachmuster sind, desto mehr wird einer Person im Lauf eines Gesprächs dabei bewusst, was sie selbst denkt und was ihr wichtig ist. Auch bei trivialen Themen werden häufig latente Botschaften ausgetauscht, die alles andere als trivial sind. Sprachliche Realitätsdeutung dient der Vergewisserung des ehelichen, aber auch des individuellen Selbstverständnisses. »Der Einzelne ist heute durch die Exklusivität der ehelichen Beziehungen in seinem Gespräch am stärksten auf den Ehepartner verwiesen bzw. es gilt ein selbstverstärkender Effekt; denn auch umgekehrt gilt gleichzeitig: Dem ehelichen Gespräch kommt aufgrund der Exklusivität der ehelichen Beziehungen eine besondere Bedeutung zu.«[55]

Zugleich darf die Kommunikation aber auch nicht überbewertet und überstrapaziert werden. Es war gerade die Vernunft der romantischen Liebe bei Jane Austen, dass sie davon ausging, dass nicht alles, was individuell gedacht und gefühlt wird, auch kommuniziert werden sollte. Es stellt eine Überbeanspruchung dar, sich ständig und überall tiefenscharf verständigen zu müssen. Kein Paar kommt ohne unhinterfragte Selbstverständlichkeiten aus. Intimität schließt Inkommunikables und damit die *Erfahrung der Inkommunikabilität* mit ein. Es gibt in Intimbeziehungen Sinn, der dadurch zerstört wird, daß man ihn zum Gegenstand einer Mitteilung zu machen versucht.[56] Ansonsten verfällt man leicht in die Pathologie ständigen Reflektierens. Durch die Dominanz des therapeutischen Liebesideals wird die erlösende Kraft der Kommunikation tendenziell überschätzt und die entlastende Wirkung von kognitiven Routinen und von Alltagsselbstverständlichkeiten unterschätzt. Ein Maximum an Verbalisierungs-

55. A. a. O., 153.
56. Vgl. Niklas Luhmann, Soziale Systeme. Grundriß einer allgemeinen Theorie, Frankfurt a. M. ²1988, 310. »Die Kommunikation selbst würde dem, was sie mitteilen wollte, als Mitteilung einen Sinn geben, der nicht gemeint war; und da man gerade unter der Bedingung der Intimität dies weiß oder fühlt, unterläßt man es.« Ebd.

fähigkeit, an Selbstüberwachung oder an Sensibilität überfordert eine Beziehung.

Die Suche nach maximaler »Beziehungsrendite« untergräbt das alltägliche Eheglück, gerade weil man es zu erzwingen sucht. Liebe braucht Gelassenheit und die Fähigkeit, die alltägliche Banalität des Guten zu würdigen. Arnold Retzer betont in diesem Sinn die paradoxen Wirkungen überdimensionierter Glückshoffnungen. Er weist darauf hin, dass es in jeder dauerhaften Beziehung neben den lösbaren unlösbare Probleme gebe, die – weil unlösbar – als Restriktionen behandelt werden sollten. Es komme darauf an, eine »resignative Reife« zu entwickeln, die viel Energie freisetzen könne, weil sich das Paar nicht länger mit der fatalen Suche nach Lösungen von nicht lösbaren Problemen belaste, sondern stattdessen das Leben glücks- und überraschungssensibel genieße.[57]

Das romantische Liebesideal kannte noch eine Balance zwischen der Betonung der Individualität und der Übernahme von Verpflichtungen. Die Romantik hat Individualität deshalb nicht gegen Beziehung ausgespielt, sondern ging davon aus, dass Individualität aus der Verbundenheit mit der geliebten Person erwächst und durch sie gestützt, erweitert und gefördert wird. Heute scheint die Balance manchmal auf die Seite der Individualität zu kippen. Doch »Selbstverwirklichung ist nicht nur gegeneinander möglich, sondern sie kann in einem Miteinander in Form wechselseitiger Unterstützung und Förderung entscheidend vorangebracht werden.«[58]

Im Übrigen werden wir alle in unseren Erwartungen nicht nur enttäuscht, sondern enttäuschen selbst auch andere. Die reformatorische Anthropologie und Sündenlehre hat in dieser Hinsicht etwas sehr Barmherziges: Sie gesteht uns Menschen zu, dass wir keine Engel, aber auch keine Teufel sind, sondern widersprüchliche Wesen in einer widersprüchlichen Welt,[59] die darauf angewiesen sind, dass andere gnädig mit ihnen umgehen, die aber auch mit sich selbst gnädig sein können. In einer engen Beziehung sind beide Beteiligte auf Nachsicht und Verge-

---

57. Vgl. Retzer, Lob der Vernunftehe, 76ff.
58. Lenz, Soziologie der Zweierbeziehung, 296.
59. Vgl. Retzer, Lob der Vernunftehe, 115ff.

bung angewiesen. Vergebung entlastet dabei nicht nur denjenigen, der am anderen schuldig geworden ist, sondern auch den Verletzten, der durch die Vergebung auf Entschädigung verzichtet und dadurch nicht mehr durch die Vergangenheit bestimmt, sondern wieder offen für die Zukunft wird.

»Das gemeinsame Leben ist der Ort intensivsten Erlebens, des Schönen und des Schmerzvollen, des Beschenktwerdens und des Verletztwerdens, des Unverfügbaren und des Instrumentalisieren.«[60] Das Leben in der Ehe ist deshalb für die Reformatoren ein Paradebeispiel für christliches Verhalten. Es zeigt in ganz existenzieller Weise, was Gnade und Versöhnung bedeuten können – und wie Gott darin zu finden ist:»Im Miteinander der Partner auf den Höhen und in den Tiefen des Lebens, im sich gegenseitig Bergen, Halten, Beschenken und sich Befragen und Verletzen, bekommt das gemeinsame Leben selbst eine Tiefe, in der etwas durchklingt und vernehmbar werden kann von einem Vertrauen auf eine letzte tragende Macht, einen Gott, der dem Menschen in Liebe zugetan ist.«[61]

e) Das Trauritual als »rite de confirmation«

Aus Sicht der Soziologie haben Rituale für die Verfestigung von Beziehungen eine hohe Bedeutung. Der entscheidende Unterschied zwischen einer nicht-ehelichen Lebensgemeinschaft und einer Ehe ist schlicht der Schritt zur öffentlichen Trauung. Die Trauung ist eine rituelle Form, in der öffentlich bezeugt wird, dass man eine Partnerschaft auf Dauer eingehen möchte. Nun wird von vielen in Zweifel gezogen, ob die Trauung tatsächlich noch einen *rite de passage* darstellt oder ob sie nicht vielmehr ein *rite sans passage*[62] sei, da viele Paare schon vorher zusammenleben und kein Wechsel der Lebensform mehr stattfindet.[63] Doch

---

60. Tanner, Stellungnahme zur Orientierungshilfe.
61. Ebd.
62. Vgl. zu diesem Begriff: Rosemarie Nave-Herz, Die Hochzeit. Ihre heutige Sinnzuschreibung seitens der Eheschließenden. Eine empirisch-soziologische Studie, Würzburg 1997, 42.
63. Vgl. dazu Fechtner, Kirche von Fall zu Fall, 139. Fechtner bezieht sich dabei auf Karl-Heinrich Bieritz, Gegengifte. Kirchliche Kasualpraxis in der Risikogesellschaft, in: ders., Zei-

stellt gerade der Übergang von einer informellen zu einer formellen Partnerschaft nach wie vor eine entscheidende Passage dar. Das Eheschließungsritual sagt dabei nicht nur etwas über die gegenwärtige Liebe aus, sondern begreift die Paarbeziehung als unabschließbar, »bis dass der Tod uns scheidet«: Es ist auf Zukunft hin orientiert. Da die Zukunft unbekannt und weniger denn je vorhersehbar ist, kann das Ritual der Trauung als »Beschwörung der Kontinuitätssicherheit einer Partnerbeziehung«[64] verstanden werden. Riten mindern Unsicherheiten und bringen Angst und Unsicherheitsgefühle unter Kontrolle. Sie gestalten den Übergang und verleihen ihm Gewicht. Das Trauritual ist deshalb ein *rite de confirmation,*[65] es wirkt stabilisierend und bekräftigend angesichts des hoch riskanten Versprechens, das sich hier zwei Menschen geben.[66]

Die evangelische Trauung setzt die standesamtliche Trauung voraus. Sie ist, anders als die katholische Trauung, selbst nicht Eheschließung, sondern *Segenshandlung.* Doch trägt die evangelische Trauung trotz der Trennung von Rechtsakt und Segenshandlung noch Spuren ihrer wechselvollen Geschichte in sich. Kristian Fechtner stellt zurecht fest: »Im Blick auf die agendarische Gestaltung des Traugottesdienstes wäre es durchaus konsequent gewesen, bestimmte ererbte Bestandteile herauszunehmen, die an eine Eheschließung in der Kirche denken lassen: etwa das Ehegelöbnis, das Zusammensprechen coram deo, den Ringwechsel. Dass dies trotz begründeter theologischer Einwände kirchlicherseits nicht geschehen ist« und nicht geschieht, hat seine Gründe nicht nur im Beharrungsvermögen der Tradition, sondern verrät »einen Sinn für die produktive Inkonsequenz ritueller Praxis«.[67]

Die evangelische Trauung ist in der Praxis nicht konsistent, aber gerade dadurch wirkmächtig und in einem positiven Sinn mehrdeutig. So

---

chen setzen. Beiträge zu Gottesdienst und Predigt, Stuttgart/Berlin/Köln 1995, 203–217, 207.

64. Nave-Herz, Warum noch Heirat?, 17.

65. Vgl. zu diesem Begriff: Nave-Herz, Ehe- und Familiensoziologie, 110.

66. Der *rite de confirmation* ist deshalb zugleich *rite de passage.* Gerade die Bestätigung der Partnerwahl ist in der Risikogesellschaft zentraler Aspekt des Passageritus. Vgl. Georg Lämmlin, Protestantische Religionspraxis in der post-säkularen Gesellschaft. Studien zur Zukunft der Volkskirche, Berlin 2013, 78.

67. Fechtner, Kirche von Fall zu Fall, 126.

ist für zwei Drittel all derer, die sich kirchlich trauen lassen, die kirchliche Trauung der eigentliche zentrale Akt. Sie wollen bewusst noch einmal vor Gott und der Gemeinde ihren Konsens erklären, nicht nur vor dem Staat. Konsequenterweise stehen deshalb auch *die Traufragen und der Trausegen* im Zentrum der kirchlichen Trauung. Sie machen deutlich, dass diese Ehe vor Gott geschlossen und eingegangen wird, dass die Begegnung von Braut und Bräutigam kein bloßer Zufall war, sondern als Gnade und göttliches Geschenk interpretiert wird und dass das Ehepaar zugleich um den Segen und die Hilfe Gottes »in guten wie in schweren Tagen« bittet. Für Arnold Retzer ist diese Formel Ausdruck von Lebensklugheit, weil sie von vornherein nicht nur mit dem Glück in der Ehe rechnet, sondern auch mit dem Schmerz. »Sie versucht, der Widersprüchlichkeit der menschlichen Existenz gerecht zu werden. Sie ist menschlich.«[68]

Der Trauakt ist Zeichen eines Versprechens und eines verheißungsvollen Anfangs. Gerade weil sich für viele Paare äußerlich mit der Trauung nicht viel ändert, erscheint die *Inszenierung eines guten Anfangs* wichtig. Sie verbürgt, dass hier etwas Entscheidendes passiert, dass sich tatsächlich ein Übergang vollzieht. »Dass die symbolische Inszenierung der kirchlichen Trauung als verbindlicher und verbindender Anfang eines Ehebundes in der heutigen Zeit bedeutsam erscheint, kann geradezu als Reaktion auf den kulturellen Verlust von Anfangs-Ritualen verstanden werden.«[69] Der gute Anfang soll erinnerungsfähig zelebriert, das gemeinschaftliche Leben bewusst verbindlich gemacht und als solches gefeiert werden. Es bedarf deshalb des weißen Brautkleids, des Ringwechsels, der klassischen Trauformel »bis dass der Tod euch scheidet«, um dieses Ereignis deutlich und markant zu inszenieren und vom Alltag abzusetzen. »Es soll erinnerungsfähig etwas geschehen und festlich zu sehen sein«.[70]

Das *Trauversprechen*, dem anderen treu zu sein, »bis dass der Tod uns scheidet«, ist einerseits ein unmögliches Versprechen, weil die Zukunft unbekannt ist und Gefühle nicht gesteuert werden können. Andererseits

---

68. Retzer, Lob der Vernunftehe, 148.
69. Fechtner, Kirche von Fall zu Fall, 140.
70. Ebd.

wird gerade die klassische Trauformel von denen besonders geschätzt und gewählt, die sich für eine kirchliche Trauung entscheiden. Die Unwahrscheinlichkeit einer gelingenden und dauerhaften Liebe steht dem Paar in der Regel klar vor Augen. Gerade deshalb will das Paar seinen festen Willen zu dauerhafter Liebe und Treue bekunden und zwar im Vertrauen darauf, dass die Öffentlichkeit des Versprechens und die Bitte um den Segen Gottes selbst noch einmal eine stabilisierende Dynamik entfalten und auf ihre Gefühlslagen und ihr Selbstverständnis als Paar zurückwirken. Matthias Kamann betont in diesem Sinn, dass das Brautpaar das Risiko eigenverantwortlichen religiösen Sprechens mit der klassischen Trauformel bewusst auf sich nehme und als solches ernst genommen werden wolle. Braut und Bräutigam bräuchten keine Ermäßigung, sondern wüssten, dass sie nach gründlicher Überlegung das Risiko einer waghalsigen Aussage eingehen, mit der sie im Zweifelsfall falsch liegen könnten. »Man sollte religiöses Sprechen durch Subjekte ermöglichen, denen dieses Sprechen in traditionellen Formen wichtig ist und hilft«,[71] die damit umgehen können, dass sie letztlich nicht versprechen können, was sie versprechen, aber zugleich vor Gott bekräftigen, was sie in ihrer Liebe spüren, was sie begeistert und durch spätere Krisen hindurchtragen soll.

Die Unverfügbarkeit dauerhafter Liebe, die Verletzlichkeit und Segensbedürftigkeit der eingegangenen Beziehung kommen nicht zuletzt im *Trausegen* zum Ausdruck. Die auf Dauer angelegte Lebensgemeinschaft wird im Segen unter die Verheißung Gottes gestellt. Martin Luther schreibt in seinem Traubüchlein von 1529: »Denn wer von dem Pfarrherrn oder Bischof Gebet und Segen begehrt, der zeigt damit wohl an – ob ers gleich mit dem Munde nicht sagt – in was für Gefahr und Not er

---

71. Matthias Kamann, Die Luther-Bibel in der Gesellschaft, unveröffentlichtes Manuskript, erscheint in: Melanie Lange/Martin Rösel (Hrsg.), »Was Dolmetschen für Kunst und Arbeit sei«. Die Lutherbibel und andere deutsche Bibelübersetzungen, Stuttgart 2014. Kamann setzt sich kritisch mit der EKD-Orientierungshilfe »Zwischen Autonomie und Angewiesenheit« auseinander, der er ein übertriebenes Konsistenzbedürfnis vorwirft. Der EKD-Text schaffe einen Deutungsrahmen, in dem die Bejahung der Traufrage nie falsch sein könne. »Wenn das Paar es bis zum Tod schafft, war die Bejahung sowieso richtig. Wenn das Paar es aber nicht schafft, lässt sich dem Familienpapier entnehmen, dass man auch bei einer Scheidung mit dem Trauversprechen nicht falsch gelegen habe. Ich halte es aber für einen Grundzug religiösen Sprechens, falsch sein zu können.« Ebd.

sich [durch die Ehe] begibt und wie sehr er zu diesem stand, in den er eintritt, des göttlichen Segens und der allgemeinen Fürbitte bedarf.«[72] Weil die Kirche um die Fragilität und Unwahrscheinlichkeit lebenslanger Liebe weiß, segnet sie das Paar, betet sie für die beiden und verpflichtet zugleich die anwesende Gemeinde, das Paar fürbittend und begleitend zu unterstützen. Die Handauflegung im Segen symbolisiert dabei körperlich wahrnehmbar die freundliche Zuwendung Gottes. Durch den Segen werden die Gesegneten nicht nur gestärkt, sondern zugleich in eine Beziehung zu Gott gestellt. Der Segen verweist damit an ein Gegenüber, das menschliche Möglichkeiten transzendiert. Der Segen führt vor Augen, dass das Leben nicht aus sich selbst heraus existieren kann. »Im Segen wird zur Sprache gebracht, daß der Mensch nicht im Vorhandenen aufgeht, daß er mehr ist, als er von sich weiß, und daß gerade das gelebte Leben, das ihm gelungen ist und noch gelingt, am wenigsten nur aus seinen eigenen Leistungen hervorgegangen ist.«[73] Für das Brautpaar ist diese Erfahrung eine große Entlastung und Ermutigung. So sehr es sich um die Pflege seiner Liebe bemüht, so sehr weiß es sich zugleich getragen von Gottes guten Mächten, die es umgeben und seine Liebe fördern.

5. Liebe in der Moderne

Die meisten Menschen sehnen sich nach Liebe, nach einer sexuellen Beziehung, in der sie Vertrauen entwickeln, Freude am andern empfinden und eine Bindung auf Dauer leben können. Zugleich leben wir in einer Gesellschaft, in der die Gesetzmäßigkeiten der Ökonomie nicht nur das Wirtschaftssystem, sondern zunehmend auch andere Bereiche wie unsere privaten Beziehungen bestimmen. Zuweilen verwechseln Menschen dabei die Person, die sie lieben oder meinen zu lieben, mit einem Konsumprodukt, das für sie da ist und dienende Funktion hat. Produkte sollen den Alltag verbessern und erleichtern. Sie sollen Zu-

---

72. Luther, Traubüchlin, 530.
73. Dietrich Rössler, Grundriß der Praktischen Theologie, 2. erw. Aufl. Berlin/New York 1994, 237.

friedenheit verschaffen. Tun sie das nicht, können sie reklamiert oder ausgetauscht werden.[1] Aber weder die Liebe noch die Religion lassen sich mit dem Konsum-Schema erfassen. Beide folgen einer anderen Rationalität und werden zerstört, wenn man sie der ökonomischen Tauschrationalität unterwirft. Eine tiefe emotionale Bindung, Leidenschaft, eine die geliebte Person *tief adressierende Sexualität* setzen voraus, dass ich mich hingebe, dass ich mich verlieren kann, dass ich aufhöre zu berechnen und zu vergleichen und bereit bin, mich dem Risiko der Verletzlichkeit auszusetzen.

Die Romantiker haben in diesem Sinn die Zweckfreiheit der Liebe verteidigt. In der Liebe lieben wir – und fragen nicht nach dem Kosten-Nutzen-Kalkül. »Es ist, was es ist, sagt die Liebe«.[2] So intensiv zu lieben und sich zu binden ist nicht nur eine Beschränkung der Optionenvielfalt, sondern eröffnet zugleich eine ungemein kostbare Freiheit: Die Freiheit, man selbst sein zu können, sich dem andern zumuten zu dürfen und zwar als konkreter Mensch mit all den Defiziten und Schwächen, die realistischerweise an einem haften. Als solcher Mensch mit Aufmerksamkeit beschenkt, mit Respekt und Wohlwollen umgeben und liebevoll begleitet zu werden, ist ein großes Glück. Die reformatorische Theologie hat dieses große Glück der Liebe nicht zufällig als Gnade und als Segen Gottes verstanden, in dem sich Gott seiner Schöpfung gütig zuwendet. So interpretiert Luther in seiner Auslegung des aaronitischen Segens den »treuen ehrlichen Gemahl«[3] explizit als Ausdruck des fürsorglichen Segens Gottes.

Die Reformatoren legten großen Wert auf die Gestaltung von intimen Beziehungen. Leitbild war für sie wie für Teile des Spätmittelalters die »Paradiesehe«, in der sich Mann und Frau auf Augenhöhe begegnen, in der sie eine innige Gemeinschaft und eine unbeschwerte Sexualität noch

---

1. Vgl. Milosz Matuschek, Das romantische Manifest. Schluss mit der Suche nach der perfekten Liebe, Berlin 2014, 45ff.
2. Erich Fried, Was es ist, in: ders., Gesammelte Werke, Gedichte 3, hrsg. von Volker Kaukoreit/Klaus Wagenbach, Berlin 1993, 35.
3. Vgl. Martin Luther, Der Segen, so man nach der Messe spricht über das Volk, aus dem vierten Buche Mosi, am 6. Capitel (1532), WA 30,3, 572–582, 574. Den Hinweis auf diese Stelle verdanke ich: Ulrike Wagner-Rau, Segensraum. Kasualpraxis in der modernen Gesellschaft, Stuttgart/Berlin/Köln 2000, 160.

ganz ohne Riss und Dominanzstreben leben. Für Luther gehörte Sexualität zu den grundlegenden menschlichen Bedürfnissen wie essen und
trinken. Er war davon überzeugt, dass die Sexualität die Vitalität des
Menschen fördert und bekannte sich zur Leiblichkeit des Menschen.
Luther unterstrich mit seinem Engagement für eine verantwortlich gelebte Sexualität in der Ehe und durch seine eigene Ehe mit Katharina
von Bora demonstrativ die Sinnlichkeit des neuen Glaubens. Anders als
häufig angenommen, waren die Reformatoren insofern keineswegs kör-
perdistanziert und kognitivistisch. Sie suchten die Sinnlichkeit vielmehr
dort auf, wo sie gelebt wird: Mitten im Leben, in den »weltlichen« Zusammenhängen von Ehe und Familie, von Schwangerschaft und Geburt.[4]

In der modernen Gesellschaft spielt Sexualität eine große Rolle. Um
diese Rolle genauer zu verstehen, ist es wichtig, sich grundsätzlich über
Körperlichkeit Gedanken zu machen. Dabei fällt auf, dass sich in der
modernen Gesellschaft paradoxerweise eine gleichzeitige Körperverdrängung und Körperaufwertung vollzieht. Gerade weil die Gegenwarts-
gesellschaft den Körper in so vielen Kontexten auf Distanz setzt und ihn
ignoriert, drängt sich der vernachlässigte Körper in anderen Bereichen
wieder auf: im Gesundheitssystem, in der Fitnesskultur, im Sport und
nicht zuletzt in der Sexualität. Doch kann diese Körperaufwertung die
Körperverdrängung nicht rückgängig machen und führt sie nicht automatisch zu einem angemessenen Leiblichkeitsbewusstsein. Denn die
Körperadressierung ist in diesen Sozialbereichen immer nur spezifisch
und nicht »ganzheitlich« orientiert. Zugleich geht der moderne Körperkult mit einer Selbstunterwerfung unter gesellschaftlich gängige Körpernormen einher, die selbst wiederum repressive und selbstschädi-
gende Folgen haben können.

Aus biblischer Perspektive lässt sich der Leib nicht von Seele und Geist
des Menschen lösen. Leiblichkeit geht nach biblischer Auffassung immer
mit Sensibilität, Offenheit, Beziehungshaftigkeit, Verletzlichkeit einher.
Der Leib des Menschen ist insofern nicht bloßes Attribut des Menschen,
sondern immer zugleich der Mensch selbst, der zwar zwischen *Leibsein*
und Leibhaben oszillieren kann, aber doch niemals seinem Leibsein ent-

---

4. Liturgie und Predigt konnten deshalb davon entlastet werden.

kommt: Nie habe ich nur einen Körper, ich bin immer auch mein Körper. Das gilt nicht zuletzt im Hinblick auf die Sexualität. Sexualität lässt sich nicht von Gefühlen abkoppeln. Das ist der Irrtum der sexuellen Kapitalisten. Deshalb argumentiert Paulus auch so scharf gegen die Korinther, die meinten, dass ihre prostitutive Praxis ihre Seele nicht berühre. Freiheit, das ist die Botschaft des Paulus, kann nicht auf Kosten von anderen und auch nicht auf Kosten des eigenen Leibes gelebt werden – weder in überzogener Askese noch in extremer sexueller Freizügigkeit, die den Sexualpartner entwürdigt und letztlich das eigene Selbst schädigt.

Gerade in der modernen Gesellschaft, in der in so vielen Kontexten immer nur »Teilselbste« einer Person angesprochen werden, sehnen sich Menschen danach, in der Sexualität tief und nicht flach adressiert zu werden. Das setzt die Kopplung von Liebe und Sexualität und damit leidenschaftliches Engagement voraus. Leidenschaftliche Liebe ist nicht ohne Verletzlichkeit zu haben. Zugleich ist es eine große Bereicherung des Lebens, starke Gefühle empfinden und eine Person selbstvergessen lieben zu können. In solchen Beziehungen lernen wir uns neu und besser zu verstehen.

Für die evangelische Sexualethik ist es elementar, Sexualität als Bereicherung von Liebesbeziehungen unabhängig von der Fortpflanzungsfunktion zu würdigen. Es gibt eine *selbstzweckliche Freude am leiblichen Leben*, die zerstört wird, wenn sie mit bestimmten Zwecksetzungen gekoppelt wird. So wie wir nicht nur essen und trinken, um satt zu werden, sondern auch um erfreut zu werden, so ist es auch mit beglückender Sexualität: Menschen praktizieren sie, weil sie sich in der sexuellen Lust mit dem andern tief verbunden und eins fühlen, nicht primär um ein Kind zu zeugen. Sexualität beflügelt eine Beziehung, so wie umgekehrt eine intensive Bindung die Sexualität beflügelt.

Auch außerhalb der Ehe wird Sexualität verantwortlich praktiziert. Deshalb sollte die Kirche die Unterscheidung von Ehe und Sexualität offensiv vertreten und nicht weiterhin klammheimlich davon ausgehen, dass Sexualität nur im Rahmen der Ehe ihren Ort hat. Das bedeutet auch, die Lernprozesse jugendlicher Sexualität anzuerkennen, pädagogisch zu begleiten und darüber hinaus die Vielfalt sexueller Orientierungen und partnerschaftlicher wie familialer Lebensformen zu würdigen.

Nicht-eheliche Lebensgemeinschaften stehen dabei in der Regel nicht in Konkurrenz zur Ehe, weil sie überwiegend in einer bestimmten Lebensphase gewählt werden, in der sie als adäquater empfunden werden als die Ehe und man aus guten Gründen den Schritt zu der hohen Verbindlichkeit der Ehe (noch) nicht gehen möchte. Sind nicht-eheliche Lebensgemeinschaften tatsächlich eheanalog gedacht und gestaltet – beispielsweise in der zweiten Lebenshälfte oder wenn Kinder gemeinsam erzogen werden –, profitieren sie wiederum von der Nähe zur Ehe und sind an ihrem Modell orientiert.

Die gleichgeschlechtlichen Paare wiederum, die gerne heiraten würden, stärken ihrerseits die Ehe und zeigen, dass die Ehe als Institution nach wie vor begehrenswert ist. Es gibt keinerlei Grund, ihnen den vollen ehelichen Status zu verweigern. Die evangelische Kirche sollte sich mit Nachdruck für die vollgültige Trauung von schwulen und lesbischen Paaren, die sich an den ehelichen Normen orientieren wollen, einsetzen.

Kirche hat insofern viele gute Gründe, das Modell von Ehe und Familie als ein besonders nachhaltiges Beziehungsmodell zu fördern. Mit dem Ja zur Ehe gibt die Kirche ihrer hohen Wertschätzung für verbindliche und intensive Beziehungen Ausdruck. Die Institution Ehe lebt dabei nicht zuletzt von Vorbildern gelingender Ehe, in der zwei Menschen aufblühen, sich entwickeln, gemeinsam alt werden und sich gegebenenfalls daran freuen, dass aus dieser Liebe Kinder hervorgehen, die gemeinsam erzogen und ins Leben begleitet werden. Glückliche Ehen sind unschätzbar für die Identitätsbildung. Vorbilder sind dabei nicht nur im eigenen Familien- und Freundeskreis zu finden. Es können auch literarische Erzählungen sein, die zu solch nachhaltiger Liebe und zu bleibender Freude an der Sexualität anstiften.[5]

Wie empirische Daten zeigen, hat sich die Ehe keineswegs überlebt, sie wird vielmehr von der großen Mehrheit der Bevölkerung angestrebt. Die Ehe hat sich modernisiert und ihre Wandlungsfähigkeit unter Beweis gestellt, sie hat ihre patriarchalen und asymmetrischen Genderrollen weitgehend abgestreift. Sie ist eine Institution, die die Tragfähigkeit von intimen Beziehungen fördert, die das Paar entlastet und durch den

---

5. Eindrucksvolle Gegenwartsromane sind z. B.: Ian McEwan, Saturday, Zürich 2007 und der Liebesroman von Jojo Moyes, Eine Handvoll Worte, Hamburg 2013.

überindividuellen Verflechtungszusammenhang erhebliche stabilisierende Folgewirkungen nach sich zieht. Die Ehe pflegt den Eros der Bindung in ganz besonderer Weise und begreift Selbstbeschränkung als
höhere Form der Freiheit. Dazu verhilft nicht zuletzt das Trauritual, mit
dem das Paar seinen Entschluss öffentlich bekundet, eine Beziehung auf
Dauer zu leben, ohne sie unter Revisionsverdacht zu stellen. Es markiert
klare Grenzen nach außen und erzeugt Verbindlichkeiten und Erwartungssicherheiten nach innen. Denn der Gefühlshaushalt eines Paares
wächst nicht nur von innen nach außen, sondern auch von außen nach
innen: Gefühle werden in einer Ehe nicht nur zum Ausdruck gebracht,
sondern durch die Adressierung als Ehepaar zugleich bestätigt, gestärkt
und beflügelt.

Literatur

Allmendinger, Jutta: Frauen auf dem Sprung. Wie junge Frauen heute leben wollen. Eine Brigitte-Studie, Bonn 2009

Ammicht-Quinn, Regina: Körper – Religion – Sexualität. Theologische Reflexionen zur Ethik der Geschlechter, Mainz ³2004

Anker, Stefan: Ich liebe, also bin ich. Und das ist auch gut so, 13.02.2014. http://www.welt.de/debatte/kommentare/article124812792/Ich-liebe-also-bin-ich-Und-das-ist-auch-gut-so.html (Abrufdatum: 07.05.2014)

Augustin: Confessiones – Bekenntnisse, München ⁴1980

Austen, Jane: Emma, hrsg. von Richard Cronin, Cambridge u. a. 2005

Austen, Jane: Mansfield Park, hrsg. von John Wiltshire, Cambridge u. a. 2005

Austen, Jane: Pride and Prejudice, hrsg. von Pat Rogers, Cambridge u. a. 2006

Austen, Jane: Sense and Sensibility, hrsg. von Edward Copeland, Cambridge u. a. 2006

Barth, Karl: Kirchliche Dogmatik Bd. III/1: Die Lehre von der Schöpfung, Zürich 1957 (1945)

Beck, Ulrich/Beck-Gernsheim, Elisabeth: Das ganz normale Chaos der Liebe, Frankfurt a. M. 1990

Beck, Rainer: Spuren der Emotion? Eheliche Unordnung im frühneuzeitlichen Bayern, in: Josef Ehmer/Tamara K. Hareven/Richard Wall (Hrsg.), Historische Familienforschung. Ergebnisse und Kontroversen. Michael Mitterauer zum 60. Geburtstag, Frankfurt a. M./New York 1997, 171–196

Beck-Gernsheim, Elisabeth: Vom »Dasein für andere« zum Anspruch auf ein Stück »eigenes Leben«. Individualisierungsprozesse im weiblichen Lebenszusammenhang, in: Soziale Welt 34 (1983), 307–340

Berger, Klaus: Historische Psychologie des Neuen Testaments, Stuttgart ³1995

Berger, Peter L./Kellner, Hansfried: Die Ehe und die Konstruktion der Wirklichkeit. Eine Abhandlung zur Mikrosoziologie des Wissens, in: Soziale Welt 16 (1965), 220–235

Best of Playboy: Späte Genugtuung im goldenen Sex-Alter. http://www.focus.de/panorama/welt/best-of-playboy/menschen-und-storys/tid-29746/best-of-playboy-spaete-genugtuung-im-goldenen-sex-alter_aid_927978.html (Abrufdatum: 07.05.2014)

Bester, Dörte/Janowski, Bernd: Anthropologie des Alten Testaments. Ein forschungsgeschichtlicher Überblick, in: Bernd Janowoski/Kathrin Liess (Hrsg.), Der Mensch im Alten Israel. Neue Forschungen zur alttestamentlichen Anthropologie, Freiburg u. a. 2009, 3–40

Bette, Karl-Heinrich: Körperspuren. Zur Semantik und Paradoxie moderner Körperlichkeit, Berlin/New York 1989

Betz, Hans D.: Der Galaterbrief. Ein Kommentar zum Brief des Apostels Paulus an die Gemeinde in Galatien, München 1988

Bieler, Andrea: »Und dann durchbricht jemand die absolute Quarantäne und segnet dich«. Über die erzählte und die ritualisierte Leib-Gestalt von Krankheit, in: ZNT 27 (2011), 57–66

Bieler, Andrea: Verletzliche Körper. Theologische und Systemische Überlegungen zum Kranksein, in: Ilse Falk/Kerstin Möller/Brunhilde Raiser/Eske Wollrad (Hrsg.), So ist mein Leib. Alter, Krankheit, Behinderung – feministisch-theologische Anstöße, Gütersloh 2012, 45–76

Bieritz, Karl-Heinrich: Gegengifte. Kirchliche Kasualpraxis in der Risikogesellschaft, in: ders., Zeichen setzen. Beiträge zu Gottesdienst und Predigt, Stuttgart/Berlin/Köln 1995, 203–217

Bieritz, Karl-Heinrich: Ritual, in: Glaube und Lernen 13/1 (1998), 11–23

Binswanger, Michèle: Die große Lüge, 27.03.2012. http://www.zeit.de/2012/13/CH-Monogamie (Abrufdatum: 07.05.2014)

Böllinger, Lorenz: Strafrechtliche Normierung von Sexualität im Kontext der Debatte über ›sexuelle Verwahrlosung‹, in: Michael Schetsche/Renate-Berenike Schmidt (Hrsg.), Sexuelle Verwahrlosung. Empirische Befunde – Gesellschaftliche Diskurse – Sozialethische Reflexionen, Wiesbaden 2010, 51–67

Bonhoeffer, Dietrich: Ethik (DBW 6), München 1992

Bonhoeffer, Dietrich: Gemeinsames Leben. Das Gebetbuch der Bibel (DBW 5), München 1987

Bonhoeffer, Dietrich: Nachfolge (DBW 4), München 1989

Bonhoeffer, Dietrich: Widerstand und Ergebung. Briefe und Aufzeichnungen aus der Haft (DBW 8), Gütersloh 1998

Bourdieu, Pierre: Die feinen Unterschiede. Kritik der gesellschaftlichen Urteilskraft, Frankfurt a. M. 1987

Bourdieu, Pierre: Die männliche Herrschaft, Frankfurt a. M. 2005

Breul, Wolfgang: Ehe und Sexualität im Pietismus, in: EvTh 73/5 (2013), 339–352

Briefwechsel von Henriette Visser't Hooft mit Karl Barth und Charlotte von Kirschbaum (1934–1952), in: Karl Barth Gesamtausgabe V, 1, hrsg. von Hans-Anton Drewes, Zürich 2006, 325–393

Brown, Peter: Rome: Sex & Freedom, in: The New York Review of Books, December 19/2013

Bucer, Martin: De Regno Christi liberi duo (1550), in: ders., Martini Buceri Opera Latina, Bd. XV, hrsg. von François Wendel, Gütersloh 1955

Bugenhagen, Johannes: Vom Ehebruch und weglauffen (1539), in: Martin Luther/Johannes Bugenhagen/Philipp Melanchton, Von Ehesachen. Item. Vom Ehebruch und weglauffen/De Arbore consanguinitatis & affinitatis, sine de gradibus, Wittenberg 1540

Bullinger, Heinrich: Der christliche Ehestand (1540), in: ders., Schriften I, hrsg. von Emidio Campi/Detlef Roth/Peter Stotz, Zürich 2004, 417–575

Bultmann, Rudolf: Theologie des Neuen Testaments, 7. durchges. u. erw. Aufl. Tübingen 1977

Busch, Eberhard: Karl Barths Lebenslauf. Nach seinen Briefen und autobiografischen Texten, Zürich 2005

Crüsemann, Frank: »... er aber soll dein Herr sein« Gen 3,16. Die Frau in der patriarchalischen Welt des Alten Testamentes, in: ders./Hartwig Thyen (Hrsg.), Als Mann und Frau geschaffen. Exegetische Studien zur Rolle der Frau, Gelnhausen u. a. 1978, 13–106

Crüsemann, Marlene: Anm. 736, in: Bibel in gerechter Sprache, Gütersloh ²2006, 2320

Dabrock, Peter: Brauchen wir eine neue evangelische Institutionenethik? Theologische und sozialethische Überlegungen angesichts der Debatte um die Familienorientierungshilfe des Rates der EKD, in: Zwischen Autonomie und Angewiesenheit – die Orientierungshilfe der EKD in der Kontroverse, hrsg. von der EKD, Hannover 2013, 35–45

Dabrock, Peter/Klinnert, Lars/Schardien, Stefanie: Menschenwürde und Lebensschutz. Herausforderungen theologischer Bioethik, Gütersloh 2004

Daiber, Karl-Fritz: Der Körper als Sprache des Rituals. Beobachtungen und Anmerkungen, in: Michael Klessmann/Irmhild Liebau (Hrsg.), »Leiblichkeit ist das Ende der Werke Gottes«. Körper – Leib – Praktische Theologie, Göttingen 1997, 231–243

Denkschrift zu Fragen der Sexualethik, hrsg. von der Kirchenkanzlei der EKD, Gütersloh ²1971

Deutscher Ethikrat: Stellungnahme zu Intersexualität, Berlin 2012

Di Fabio, Udo: Die Kultur der Freiheit, München 2005

Die Bekenntnisschriften der evangelisch-lutherischen Kirche, hrsg. im Gedenkjahr der Augsburgischen Konfession 1930, Göttingen ⁶1967

Dinkel, Christoph: Was nützt der Gottesdienst? Eine funktionale Theorie des evangelischen Gottesdienstes, Gütersloh ²2002

Domsgen, Michael: Familie und Religion. Grundlagen einer religionspädagogischen Theorie der Familie, Leipzig 2004

Drobinski, Matthias: Päpstlich verordnete Selbsterkenntnis, 29.01.2014. http://www.sueddeutsche.de/panorama/umfrage-der-katholischen-kirche-zur-sexualmoral-paepstlich-verordnete-selbsterkenntnis-1.1874521 (Abrufdatum: 07.05.2014)

Düffel, John von: Ego, München 2003

Eggen, Bernd: Gleichgeschlechtliche Lebensgemeinschaften ohne und mit Kindern. Soziale Strukturen und künftige Entwicklungen, in: Dorett Funcke/Petra Thorn (Hrsg.), Die gleichgeschlechtliche Familie mit Kindern. Interdisziplinäre Beiträge zu einer neuen Lebensform, Bielefeld 2010, 37–60

Ehmer, Josef: Bevölkerungsgeschichte und historische Demographie 1800–2000, München 2004

Elias, Norbert: Über den Prozeß der Zivilisation. Soziogenetische und psychogenetische Untersuchungen. Erster Band. Wandlungen des Verhaltens in den weltlichen Oberschichten des Abendlandes, Amsterdam 1997

Ernsting, Heike: Salbungsgottesdienste in der Volkskirche. Krankheit und Heilung als Thema der Liturgie, Leipzig 2012

Fechtner, Kristian: Kirche von Fall zu Fall. Kasualien wahrnehmen und gestalten, Gütersloh 2003

Fischer, Johannes: Hat die Ehe einen Primat gegenüber der nichtehelichen Lebensgemeinschaft?, in: ZThK 101 (2004), 346–357

Fischer, Johannes: Homosexualität und Kirche – eine unendliche Geschichte, in: ders., Handlungsfelder angewandter Ethik. Eine theologische Orientierung, Stuttgart/Berlin/Köln 1998, 95–105

Frankemölle, Hubert: Ehescheidung und Wiederverheiratung von Geschiedenen im Neuen Testament, in: Theodor Schneider (Hrsg.), Geschieden – Wiederverheiratet – Abgewiesen? Antworten der Theologie, Freiburg 1995, 28–50

Fried, Erich: Was es ist, in: ders., Gesammelte Werke, Gedichte 3, hrsg. von Volker Kaukoreit/Klaus Wagenbach, Berlin 1993, 35

Fuchs, Peter: Die magische Welt der Beratung, in: Rainer Schützeichel/Thomas Brüsemeister (Hrsg.), Die beratene Gesellschaft. Zur gesellschaftlichen Bedeutung von Beratung, Wiesbaden 2004, 239–257

Fuchs, Peter: Liebe, Sex und solche Sachen. Zur Konstruktion moderner Intimsysteme, Konstanz 1999

Fuhrer, Therese: Augustinus, Darmstadt 2004

Funcke, Dorett/Thorn, Petra (Hrsg.): Die gleichgeschlechtliche Familie mit Kindern. Interdisziplinäre Beiträge zu einer neuen Lebensform, Bielefeld 2010

Gause, Ute: Durchsetzung neuer Männlichkeit? Ehe und Reformation, in: EvTh 73/5 (2013), 326–338

Gause, Ute: Kirchengeschichte und Genderforschung. Eine Einführung in protestantischer Perspektive, Tübingen 2006

Geldbach, Erich: Das Evangelium zum Körper bringen. Die physische Bildung in der Frühphase des YMCA, in: Ommo Grupe/Wolfgang Huber (Hrsg.), Zwischen Kirchturm und Arena. Evangelische Kirche und Sport, Stuttgart 2000, 223–237

Geldbach, Erich: Sport und Protestantismus. Geschichte einer Begegnung, Gütersloh 1976

Gender Datenreport des Bundesministeriums für Familie, Senioren, Frauen und Jugend, München 2005. http://www.bmfsfj.de/doku/Publikationen/genderreport/01-Redaktion/PDF-Anlagen/gesamtdokument%2cproperty%3dpdf%2cbereich%3dgenderreport%2csprache%3dde%2crwb%3dtrue.pdf (Abrufdatum: 07.05.2014)

Gerber, Christine: Wie wird Ehe- und Familienethik »schriftgemäß«? – eine Zustimmung zur Orientierungshilfe, in: Zwischen Autonomie und Angewiesenheit – Die Orientierungshilfe in der Kontroverse, hrsg. von der EKD, Hannover 2013, 25–30

Gerhard, Ute: Familie aus der Perspektive der Geschlechtergerechtigkeit – Anfragen an das christlich-abendländische Eheverständnis, in: ZEE 51 (2007), 267–279

Goffman, Erving: Interaktionsrituale. Über Verhalten in direkter Kommunikation, Frankfurt a. M. [4]1996

Greschat, Katharina: Caro salutis est cardo. Die Auseinandersetzung um den Leib Christi bei Tertullian und seinen Gegnern, in: dies./Heike Omerzu (Hrsg.), Körper und Kommunikation. Beiträge aus der Theologischen Genderforschung, Leipzig 2003, 147–166

Großmann, Sigrid: Friedrich Christoph Oetingers Gottesvorstellung: Versuch einer Analyse seiner Theologie, Göttingen 1979

Großhans, Hans-Peter/Sinn, Simone: Gleichzeitigkeit des Ungleichzeitigen. Protestantische Transformationen im christlichen Verständnis der Geschlechterdifferenz, in: Matthias Morgenstern/Christian Boudignon/Christiane Tietz (Hrsg.), männlich und weiblich schuf Er sie. Studien zur Genderkonstruktion und zum Eherecht in den Mittelmeerreligionen, Göttingen 2011, 293–316

Gugutzer, Robert: Soziologie des Körpers, Bielefeld ³2010

Gumbrecht, Hans U.: »Sex ist auch nicht mehr das...«, in: FAZ-Blogs, 19.07.2013. http://blogs.faz.net/digital/2013/07/19/sex-ist-auch-nicht-mehr-das-314/ (Abrufdatum: 07.05.2014)

Gutmann, Hans-Martin: Martin Luthers »christliche Freiheit« in zentralen Lebenskonflikten heute. Intimität gestalten. Verantwortlich leben. Freiheit realisieren, Berlin 2013

Hafner, Johann E.: Warum im Himmel nicht nur Seelen sind. Die Funktion der Engel als Konkurrenzgruppe, in: EvTh 65/5 (2005), 350–365

Hahn, Alois: Kann der Körper ehrlich sein?, in: Hans-Ulrich Gumbrecht/Karl L. Pfeiffer (Hrsg.), Materialität der Kommunikation, Frankfurt a. M. 1988, 666–679

Hammes, Winfried: Haushalte und Lebensformen der Bevölkerung. Ergebnisse des Mikrozensus 2012, https://www.destatis.de/DE/Publikationen/WirtschaftStatistik/Bevoelkerung/HaushalteLebensformen_112013.pdf?__blob=publication-File (Abrufdatum: 07.05.2014)

Hanske, Paul-Philipp: Schamlos, in: Süddeutsche Zeitung Magazin, 22.11.2013, 16–21

Haper, Kyle: From Shame to Sin. The Christian Transformation of Sexual Morality in Late Antiquity, Harvard 2013

Härle, Wilfried: Ethik, Berlin/New York 2011

Harnack, Adolf von: Das Evangelium vom Heiland und von der Heilung, in: Medicinisches aus der ältesten Kirchengeschichte, Leipzig 1892, 89–111

Hartenstein, Friedhelm: Das »Angesicht JHWHs«. Studien zu seinem höfischen und kultischen Bedeutungshintergrund in den Psalmen und in Exodus 32–34, Tübingen 2008

Hartenstein, Friedhelm: »Und sie erkannten, dass sie nackt waren...« (Gen 3,7). Beobachtungen zur Anthropologie der Paradieserzählung, in: EvTh 65/4 (2005), 277–293

Haspel, Michael: Art. Sexualität, Sexualethik, in: Evangelisches Soziallexikon, Stuttgart 2001, Sp. 1393–1402

Herms, Eilert: Der Körper als Symbol, in: ders., Sport. Partner der Kirche und Thema der Theologie, Hannover 1993, 13–24

Herms, Eilert: Liebe, Sexualität, Ehe. Unerledigte Themen der Theologie und der christlichen Kultur, in: ZThK 96 (1999), 94–135

Herzer, Jens: »Der Buchstabe tötet« (2. Kor 3,6). Exegetische und hermeneutische Überlegungen zur aktuellen Debatte um die Homosexualität, unveröffentlichtes Manuskript

Hillenkamp, Sven: Das Ende der Liebe. Gefühle im Zeitalter unendlicher Freiheit, Stuttgart ²2012

Hoffmann, Paul: Jesu Wort von der Ehescheidung und seine Auslegung in der neutestamentlichen Überlieferung, in: ders./Volker Eid, Jesus von Nazareth und eine christliche Moral. Sittliche Perspektiven der Verkündigung Jesu, Freiburg im Breisgau 1975, 109–131

Honecker, Martin: Grundriß der Sozialethik, Berlin/New York 1995

Horn, Christoph: Anthropologie, in: Volker Drecoll (Hrsg.), Augustin-Handbuch, Tübingen 2007, 479–487

Hurst, Fabienne: Keine Lust, nie. http://www.spiegel.de/panorama/asexualitaet-wenn-menschen-keine-lust-auf-sex-haben-a-854038.html (Abrufdatum: 07.05.2014)

Illouz, Eva: Die neue Liebesordnung. Frauen, Männer und Shades of Grey, Berlin 2013

Illouz, Eva: Warum Liebe weh tut. Eine soziologische Erklärung, Berlin 2011

Janowski, Bernd: Konfliktgespräche mit Gott. Eine Anthropologie der Psalmen, 3. erw. Aufl. Neukirchen-Vluyn 2009

Josuttis, Manfred: Der Weg in das Leben, Gütersloh 2000

Kamann, Matthias: Die Luther-Bibel in der Gesellschaft, unveröffentlichtes Manuskript, erscheint in: Melanie Lange/Martin Rösel (Hrsg.), »Was Dolmetschen für Kunst und Arbeit sei«. Die Lutherbibel und andere deutsche Bibelübersetzungen, Stuttgart 2014

Karle, Isolde: Auf der Suche nach Rat. Paradoxien, Herausforderungen und Perspektiven, in: dies. (Hrsg.), Lebensberatung – Weisheit – Lebenskunst, Leipzig 2011, 167–184

Karle, Isolde: »Da ist nicht mehr Mann noch Frau...«. Theologie jenseits der Geschlechterdifferenz, Gütersloh 2006

Karle, Isolde: Der Pfarrberuf als Profession. Eine Berufstheorie im Kontext der modernen Gesellschaft, Freiburg im Breisgau ³2011

Karle, Isolde: Die Ehe als Institution – für Hetero- und Homosexuelle. Überlegungen zur Diskussion über die EKD-Orientierungshilfe, in: EvTh 74/3 (2014), 196–205

Karle, Isolde: Kirche im Reformstress, Gütersloh ²2011

Karle, Isolde/Thomas, Günter: Krankheitsdeutung in der postsäkularen Gesellschaft. Eine Einführung in das Problemfeld, in: dies. (Hrsg.), Krankheitsdeutung in der postsäkularen Gesellschaft. Theologische Ansätze im interdisziplinären Gespräch, Stuttgart 2009, 9–22

Karle, Isolde: Seelsorge in der Moderne. Eine Kritik der psychoanalytisch orientierten Seelsorgelehre, Neukirchen-Vluyn 1996

Karle, Isolde: Sex – Liebe – Leidenschaft. Eine Auseinandersetzung mit Eva Illouzs Analyse spätmoderner Beziehungsformen, in: EvTh 73/5 (2013), 376–390

Karle, Isolde: Sexualität in der Moderne. Gendertheoretische und sozialethische Perspektiven, in: ZEE 56/4 (2012), 264–278

Karle, Isolde: Sinnlosigkeit aushalten! Ein Plädoyer gegen die Spiritualisierung von Krankheit, in: WzM 61/1 (2009), 19–34

Karle, Isolde: Tiefe Adressierung. Körperlichkeit zwischen Verdrängung und Aufwertung, in: ZEE 58 (2014), 179–189

Kaufmann, Jean-Claude: Der Morgen danach. Wie eine Liebesgeschichte beginnt, Konstanz 2004

Kaufmann, Thomas: Ehetheologie im Kontext der frühen Wittenberger Reformation, in: Andreas Holzem/Ines Weber (Hrsg.), Ehe – Familie – Verwandtschaft. Vergesellschaftung in Religion und sozialer Lebenswelt, Paderborn 2008, 285–299

Kaufmann, Thomas: Pfarrfrau und Publizistin – Das reformatorische »Amt« der Katharina Zell, in: Zeitschrift für Historische Forschung 23 (1996), 169–218

Keil, Siegfried/Haspel, Michael (Hrsg.): Gleichgeschlechtliche Lebensgemeinschaften in sozialethischer Perspektive. Beiträge zur rechtlichen Regelung pluraler Lebensformen, Neukirchen-Vluyn 2000

Keil, Siegfried: Evangelische Sexualethik und sexuelle Bildung, in: Renate-Berenike Schmidt/Uwe Sielert (Hrsg.), Handbuch Sexualpädagogik und sexuelle Bildung, Weinheim/München 2008, 167–175

Keil, Siegfried: Was wir damals noch nicht schreiben durften/konnten – Die sexualethische Denkschrift von 1971 in der Rückschau eines Beteiligten, in: EvTh 73/5 (2013), 353–363

Kirchenleitung der EKvW, Andacht für Lebenspartnerschaften. Eine Arbeitshilfe, 2003. http://www.evangelisch-in-westfalen.de/fileadmin/ekvw/dokumente/arbeitshilfen/arbeitshilfe_2003_andacht_lebenspartnerschaften.pdf (Abrufdatum: 07.05.2014)

Kirchhoff, Renate: Die Sünde gegen den eigenen Leib. Studien zu pornē und porneia in 1 Kor 6,12–20 und dem sozio-kulturellen Kontext der paulinischen Adressaten, Göttingen 1994

Klein, Alexandra: Jugend, Medien und Pornographie, in: Michael Schetsche/Renate-Berenike Schmidt (Hrsg.), Sexuelle Verwahrlosung. Empirische Befunde – Gesellschaftliche Diskurse – Sozialethische Reflexionen, Wiesbaden 2010, 167–184

Kleinschmidt, Frank: Ehefragen im Neuen Testament. Ehe, Ehelosigkeit, Ehescheidung, Verheiratung Verwitweter und Geschiedener im Neuen Testament, Frankfurt a. M. 1998

Klessmann, Michael: Pastoralpsychologische Reflexionen zur Leiblichkeit des Menschen, in: Hans-Peter Stähli (Hrsg.), Wort und Dienst. Jahrbuch der Kirchlichen Hochschule Bethel, Neue Folge 18, Bielefeld 1985, 289–305

Kluckhohn, Paul: Die Auffassung der Liebe in der Literatur des 18. Jahrhunderts und in der deutschen Romantik, Tübingen ³1966

Koch, Ferdinand: Sexualität und Erziehung. Zwischen Tabu, repressiver Entsublimierung und Emanzipation, in: Jahrbuch für Pädagogik 2008. 1968 und die neue Restauration, Frankfurt a. M. 2009, 117–134

Kongregation für die Glaubenslehre: Schreiben an die Bischöfe der Katholischen Kirche über die Zusammenarbeit von Mann und Frau in der Kirche und in der Welt, 31. Juli 2004

Korsch, Dietrich: Dogmatik im Grundriß. Eine Einführung in die christliche Deutung menschlichen Lebens mit Gott, Tübingen 2000

Körtner, Ulrich H. J.: Evangelische Sozialethik. Grundlagen und Themenfelder, Göttingen ³2012

Körtner, Ulrich H. J.: Leib und Leben. Bioethische Erkundungen zur Leiblichkeit des Menschen, Göttingen 2010

Kotthoff, Helga: Geschlecht als Interaktionsritual?, in: Erving Goffman, Interaktion und Geschlecht, hrsg. von Hubert Knoblauch, Frankfurt a. M. 1994, 159–194

Krafft-Ebing, Richard von: Psychopathia sexualis. Mit besonderer Berücksichtigung der konträren Sexualempfindung. Eine medizinisch-gerichtliche Studie für Ärzte und Juristen (1886), München 1984

Krause, Christina/Klopp, Verena: »Ich und meine Familie« – Reflexionen von Scheidungskindern über ihre Familie, in: Zeitschrift für Familienforschung 20/3 (2008), 247–270

Krause, Joachim: Aspects of Matrimonial Law in the Pentateuch and the Pentateuch as a Source for Matrimonial Legislation, in: Matthias Morgenstern/Christian Boudignon/Christiane Tietz (Hrsg.), männlich und weiblich schuf Er sie. Studien zur Genderkonstruktion und zum Eherecht in den Mittelmeerreligionen, Göttingen 2011, 15–32

Kreß, Hartmut: Die Personwürde als Maßstab der Sexualethik – die Diskussion zur Homosexualität, in: ders./Wolfgang E. Müller, Verantwortungsethik heute. Grundlagen und Konkretionen einer Ethik der Person, Stuttgart/Berlin/Köln 1997, 204–221

Kreß, Hartmut: Gleichgeschlechtliche Partnerschaften ohne und mit Kindern. Persönlichkeits- und Kinderrechte als Maßstab der Ethik – Probleme der Kirchen, in: EvTh 73/5 (2013), 364–376

Kreß, Hartmut: Im Prinzip Ja und Nein. Die EKD-Schrift zur Homosexualität hat keine klare Linie, in: EvKomm 5 (1996), 292–293

Kreß, Hartmut: Lebenspartnerschaftsgesetz: Rechtspolitischer Fortschreibungs- und Reformbedarf, in: ZRP 45/8 (2012), 234–237

Kretzschmar, Gerald: Mitgliederorientierung und Kirchenreform. Die Empirie der Kirchenbindung als Orientierungsgröße für kirchliche Strukturreformen, in: Pastoraltheologie 101/4 (2012), 152–168

Kuntz, Katrin: Feiglinge. Warum ich so viele Singles kenne, in: Spiegel vom 06.01.2014, 57

Kurz, Dietrich: Körper und Sinn, in: Ommo Grupe/Wolfgang Huber (Hrsg.), Zwischen Kirchturm und Arena. Evangelische Kirche und Sport, Stuttgart 2000, 151–167

Lämmlin, Georg: Protestantische Religionspraxis in der post-säkularen Gesellschaft. Studien zur Zukunft der Volkskirche, Berlin 2013

Lang, Friedrich: Die Briefe an die Korinther, Göttingen [17]1994

Laqueur, Thomas: Auf den Leib geschrieben. Die Inszenierung der Geschlechter von der Antike bis Freud, Frankfurt a. M./New York 1992

Lehman, Edward C.: Gender and Work. The Case of the Clergy, New York 1993

Lenz, Karl: Soziologie der Zweierbeziehung. Eine Einführung, Wiesbaden [4]2009

Lewandowski, Sven: Sexualität in den Zeiten funktionaler Differenzierung. Eine systemtheoretische Analyse, Bielefeld 2004

Lindemann, Gesa: Die leiblich-affektive Konstruktion des Geschlechts. Für eine Mikrosoziologie des Geschlechts unter der Haut, in: ZfS 21/5 (1992), 330–346

Lorber, Judith: Gender-Paradoxien, Opladen 1999

Luhmann, Niklas: Copierte Existenz und Karriere. Zur Herstellung von Individualität, in: Ulrich Beck/Elisabeth Beck-Gernsheim (Hrsg.), Riskante Freiheiten. Individualisierung in modernen Gesellschaften, Frankfurt a. M. 1994, 191–200

Luhmann, Niklas: Individuum, Individualität, Individualismus, in: ders., Gesellschaftsstruktur und Semantik. Studien zur Wissenssoziologie der Moderne, Bd. 3, Frankfurt a. M. 1989, 149–258

Luhmann, Niklas: Liebe. Eine Übung, hrsg. von André Kieseling, Frankfurt a. M. 2008

Luhmann, Niklas: Liebe als Passion. Zur Codierung von Intimität, Frankfurt a. M. 1988

Luhmann, Niklas: Soziale Systeme. Grundriß einer allgemeinen Theorie, Frankfurt a. M. [2]1988

Lukesch, Helmut: Wandel von Ehe und Familie in der Bundesrepublik Deutschland – eine Analyse aufgrund soziodemographischer Daten. 18.02.1998. http://www-app.uni-regensburg.de/Fakultaeten/PPS/Psychologie/Lukesch/front/lehre/internetangebote/paedpsy/famfol/ (Abrufdatum: 07.05.2014)

Luther, Martin: An den christlichen Adel deutscher Nation von des christlichen Standes Besserung (1520), in: ders., An den christlichen Adel deutscher Nation. Von der Freiheit eines Christenmenschen. Sendbrief vom Dolmetschen, hrsg. von Ernst Kähler, Stuttgart 1962, 9–109 (Original: WA 6, 404–469)

Luther, Martin: D. Martin Luthers Werke (WA), Weimar 1883ff.

Luther, Martin: Der Segen, so man nach der Messe spricht über das Volk, aus dem vierten Buche Mosi, am 6. Capitel (1532), WA 30,3, 572–582

Luther, Martin: Ein Sermon von dem ehelichen Stand (1519), in: ders., Vom ehelichen Leben und andere Schriften über die Ehe, hrsg. von Dagmar C. G. Lorenz, Stuttgart 1978 (Original: WA 2, 162–171)

Luther, Martin: Ein Traubüchlin für die einfältigen Pfarrherrn (1529), in: Die Bekenntnisschriften der evangelisch-lutherischen Kirche (BSLK), hrsg. im Gedenkjahr der Augsburgischen Konfession 1930, Göttingen [6]1967, 528–541

Luther, Martin: Großer Katechismus (1529), in: Die Bekenntnisschriften der evangelisch-lutherischen Kirche (BSLK), hrsg. im Gedenkjahr der Augsburgischen Konfession 1930, Göttingen [6]1967, 543–733

Luther, Martin: Predigt vom Ehestand (1525), in: ders., Vom ehelichen Leben und andere Schriften über die Ehe, hrsg. von Dagmar C. G. Lorenz, Stuttgart 1978 (Original: WA 17,1, 12–29)

Luther, Martin: Schmalkaldische Artikel (1537), in: Die Bekenntnisschriften der evangelisch-lutherischen Kirche (BSLK), hrsg. im Gedenkjahr der Augsburgischen Konfession 1930, Göttingen [6]1967, 405–468

Luther, Martin: Vom ehelichen Leben (1522), in: ders., Vom ehelichen Leben und andere Schriften über die Ehe, hrsg. von Dagmar C. G. Lorenz, Stuttgart 1978 (Original: WA 10,2, 267–304)

Luther, Martin: Von den Konziliis und Kirchen (1539), in: Luther Deutsch, Bd. 6, hrsg. von Kurt Aland, Stuttgart/Göttingen 1966, 22–43 (Original: WA 50, 509–653)

Luther, Martin: Wochenpredigten über Matth. 5–7 (1530–1532), WA 32, 299–381

Marcel, Gabriel: Leibliche Begegnung. Notizen aus einem gemeinsamen Gedankengang, in: Hilarion Petzold (Hrsg.), Leiblichkeit. Philosophische, gesellschaftliche und therapeutische Perspektiven, Paderborn [2]1986, 15–46

Marquard, Odo: Zukunft braucht Herkunft. Philosophische Essays, Stuttgart 2003

Matthiesen, Silja/Schmidt, Gunter: Jugendschwangerschaften – kein Indikator für sexuelle Verwahrlosung. Sexualität und Beziehungen von 60 Teenagern, die ungewollt schwanger werden, in: Michael Schetsche/Renate-Berenike Schmidt (Hrsg.), Sexuelle Verwahrlosung. Empirische Befunde – Gesellschaftliche Diskurse – Sozialethische Reflexionen, Wiesbaden 2010, 119–143

Matuschek, Milosz: Das romantische Manifest. Schluss mit der Suche nach der perfekten Liebe, Berlin 2014

Matussek, Matthias: Ich bin wohl homophob. Und das ist auch gut so, 12.02.2014. http://www.welt.de/debatte/kommentare/article124792188/Ich-bin-wohl-homophob-Und-das-ist-auch-gut-so.html (Abrufdatum: 07.05.2014)

McEwan, Ian: Am Strand, Zürich [2]2008

McEwan, Ian: Saturday, Zürich 2007

Merleau-Ponty, Maurice: Phänomenologie der Wahrnehmung, Berlin/New York 1966

Meuser, Michael: Männerwelten. Zur kollektiven Konstruktion hegemonialer Männlichkeit, in: Schriften des Essener Kollegs für Geschlechterforschung, hrsg. von Doris Janshen/Michael Meuser, Jg. 1/2 (2001), 4–32

Meyer, Thomas: Das »Ende der Familie«. Szenarien zwischen Mythos und Wirklichkeit, in: Ute Volkmann/Uwe Schimank (Hrsg.), Soziologische Gegenwartsdiagnosen II. Vergleichende Sekundäranalysen, Wiesbaden 2006, 199–224

Meyer-Blanck, Michael: Leben deuten aus dem Glauben. »Leben«, »Leib« und »Liturgie« als praktisch-theologische Kategorien, in: Thomas Klie u. a. (Hrsg.), Lebenswissenschaft Praktische Theologie?!, Berlin/New York 2011, 175–185

Meyer-Drawe, Käte: Leib, Körper, in: Christian Bermes/Ulrich Dierse (Hrsg.), Schlüsselbegriffe der Philosophie des 20. Jahrhunderts, Hamburg 2010, 207–220

Miggelbrink, Ralf: Ist die Ehe ein Sakrament? Die Sakramentalität der Ehe im Kontext einer zeitgenössischen Sakramententheologie, in: GuL 74/3 (2001), 193–209

Miggelbrink, Ralf: Können Christen von Glück reden? Theologische Überlegungen im Anschluss an eine Wiederentdeckung der Kategorie der Lebensfülle, in: Heinrich Bedford-Strohm (Hrsg.), Glück-Seligkeit. Theologische Rede vom Glück in einer bedrohten Welt, Neukirchen-Vluyn 2011, 90–100

Mitterauer, Michael: Die Entwicklung zum modernen Familienzyklus, in: ders./ Reinhard Sieder (Hrsg.), Vom Patriarchat zur Partnerschaft. Zum Strukturwandel der Familie, München 1977, 66–93

Mit Spannungen leben. Eine Orientierungshilfe des Rates der EKD, Hannover 1996

Moyes, Jojo: Eine Handvoll Worte, Hamburg 2013

Naurath, Elisabeth: »Ein Indianer kennt keinen Schmerz …?«. Geschlechtsspezifische Krankenhausseelsorge, in: WzM 55 (2003), 374 390

Naurath, Elisabeth: Seelsorge als Leibsorge. Perspektiven einer leiborientierten Krankenhausseelsorge, Stuttgart 2000

Nave-Herz, Rosemarie: Die Hochzeit. Ihre heutige Sinnzuschreibung seitens der Eheschließenden. Eine empirisch-soziologische Studie, Würzburg 1997

Nave-Herz, Rosemarie: Ehe- und Familiensoziologie. Eine Einführung in Geschichte, theoretische Ansätze und empirische Befunde, 3. überarb. Aufl. Weinheim/Basel 2013

Nave-Herz, Rosemarie: Warum noch »Heirat«? Vom Festhalten am Übergangsritus der Hochzeit, Oldenburger Universitätsreden, Oldenburg 1994. http://www-a. ibit.uni-oldenburg.de/bisdoc_redirect/publikationen/bisverlag/unireden/ur64/ urede64.pdf (Abrufdatum: 07.05.2014)

Neubauer, Georg: Jugendsexualität im Spiegelbild empirischer Sexualforschung, in: Angela Ittel/Ludwig Stecher/Hans Merkens/Jürgen Zinnecker (Hrsg.), Jahrbuch Jugendforschung. 7. Ausgabe 2007, Wiesbaden 2008, 19–32

Neufeld, Dialika: it (wert 1 = = wert 2){, 02.04.2012. http://www.spiegel.de/spiegel/ print/d-84631754.html (Abrufdatum: 07.05.2014)

Nietzsche, Friedrich: Der Antichrist. Fluch auf das Christenthum (1889), in: Nietzsche Werke (KGA) 6.3, hrsg. von Giorgio Colli/Mazzino Montinari, Berlin 1969, 162–251

Nietzsche, Friedrich: Zur Genealogie der Moral. Eine Streitschrift (1887), in: Nietzsche Werke (KGA) 6.2, hrsg. von Giorgio Colli/Mazzino Montinari, Berlin 1968, 257–430

Norwood, Robin/Hedinger, Sabine: Wenn Frauen zu sehr lieben: Die heimliche Sucht, gebraucht zu werden, Reinbek bei Hamburg 1991

Oberdorfer, Bernd: Homosexualität als hermeneutische Herausforderung, in: ÖR 60/4 (2011), 471–481

Oberdorfer, Bernd: »Was sucht ihr den Lebendigen bei den Toten?« Überlegungen zur Realität der Auferstehung in Auseinandersetzung mit Gerd Lüdemann, in: Hans-Joachim Eckstein/Michael Welker (Hrsg.), Die Wirklichkeit der Auferstehung, Neukirchen-Vluyn 2002, 165–182

Oetinger, Friedrich Chr.: Art. Leib, Soma, in: ders., Biblisches und Emblematisches Wörterbuch, Bd. I, Berlin/New York 1999, 222–223

Ordnung des kirchlichen Lebens in der Evangelischen Kirche in Hessen und Nassau (Lebensordnung) vom 15. Juni 2013, Abschnitt V. Die Trauung (Segnung einer standesamtlichen Eheschließung) und die Segnung einer eingetragenen Lebenspartnerschaft. http://www.ekhn.de/fileadmin/content/ekhn.de/download/presse/NeueLebensordnung_2013.pdf (Abrufdatum: 07.05.2014)

Otto, Eckart: Die Rechtsgeschichte von Familie und Ehe im antiken Judentum der hebräischen Bibel. Die Dialektik genealogischer und religiöser Normenbegründung im Familienrecht, in: Andreas Holzem/Ines Weber (Hrsg.), Ehe – Familie – Verwandtschaft. Vergesellschaftung in Religion und sozialer Lebenswelt, Paderborn 2008, 65–88

Piper, Hans-Christoph: Leiblichkeit in der Krankenseelsorge, in: Michael Klessmann/Irmhild Liebau (Hrsg.), »Leiblichkeit ist das Ende der Werke Gottes«. Körper – Leib – Praktische Theologie, Göttingen 1997, 37–46

Platon, Phaidon, in: Platon Werke. Band 3. Phaidon, Das Gastmahl, Kratylos, Darmstadt ³1990

Plessner, Helmuth: Die Stufen des Organischen und der Mensch, Berlin/New York 1975

Plessner, Helmuth: Lachen und Weinen. Eine Untersuchung der Grenzen menschlichen Verhaltens, in: ders., Gesammelte Schriften VII. Ausdruck und menschliche Natur, hrsg. von Günter Dux/Odo Marquard/Elisabeth Ströker, Frankfurt a. M. 1982, 201–387

Pollmer, Udo: Interview mit Hans Katereit, »Der Appetit ist die moderne Erbsünde«, in: Zeit Online, 11.07.2013. http://www.zeit.de/lebensart/essen-trinken/2013-06/ernaehrung-diaeten (Abrufdatum: 07.05.2014)

Precht, Richard D.: Wer bin ich – und wenn ja, wie viele? Eine philosophische Reise, München 2007

Pressemitteilung des Kriminologischen Forschungsinstituts Hannover, 17.04.2014. http://www.kfn.de/versions/kfn/assets/Presseerklaerung_Vergewaltigung.pdf (Abrufdatum: 07.05.2014)

Rat der Evangelischen Kirche in Deutschland: Wort zum Buß- und Bettag, in: Protestantische Texte 1964, Stuttgart 1965, 102–103

Rauchfleisch, Udo: Art. Homosexualität I. Anthropologisch/II. Soziologisch, in: LThK V, Freiburg u. a. ³1996, Sp. 254–255

Rendtorff, Trutz: Ethik. Grundelemente, Methodologie und Konkretionen einer ethischen Theologie, Bd. 2, Stuttgart/Berlin/Köln/Mainz 1981

Retzer, Arnold: Interview mit Martin Wittmann, »Paare sollten akzeptieren, was ihnen widerfährt«, 04.02.2012. http://www.sueddeutsche.de/leben/paartherapeut-ueber-die-ewige-liebe-paare-sollten-akzeptieren-was-ihnen-widerfaehrt-1.1275404 (Abrufdatum: 07.05.2014)

Retzer, Arnold: Lob der Vernunftehe. Eine Streitschrift für mehr Realismus in der Liebe, Frankfurt a. M. 2011 (2009)

Rosa, Hartmut: Beschleunigung. Die Veränderung der Zeitstrukturen in der Moderne, Frankfurt a. M. 2005

Roser, Traugott: Trauer, Stress und die Sehnsucht nach Segen. Erfahrungen eines schwulen Witwers, in: Praktische Theologie 43 (2008), 262–267

Rössler, Dietrich: Grundlagen und Aspekte des gegenwärtigen lutherischen Eheverständnisses, in: Günther Gaßmann (Hrsg.), Ehe – Institution im Wandel. Zum evangelischen Eheverständnis heute, Hamburg 1979, 37–65

Rössler, Dietrich: Grundriß der Praktischen Theologie, 2. erw. Aufl. Berlin/New York 1994

Roth, Ursula: Die Beerdigungsansprache. Argumente gegen den Tod im Kontext der modernen Gesellschaft, Gütersloh 2002

Schäfer-Bossert, Stefanie: Signifikant anders. Über Auferstehungen, Gleichzeitigkeiten und Grenzüberschreitungen, in: Ilse Falk/Kerstin Möller/Brunhilde Raiser/Eske Wollrad (Hrsg.), So ist mein Leib. Alter, Krankheit, Behinderung – feministisch-theologische Anstöße, Gütersloh 2012, 179–210

Schetsche, Michael/Schmidt, Renate-Berenike: Gefühlte Gefahren. Sexuelle Verwahrlosung zur Einführung, in: dies. (Hrsg.), Sexuelle Verwahrlosung. Empirische Befunde – Gesellschaftliche Diskurse – Sozialethische Reflexionen, Wiesbaden 2010, 7–27

Schiller, Friedrich: Das Lied von der Glocke, in: ders., Schiller Werke. Nationalausgabe 2/I. Gedichte in der Reihenfolge ihres Erscheinens 1799–1805, hrsg. von Norbert Oellers, Weimar 1983, 227–239, 236

Schleiermacher, Friedrich: Kurze Darstellung des theologischen Studiums zum Behuf einleitender Vorlesungen. Zweite umgearbeitete Ausgabe (1830), in: KGA I, 6, hrsg. von Dirk Schmid, Berlin/New York 1998, 317–446

Schleiermacher, Friedrich: Vertraute Briefe über Friedrich Schlegels Lucinde (1800), in: KGA I, 3, hrsg. von Günter Meckenstock, Berlin/New York 1988, 139–216

Schmidt, Gunter et al.: Sexualleben heute – eine empirische Studie, in: Gunter Schmidt/Silja Matthiesen/Arne Dekker/Kurt Starke: Spätmoderne Beziehungswelten, Report über Partnerschaft und Sexualität in drei Generationen, Wiesbaden 2006, 113–136

Schmidt, Gunter/Matthiesen, Silja/Dekker, Arne/Starke, Kurt: Spätmoderne Beziehungswelten. Report über Partnerschaft und Sexualität in drei Generationen, Wiesbaden 2006

Schmidt, Gunter: Sexuelle Verhältnisse. Über das Verschwinden der Sexualmoral, Reinbek 1998

Schmidt, Renate-Berenike: Lebensthema Sexualität. Sexuelle Einstellungen, Erfahrungen und Karrieren jüngerer Frauen, Opladen 2003

Schmitz, Hermann: Subjektivität. Beiträge zur Phänomenologie und Logik, Bonn 1968

Schnell, Rüdiger: Sexualität und Emotionalität in der vormodernen Ehe, Wien/Köln/Weimar 2002

Schoch, Julia: Hebe mich heraus! Über den Sinn von Tätowierungen, in: Johann S. Ach/Arnd Pollmann (Hrsg.), no body is perfect. Baumaßnahmen am menschlichen Körper. Bioethische und ästhetische Aufrisse, Bielefeld 2006, 225–229

Schrage, Wolfgang: Der erste Brief an die Korinther, 2. Teilband 1 Kor 6,12–11,16, Düsseldorf/Neukirchen-Vluyn 1995

Schrey, Heinz-Horst: Art. Leib/Leiblichkeit, in: TRE Bd. 21, Berlin 1991, Sp. 638–643

Schroer, Silvia/Staubli, Thomas: Die Körpersymbolik der Bibel, Darmstadt ²2005

Schüle, Andreas: Die Urgeschichte (Genesis 1–11). Zürcher Bibelkommentare Altes Testament, Zürich 2009

Seelbach, Larissa C.: »Das weibliche Geschlecht ist ja kein Gebrechen, sondern Natur«. Augustins Wertschätzung der Frau, in: Würde und Rolle der Frau in der Spätantike. Beiträge des II. Würzburger Augustinus-Studientages am 3. Juli 2004, hrsg. von Cornelius Mayer, Würzburg 2007, 71–91

Segnung von Paaren in eingetragener Lebenspartnerschaft. Materialien für den Gottesdienst, hrsg. vom Landeskirchenamt der EKKW, Kassel 2013. http://www.ekkw.de/media_ekkw/downloads/131025_segnung_von_paaren.pdf (Abrufdatum: 07.05.2014)

Sielert, Uwe: Sexualerziehung und Sexualpädagogik in Deutschland, in: Bundesgesundheitsblatt – Gesundheitsforschung – Gesundheitsschutz 1 (2007), 68–77

Signori, Gabriela: Von der Paradiesehe zur Gütergemeinschaft. Die Ehe in der mittelalterlichen Lebens- und Vorstellungswelt, Frankfurt a. M. 2011

Sölle, Dorothee: Leiden, Stuttgart/Zürich ⁹2003

Spieckermann, Hermann: Ambivalenzen. Ermöglichte und verwirklichte Schöpfung in Gen 2f., in: ders., Gottes Liebe zu Israel. Studien zur Theologie des Alten Testaments, Tübingen 2001, 49–61

Staude, Detlef: Leib und Raum, in: Studia philosophica. 62. Jahrbuch der Schweizerischen Philosophischen Gesellschaft, Bern/Stuttgart/Wien 2003, 245–254

Steinecke, Almut: Akademiker feiern Anfasspartys. Die tun nix, die wollen nur kuscheln, 15.05.2008. http://www.spiegel.de/unispiegel/wunderbar/akademiker-feiern-anfasspartys-die-tun-nix-die-wollen-nur-kuscheln-a-547444.html (Abrufdatum: 07.05.2014)

Steinfeld, Thomas: Besprechung von »Charlotte Roche, Schoßgebete«, in: Süddeutsche Zeitung vom 10.08.2011

Streib-Brzic, Uli/Quadflieg, Christiane (Hrsg.): School is Out?! Vergleichende Studie »Erfahrungen von Kindern aus Regebogenfamilien in der Schule« durchgeführt in Deutschland, Schweden und Slowenien. Teilstudie Deutschland, Berlin 2011

Sumithran, Priya u. a.: Long-Term Persistence of Hormonal Adaptations to Weight Loss. http://www.nejm.org/doi/full/10.1056/NEJMoa1105816 (Abrufdatum: 07.05.2014)

Tanner, Klaus: Stellungnahme zur Orientierungshilfe: Zwischen Autonomie und Angewiesenheit, 28.09.2013. http://www.ekd.de/download/20130928_tanner_symposium.pdf (Abrufdatum: 07.05.2014)

Theißen, Gerd: Erleben und Verhalten der ersten Christen. Eine Psychologie des Urchristentums, Gütersloh 2007

Thiel, Christian: Interview mit Henryk M. Broder, »Sex ist viel besser als nur reden«, 21.04.2014. http://www.welt.de/vermischtes/article127144254/Sex-ist-viel-besser-als-nur-reden.html (Abrufdatum: 07.05.2014)

Thomas, Günter: Krankheit im Horizont der Lebendigkeit Gottes, in: ders./Isolde Karle (Hrsg.), Krankheitsdeutung in der postsäkularen Gesellschaft. Theologische Ansätze im interdisziplinären Gespräch, Stuttgart 2009, 503–525

Tiedemann, Holger: Die Erfahrung des Fleisches. Paulus und die Last der Lust, Stuttgart 1998

Tyrell, Hartmann: Ehe und Familie – Institutionalisierung und Deinstitutionalisierung, in: Kurt Lüscher/Franz Schultheis/Michael Wehrspaun (Hrsg.), Die »postmoderne« Familie. Familiale Strategien und Familienpolitik in einer Übergangszeit, Konstanz ²1990, 145–156

Tyrell, Hartmann: Geschlechtliche Differenzierung und Geschlechterklassifikation, in: KZSS 38 (1986), 450–489

Urban, Christina: Hochzeit, Ehe und Witwenschaft, in: Kurt Erlemann/Karl L. Noethlichs/Klaus Scherberich/Jürgen Zangenberg (Hrsg.), Neues Testament und Antike Kultur, Bd. 2: Familie – Gesellschaft – Wirtschaft, Neukirchen-Vluyn 2005, 25–30

Veyne, Paul: Homosexualität im antiken Rom, in: Philippe Ariès/André Béjin (Hrsg.), Die Masken des Begehrens und die Metamorphosen der Sinnlichkeit. Zur Geschichte der Sexualität im Abendland, Frankfurt a. M. 1984, 40–50

Villa, Paula-Irene: Einleitung – Wider die Rede vom Äußerlichen, in: dies. (Hrsg.), Schön normal. Manipulationen am Körper als Technologien des Selbst, Bielefeld 2008, 7–18

Vosloo, Robert: Körper, Gesundheit und HIV-AIDS. Einige Betrachtungen im Licht der Theologie des Dietrich Bonhoeffer, in: Günter Thomas/Isolde Karle (Hrsg.), Krankheitsdeutung in der postsäkularen Gesellschaft. Theologische Ansätze im interdisziplinären Gespräch, Stuttgart 2009, 489–502

Voß, Heinz-Jürgen: Intersexualität – Intersex. Eine Intervention, Münster 2012

Voß, Heinz-Jürgen: Making Sex Revisited. Dekonstruktion des Geschlechts aus biologisch-medizinischer Perspektive, Bielefeld 2010

Wagner, Michael/Franzmann, Gabriele/Stauder, Johannes: Neue Befunde zur Pluralität der Lebensformen, in: Zeitschrift für Familienforschung 13/3 (2001), 52–73

Wagner-Rau, Ulrike: Segensraum. Kasualpraxis in der modernen Gesellschaft, Stuttgart/Berlin/Köln 2000

Wallerstein, Judith S./Lewis, Julia M./Blakeslee, Sandra: Scheidungsfolgen – Die Kinder tragen die Last. Eine Langzeitstudie über 25 Jahre, Münster 2002

Walz, Heike: Und Gott schuf sie – jenseits von Frau und Mann?, in: Christina Aus der Au (Hrsg.), Menschsein denken. Anthropologien in theologischen Perspektiven, Neukirchen-Vluyn 2005, 62–86

Wang, Jen/Häusermann, Michael/Wydler, Hans/Mohler-Kuo, Meichun/Weiss, Mitchell G.: Suicidality and sexual orientation among men in Switzerland. Findings from 3 probability surveys, in: Journal of Psychiatric Research 46/8 (2012), 980–986

Was Familien brauchen. Eine familienpolitische Stellungnahme des Rates der EKD, 2002. http://www.ekd.de/download/ekd_texte73.pdf (Abrufdatum: 07.05.2014)

Weippert, Manfred: Tier und Mensch in einer menschenarmen Welt. Zum sog. dominium terrae in Genesis 1, in: Hans-Peter Mathys (Hrsg.), Ebenbild Gottes – Herrschaft über die Welt. Studien zu Würde und Auftrag des Menschen, Neukirchen-Vluyn 1998, 35–55

Welker, Michael: Was geht vor beim Abendmahl?, Gütersloh ³2005

Wenz, Gunter: Abraham und Jakob sind keine Vorbilder. Zur ethischen Orientierung für das Zusammenleben in Ehe und Familie, in: Nachrichten der Evangelisch-Lutherischen Kirche in Bayern 68/10 (2013), 317–321

Wick, Peter: Zur Interdependenz von Körperdeutungen und Krankheitsdeutungen, in: Günter Thomas/Isolde Karle (Hrsg.), Krankheitsdeutung in der postsäkularen Gesellschaft. Theologische Ansätze im interdisziplinären Gespräch, Stuttgart 2009, 203–212

Wiegelmann, Lucas: Warum Homophobie unchristlich ist, 13.02.2014. http://www.welt.de/kultur/article124823003/Warum-Homophobie-unchristlich-ist.html (Abrufdatum: 07.05.2014)

Witte, John: Vom Sakrament zum Vertrag. Ehe, Religion und Recht in der abendländischen Tradition, Gütersloh 2008

Wintzer, Friedrich: Hochzeit und kirchliche Trauung – Kult oder Fest?, in: Peter Stolt/Wolfgang Grünberg/Ulrike Suhr (Hrsg.), Kulte, Kulturen, Gottesdienst. Öffentliche Inszenierung des Lebens, Göttingen 1996, 234–242

Zell, Katharina: Entschuldigung Katharina Schützinn für M. Matthes Zellen, ihren Eegemahel, der ein Pfarrher und dyener ist im wort Gottes zu Straßburg, in: dies., The Writings. A critical edition, hrsg. von Elsie Anne McKee, Leiden/Boston/Köln 1999, 21–47

Zenger, Erich: Die Schöpfungsgeschichten der Genesis im Kontext des Alten Orient, in: Welt und Umwelt der Bibel 2 (1996), 20–33

Zentrum Verkündigung der EKHN, Liturgisches Material für einen Gottesdienst anlässlich der Segnung eines gleichgeschlechtlichen Paares, 2004. http://www.zentrum-verkuendigung.de/fileadmin/content/Zentrum_allgemein/News-Downloads/Segnung_gleichgeschlechtlicher_Lebenspartnerschaften.pdf (Abrufdatum: 07.05.2014)

»Zwischen Autonomie und Angewiesenheit« – Die Orientierungshilfe der EKD in der Kontroverse, hrsg. von der EKD, Hannover 2013

Zwischen Autonomie und Angewiesenheit. Familie als verlässliche Gemeinschaft stärken. Eine Orientierungshilfe des Rates der EKD, Gütersloh 2013